U0552646

支持项目：
・四川省社会科学高水平研究团队（基层民主与基层治理）资助出版
・西华师范大学申博重点学科（政治学）资助出版
・西华师范大学2017年度英才科研基金项目资助出版

中国公民文化建设的政治逻辑研究

尹学朋 ◎ 著

Political Logic Research of
Chinese Citizen Culture Construction

中国社会科学出版社

图书在版编目（CIP）数据

中国公民文化建设的政治逻辑研究／尹学朋著．—北京：中国社会科学出版社，2018.10
ISBN 978－7－5203－0687－4

Ⅰ.①中… Ⅱ.①尹… Ⅲ.①政治文化—研究—中国
②公民教育—研究—中国 Ⅳ.①D6

中国版本图书馆 CIP 数据核字（2017）第 152026 号

出 版 人	赵剑英
责任编辑	赵 丽
责任校对	王桂荣
责任印制	王 超

出　　版	中国社会科学出版社
社　　址	北京鼓楼西大街甲 158 号
邮　　编	100720
网　　址	http://www.csspw.cn
发 行 部	010－84083685
门 市 部	010－84029450
经　　销	新华书店及其他书店
印　　刷	北京明恒达印务有限公司
装　　订	廊坊市广阳区广增装订厂
版　　次	2018 年 10 月第 1 版
印　　次	2018 年 10 月第 1 次印刷
开　　本	710×1000　1/16
印　　张	16
字　　数	239 千字
定　　价	69.00 元

凡购买中国社会科学出版社图书，如有质量问题请与本社营销中心联系调换
电话：010－84083683
版权所有　侵权必究

目 录

导 论 …………………………………………………… (1)
    一 国内外研究述评 ………………………………… (2)
    二 政治文化研究的意义 ……………………………… (16)
    三 研究的基本逻辑结构 ……………………………… (17)
    四 研究的方法论 ……………………………………… (19)

第一章 社会转型期的政治文化透视 ……………………… (21)
    一 中国社会转型的定位 ……………………………… (21)
    二 政治文化一个分析的视角 ………………………… (24)
    三 社会转型期中国人的政治心理变迁 ……………… (42)

第二章 西方公民政治文化的流变 ………………………… (61)
    一 古希腊公民政治文化 ……………………………… (61)
    二 古罗马共和主义公民文化 ………………………… (71)
    三 中世纪西欧多元主义政治文化 …………………… (82)
    四 近代西方公民自然权利传统与文化 ……………… (90)

第三章 中国传统政治文化的遗产 ………………………… (99)
    一 中国传统政治文化的发展基础 …………………… (99)
    二 中国传统政治文化的基本内容 …………………… (104)
    三 中国传统政治文化的基本特质 …………………… (116)
    四 传统政治文化对现代公民文化的影响 …………… (127)

第四章 社会转型期中国政治文化的演进 …………………… （136）
 一 主导政治文化的形成 ………………………………… （136）
 二 政治文化的世俗化 …………………………………… （140）
 三 政治合法性的变迁 …………………………………… （148）
 四 政治文化的分化 ……………………………………… （157）

第五章 公民文化
   ——新型政治文化路径选择 …………………………… （161）
 一 公民文化的概述 ……………………………………… （161）
 二 公民认同需求构成公民文化的心理基础 …………… （175）
 三 公民文化与政治民主发展 …………………………… （182）

第六章 中国式公民文化建构的基本路径 …………………… （188）
 一 完善社会主义市场经济，夯实公民文化的物质基础 … （188）
 二 推进政治体制改革，提供公民文化的制度保障 ……（192）
 三 扬弃臣民文化，培植公民文化的内在基因 ………… （197）
 四 构建公民社会，营造公民文化的社会氛围 ………… （203）
 五 促进生态意识，培育公民文化的治理环境 ………… （233）

结　语 ………………………………………………………… （240）

参考文献 ……………………………………………………… （242）

后　记 ………………………………………………………… （251）

导　　论

"社会转型"是研究当今世界社会发展问题中使用频率极高的词语，无论从中国还是外国来看，这都是社会学家描述、判断和解释的对象。中国的社会转型从何时开始？国内学界从中国社会转型的时间界定角度普遍认为，目前中国的社会转型以党的十一届三中全会或改革开放为开端，并把从农村到城市，从经济波及各个领域或各个方面的改革、发展变化过程看作当代中国社会转型。鉴于此，中国作为后发的现代化国家，在社会转型期有着明显的时空压缩性，传统与现代交杂其中，民族性与世界性在相互杂糅，展现在我们面前的是一幅宏大而复杂的社会画卷。

人类社会的现代化进程，是对传统政治文化的不断超越，从而也是为现代化进程不断演进提供新的合法性与合理性支撑的过程。政治文化的超越是辩证的否定过程，既包含对一国内部原有政治文化合理内容的继承，又包含对一国内部原有政治文化不合理部分的舍弃。这种过程可以从一个特殊的方面反映出现代化进程的规律性问题，尤其是特殊的规律性问题。无论是社会历史类型替代的现代化进程，抑或是同一社会历史类型中的现代化模式演进，都要求对传统政治文化不断超越。但是随着改革开放的深入、市场经济的建立，文化与政治、经济的发展呈现较为明显的非同步性，传统政治文化的消极阻滞作用凸显出来。如何使传统政治文化与现代化的变革方向相一致？如何实现传统政治文化向现代文化的转变？这仍然是有待思考和探索的问题。本书作者通过阐述传统政治文化的形成，分析现代化社会所要求的先进政治文化，进而找到传统政治文化与现代政治文化转变的契机。从传统思想切入，对传统政治文化做出现代的思考，以更好地理解先进文化。这种要求在国际或国内形势发生重大变革或在转型中国进行社会主义政治文化现代化研究时，显得尤为突出。

一 国内外研究述评

政治文化是伴随着行为主义政治学的兴起而来的。美国政治学家阿尔蒙德[①]于1956年8月在美国的《政治学杂志》上发表的《比较政治体系》一文，首先采用这一提法并加以界定。在此期间，外国有关专家围绕政治文化的概念及其方法阐述了各自的看法，但万变不离其宗，基本是指社会成员对政治体系在政治社会化过程中所持的政治态度、情感、评价等方面的综合倾向。除了以阿尔蒙德为代表的心理性定义外，还有其他3种定义，即以伊斯顿[②]为代表的客观性定义、以白鲁恂[③]为代表的启发性定义和以费根和塔克为代表的综合性定义。根据现有资料显示，中国约从1987年开始关于政治文化的译介和研究。在遵从经典概念的基础上，中国学者围绕政治文化内涵的理解也形成了几种不同倾向的观点，即政治体系的心理说，政治心理和政治思想二层面综合说，政治心理、思想和制度三层面综合说与政治心理和政治行为的综合说。本书基本倾向于政治心理说的观点，因为如果把政治思想和政治制度作为政治文化的一部分，那么我们就很难界定

---

① 加布里埃尔·A.阿尔蒙德（Gabriel Abraham Almond），1911年生于伊利诺伊州，1938年在芝加哥大学政治科学系获博士学位，后执教于耶鲁大学、普林斯顿大学和斯坦福大学。他是结构—功能主义的创立者，行为主义政治学的主要代表之一，主要著作有与J.S.科尔曼合编的《发展中地区的政治》、与S.韦伯合写的《公民文化》、与G.B.鲍威尔（小）合写的《比较政治学：发展研究途径》等。
② 戴维·伊斯顿（David Easton），1917年出生于加拿大多伦多市，先后在多伦多大学和哈佛大学获得多种学位，40年代后半期起一直执教于芝加哥大学政治科学系。他是美国政治科学家、后行为主义政治学的倡导人、政治系统论的创立者，主要著作有《政治系统：政治学现状研究》《政治生活的系统分析》等。
③ 白鲁恂（又译：卢西恩·派伊）（Lucian Wilmot Pye），1921年出生于中国，后回到美国在Carleton学院和耶鲁大学接受教育，先后在美国多所大学任教。派伊以其对中国文化的研究而在政治学界卓有盛名，主要著作有《中国政治的变与常》《中国政治学中的权威危机》《重新评估"文化大革命"》《官话和干部：中国的政治文化》等。

它们之间的内涵和外延。

（一）国外研究现状
1. 西方政治文化研究掠影

在国外，从19世纪开始，伴随着资本主义的不断完善及政治制度的现实需要，启蒙时代的种种政治设计不同程度地转变为政治现实，这就为思想家们反省启蒙时代的政治理念提供了现实基础。政治文化作为一般概念，植根于近现代200多年人文社会科学的发展历程而长足地生长，这为政治文化理论研究的繁荣提供了现实基础。而马克思主义经典作家也在一般意义上使用过"政治文化"一词，如列宁在全俄省、县国民教育厅政治教育委员会工作会议上的讲话，阐述了马克思主义政治文化观。但明确其作为现代西方政治学研究的方法和内容，则是在1956年8月，阿尔蒙德在美国的《政治学杂志》上发表《比较政治体系》一文，首次采用了"政治文化"之说。随后，一大批政治学者加入政治文化研究的队伍，并逐渐形成一股学术潮流。1963年，阿尔蒙德和维巴在《公民文化》一书中做出了政治文化的经典定义，在所有有关文献中具有极大的创始性与启发性影响，标志着政治文化研究途径的正式形成。1966年，阿尔蒙德与小鲍威尔合作《比较政治学：体系、过程和政策》一书，把政治系统、政治文化和政治发展融合在一起。

在此期间，政治社会化理论有着研究人们怎样获取以主导政治文化为基本特征的政治信念、政治价值和政治准则，以及社会怎样实现其特有政治文化的继承和发展的理论。政治社会化研究以其独特的吸引力成为当代西方政治学领域中一门颇具影响力的新型分支学科。在这个领域，卓有成就的学者及其代表作主要有赫伯特·海曼的《政治社会化：政治行为之心理研究》、戴维·伊斯特和杰克·旦尼斯的《政治系统中的儿童》、杰克·旦尼斯独著的《儿童的世界》、格林斯坦的《儿童与政治》、理查德·道森和肯尼斯·普热维特的《政治社会化》等，在政治学界产生了较大的影响。

进入20世纪60年代至70年代，社会问题引发了对政治文化研究的可靠性和合法性的质疑，政治文化研究一度处于边缘化状态。直到20世纪80年代，政治文化研究开始复兴，并进一步扩展。然而，一批政治文化研究者断然拒绝回到阿尔蒙德和派伊等人的主观性判断上，动摇了对政治文化概念的主观心理取向的解释。如 R. H. 埃贝尔等人所指出的："在采用政治文化概念的时候，我们应该立即指出，它已经超出了对这个概念的最初规定。"① 而对政治文化复兴发展起推动作用的两位政治科学家英格尔哈特（Ronald F. Inglehart）和维尔达夫斯基（Aaron Wildavsky）尤其需要关注。从20世纪70年代初，英格尔哈特就领导大学的课题小组有选择地对欧洲的9个国家连续进行14年的调查。通过重点的测试，发现生活满足感和人际信任感与民族制度的稳定有正相关性，并提出了文化特征群的概念。他的文化特征理论相当于阿尔蒙德使用的公民文化，也就是说，它属于政治文化，但是其理论的内在因子丰富了很多。在政治文化复兴的学术活动中，维尔达夫斯基从偏爱的形成入手，说明了文化和制度的反作用，从而形成了一种全新的文化、制度与偏爱互动的"文化分析"模式。他特别深入地分析了4种文化模式的特征，并且结合具体的国家内部彼此冲突的政治文化验证了这一理论。

与此同时，西方政治学界又推出了一批比较有影响力的政治社会化研究著作，进一步拓展了政治文化研究的空间。如克劳森主编的《东西欧青年的政治社会化》（1990年）、艾奇洛夫主编的《政治社会化、公民教育和民主》（1990年）、休斯的《俄罗斯青年的政治社会化》（1992年）、法纳恩等主编的《民族主义、种族特点和认同：多国比较分析》（1994年），等等，还有为数众多的论文、报告。西方国家的政治社会化研究在此期间达到了较高的水准。

在这场政治文化复兴运动中，另一个新的发展趋向就是它的"非西方化"。"非西方化"的主要表现在于政治文化研究的重心由西方国家转向了发展中国家。同时，作为政治文化理论主导思想的西方中

---

① Roland H. Ebel, Raymond Taras, James D. Cochrane, *Political Culture and Foreign Policy in Latin America*, State University of New York Press, 1991, p. 6.

心主义也被冲淡，人们开始怀疑西方文化的"普适性"，而更多关注现实文化的多元性，看重各国本土文化在推动政治现代化中的积极作用。

除了以上提及的外，还需要列出一些对政治文化理论和研究实践的发展有影响的学者和著作，它们包括：伊斯顿（D. Easton）的《政治分析的框架》、亨廷顿（Samuel Huntington）与多米盖兹（Jorge L. Dominguez）的《变动社会中的政治秩序》、费根（R. R. Fagan）的《古巴政治文化的转化》、塔克（R. C. Tucker）的《文化，政治文化，共产主义》、罗森鲍姆（W. A. Rosenbaum）的《政治文化》，等等。

可见，西方政治文化理论于20世纪50年代兴起后，在半个世纪内经历了一个"马鞍形"的变化：50年代中期至70年代初，为其创立和兴盛期，新兴的政治文化研究成为西方社会政治分析的重要途径；进入70年代以后，由于各种社会因素的作用，政治文化研究相对沉寂；进入80年代，政治文化研究出现新的转机；80年代中期，政治文化研究初显复兴的态势。

2. 中国政治文化海外汉学研究

西方学者对中国文化的关注由来已久，从16世纪意大利人利玛窦向西方人介绍中国时起，从法国的启蒙思想家孟德斯鸠、卢梭到德国的莱布尼茨、康德、黑格尔、马克思·韦伯，再到英国的培根、休谟、罗素、汤因比等，都对中国及其文化多有关注，并有人专门著书研究中国文化和宗教。这些海外汉学的研究包括马克思·韦伯的《儒教与道教》，书中着重对儒教和道教的社会伦理原则进行了深入的剖析，透视了中国社会的各个方面，指出中国传统社会没有生长出资本主义精神的内在原因；余英时的《中国思想传统的现代诠释》，书中力图通过对若干具有普遍性和客观性问题的分析，来把握中国文化的价值系统，从而达到对中国文化性质的一种整体了解的学术风格；杜赞奇的《文化、权力与国家》，书中对1900年至1942年的华北乡村做了详细的个案研究。其作者力图打通历史学与社会学的间隔，从"大众文化"的角度，提出"权力的文化网络"等新概念，且详细论证了国家权力是如何通过各种渠道（诸如商业团体、经纪人、庙会组织、宗教、神话及象征性资源等）深入社会底层的；詹姆斯·R.汤森和布兰特利·沃马克的《中国政治》是20世纪80年代以来美国学者介绍和研究中国政治的一部力作。其作者用通行的现代政治学理论，叙述和讨论了当代中国政治的各个方面，包括基本构架、政治文化背景、意识形态及其变革、政治社会化方式、利益表达和录用程序、政府运作和管理方式。此外，杜维明的《儒家传统的现代转化》、艾恺的《最后的儒家》、吉尔伯特·罗兹曼的《中国的现代化》等，都是研究中国政治文化的精品之作。

20世纪50年代以来，在行为主义背景下，西方学者从事中国政治文化研究以白鲁恂为集大成者，他成为西方学术界研究中国政治文化的绝对权威。从白鲁恂的著作译介来看，1968年完成的《中国的政治精神》是一本研究中国政治文化最早的代表性著作；在1971年，他出版了《中国：一个革命社会的管理》；1972年出版的《中国：导言》对中国历史和政治进行了简洁的介绍，勾画出了中国历史与政治的大致轮廓，成为西方了解中国的重要著作之一。此外，他1976年出版的《毛泽东：当政者》、1975年著的《沟通与中国政治文化》、1980年著的《中国政治的派系动力和一致性：一种模式和几个命题》、1988年著的《官僚和干部：中国的政治文化》等，都是研究中国政治的代表性著作。这种从"政治文化"的角度来了解中国政治特质的方式起到了一定的推动作用。通过"他观"的研究对中国政治文化的认知，有利于认清我们的政治文化本质，培育理性的政治文化基因。但是，这些西方学者们对中国的认知，很难摆脱自身文化背景的限制，甚至有许多道听途说的记述，直到行为主义革命后，西方的汉学才逐渐转向政治科学的轨道上。

（二）国内研究现状

随着政治学专业的及时"补课"，特别是20世纪80年代中期，政治文化概念及研究自西方传入中国，政治文化研究的队伍也不断壮大，一些相关的高校院系配备了专业的教学和科研人员，有些高校还特别设立了专业研究机构和组建了研究团队，比如南开大学、山东大学、天津师范大学等,围绕"政治文化"研究成立了中心或研究所。在国内比较有影响力的团队,如以中国传统政治文化为专长的刘泽华为代表和以西方传统政治文化为专长的徐大同为代表的研究团队,由过去的"两花"争艳到如今的百花齐放、百家争鸣的局面。经过30多年的努力,政治文化研究取得了丰硕的成果。

1. 政治文化一般理论研究

侧重政治文化一般理论研究的代表性著作如高洪涛的《政治文化论》(1990年),书中主要对政治文化基本问题进行了梳理和探讨,涉及内涵、结构、类型、特征、功能等一系列的基本问题,在当时已经为中国政治文化基本理论研究填补了空白;孙正甲的《政治文化学概论》(1996年),该著作借用行为主义结构——功能科学方法,首先基于政治文化分类,对其结构、功能以及所处内外环境的变化关系进行了概述,这是对西方政治文化研究模式在中国的拓展和利用;王卓君的《文化视野中的政治系统——政治文化研究引论》(1997年),该书是较早对西方政治文化研究的方法和背景进行系统分析的专著;王乐理的《政治文化导论》(2000年),该书主要概述了政治文化作为研究范式、流派理论代表作以及政治文化重返学术研究视野的评价和探索。以上著作基本上对政治文化的概念、结构、功能、体系,政治文化的变迁以及政治社会化等方面做了介绍和研究,初步形成了中国政治文化研究理论体系。张骥的《国际政治文化学导论》(2005年)在一般学人探讨的基础上,将文化因素整合进国际政治的研究中,从基础理论的视角系统地进行政治文化学研究,张骥建设性地提出了国际政治文化学的概念,在一定程度上拓展了中国学者在这一领域的空间。

2. 政治人格、政治心理研究

从政治人格、政治心理等角度出发,考察当前社会群体在变革社会中的政治认知、情感、态度和政治行为的变化。闵琦的《中国政治文化——民主政治难产的社会心理因素》(1989年)一书,以1987年7月在全国范围内进行的"中国公民政治心理调查"(分政治意见调查与政治文化调查,有效回收问卷3221份,共获得数据150万个)

为基础展开分析。他试图从"发生学"的角度探讨中国公民的政治心理，而不愿从"现象学"的角度对其加以描述，在当时，对中国公民政治心理进行实证研究，具有开拓之举；张明澍的《中国"政治人"——中国公民政治素质调查报告》（1994年）一书以政治文化（政治人格）为视角，用报告文学的写作方式，在用定量的方法对所收集的调查问卷分析的基础上，提出了一些关于中国公民政治素质发展状况的观点；蒋云根的《政治人的心理世界》（2002年）探讨了政治行为的心理背景、政治人与政治人格、政治参与心理、政治稳定的心理学因素、政治家心理、权力运用的心理等问题，为研究人们政治心理的变化提供了有价值的参考；沈传亮的《公务员群体的政治文化研究》（2007年）一书以科学主义实证调研方法，从政治文化研究的角度出发，对当下公务员群体在社会变迁中所形成的政治心理、政治态度以及政治情感所表现出的政治行为进行了研究；王晓燕的《成长中的政治人》（2010年）一书试图从角色理论的视角出发，考察改革开放、社会转型时代背景下大学生政治心理的形成与发展过程，探索大学生政治心理变迁的基本特征及其规律，揭示大学生如何在与社会的互动中进行政治认知，形成政治意识，解决角色冲突，获得政治角色，建构政治人格。解剖政治人的品质、探讨人们的政治心态成为中国政治人格研究的主要话题。已出版的两套中国政治文化丛书①在这方面均有所涉猎。比如，士人政治精神、君主及宦官与中国政治的典型分析、官僚的社会人格等成为人们研究传统政治群体的政治人格和政治心态的重要突破口。

3. 中国政治文化现代化研究

以政治文化为视角研究中国政治过程的代表性著作有以下方面：吕元礼的《政治文化：转型与整合》（1999年），该书对中国当前的政治文化转型与整合状态，即从传统到现代、从革命到改革、从计划到市场，进行的创造性转化等进行了论述；徐宗华的《现代化的政治

---

① 两套丛书分别是于1989年前后和2000年吉林教育出版社出版的《中国政治文化丛书》和刘泽华主编的《中国传统政治文化丛书》，具体在后文阐述。

文化维度》（2007年）在中西方历史发展比较的视角下，探讨了现代化理论和实践发生发展与道路选择的历史变迁和政治文化逻辑，揭示了中国特色社会主义现代化不同于西方现代化的历史和现实的政治文化的原因，强调了政治文化影响现代化道路的模式；李志勇的《市场经济视野中的中国政治文化转型研究》（2009年）运用马克思主义基本原理，以市场经济与现代化互动关系作为研究变量，解剖当代中国政治文化的基本特征及其与社会主义市场经济的适应程度，探讨了在市场经济条件下中国政治文化转型的目标模式，并提出了推动中国政治文化转型的对策建议；夏勇的《文明的治理——法治与中国政治文化变迁》（2012年），该书深入挖掘和梳理了东西方法治学术的渊源，在中国特定的历史、文化、社会背景下，分析和评价了法治的内涵、理论和制度演进过程，对当代中国的法治问题也多有论述，是展示汉语世界关于法治思想的探索和学术努力的一部代表作。另外，陶东明、陈明明的《当代中国政治参与》（1998年），林尚立的《当代中国政治形态研究》（2000年），也都以不同的角度不同程度地涉及当代中国政治文化的阐述。许和隆的《冲突与互动：转型社会政治发展中的制度与文化》（2007年）、李艳丽的《政治亚文化：影响当代中国政治发展的特殊因素分析》（2008年）、李春明的《全球化与当代中国政治文化发展》（2009年）、孙兰英的《全球化网络化语境下政治文化嬗变》（2010年）等著作，都是研究当代中国政治文化的力作。

4. 中国传统政治文化研究

从已经出版的学术专著中我们可以看出，对传统政治文化的研究占有很大的份额。其中，两套大型中国政治文化丛书必须提及。1989年前后，由吉林教育出版社出版的《中国政治文化丛书》分别从地域、民俗、权力、礼乐等方面探讨了中国政治文化，大大拓展了人们的视野。其代表性著作有黄百炼的《权力裂变——监察·监督与中国政治》（1989年）、柳肃的《礼的精神——礼乐文化与中国政治》（1990年）、葛剑雄的《普天之下——统一分裂与中国政治》（1989年）、冷冬的《被阉割的守护神——宦官与中国政治》（1990年）、胡维革的《冲击与蜕变——西方文化与中国政治》（1989年）、吴松弟的《无所不在的伟力——地理环境与中国政治》（1989年）；2000年，由刘泽华主编的《中国传统政治文化丛书》在选题和内容上均有所创新，汇集了一些长期关注中国政治文化的优秀作品。这套丛书从政治心理、政治态度、政治人格以及语言符号等入手，对中国传统政治文化或微观或宏观进行了分析，可以说是当下对中国传统政治文化较全面研究的最集中体现。此外，马庆钰的《告别西西弗斯——中国政治文化分析与展望》（2002年）、林甘泉的《中国古代政治文化论稿》（2004年）、杨阳的《文化秩序与政治秩序——儒教中国的政治文化解读》（2008年）、张英魁的《中国传统政治文化及其现代价值——以白鲁恂的研究为考察中心》（2009年）、江荣海主编的《传统的拷问：中国传统政治文化的现代化研究》（2012年）等，都是对传统中国政治文化研究的代表性论著。

近期新出版的著作不同于前期的宏观叙事阐述中国传统政治文化思想，而是以某个时间段为跨度，分析单项传统政治思想的演进特点等，使其研究更为精当。如皮伟兵的《"和为贵"的政治伦理追求："和"视域中的先秦儒家政治伦理思想研究》（2007年），该书作者基于一种强烈的社会责任感，结合时代发展的要求，从批判继承优秀传统文化的视角对先秦儒家"和"的政治伦理思想进行了比较全面的思考；余英时的《宋明理学与政治文化》（2008年）一书根据原始史料建构了一个整体的历史景观。余英时从历史观点强调理学（或道学）的起源和发展首先必须置于宋代特有的政治文化的大纲中，然后才能得以比较全面的认识；陈苏镇的《〈春秋〉与"汉道"：两汉政治与政治文化研究》（2011年），该书较深入地剖析了在儒家知识精英的影响下，以春秋学为主的经学怎样成为实现"大一统"汉帝国的确立治国之本，如何推动汉朝的历史进程，从而成为治国之道，为后来君主专制文化确立方向。其他如张邦炜的《宋代政治文化史论》（2005年）、周齐的《明代佛教与政治文化》（2005年）、杨妍的《地域主义国家认同：民国初期省籍意识的政治文化分析》（2007年）、赵雅丽的《晚清京师南城政治文化研究》（2011年）、姚大力的《蒙元制度与政治文化》（2011年）等，都体现着这一特点。

5. 西方政治文化研究

与中国政治文化研究相比，国外政治文化的研究显得比较薄弱。但是，由徐大同任总主编的《西方政治思想史》（2005年）五卷本的出版，在一定程度上成为中国学者研究西方政治思想史的开山之作。这套丛书的出版为进行西方政治思想史教学和研究工作提供了较为完善的知识体系，也使我们的西方政治文化研究升华到一个更高更广的层次。丛日云先生的《西方政治文化传统》（1996年）着力从古代希腊、古罗马以及中世纪西欧政治发展的实际出发，深入挖掘西方政治文化传统的特点及其发展规律。高毅先生的《法兰西风格：大革命的政治文化》（1991年）一书，从法国大革命政治实践出发，深度分析了近代法国政治动荡背后以及法兰西民族政治参与的心理状况，得出了法兰西民族的性格、民族精神特征；郭晓东的《重塑价值之维：西方政治合法性理论研究》（2007年），对西方政治合法性理论进行了系统研究，并得出基本判断：唯有超越西方价值中心主义，将政治合法性置于多元价值博弈的平台上进行系统的反思与批判，才能最终恢复合法性理论的生命力。另外，由张桂琳、常保国任主编的《政治文化传统与政治发展》（2009年）的论文集不仅涉及西方政治文化理论及传统，而且对中国政治文化及政治社会化的经验做了探索。

6. 中西政治文化比较研究

随着政治文化研究的深入，中西政治文化比较研究成为学者们关注的视角。徐大同、高建等著的《中西传统政治文化比较研究》（1998年）一书，从中西传统政治文化比较的视角出发，分别对中西历史上公民的政治思维方式、权力分配、公民地位、治国理论等几个重要方面做了深入的探讨，从某种程度上弥补了在中西传统政治文化比较方面挖掘较少的缺憾；作为这一课题的重要成员，丛日云所著的《西方政治文化传统》（1996年）一书，虽然着力考察西方传统政治文化的流变特征，但是在某些方面也是进行了中西政治文化的比较研究；天津师范大学政治文化研究中心主办的《中西政治文化论丛》（创办于2001年）计划每年出版一辑。该论丛以辩证的思维批判继承了中西方传统中的合理因子，为中国传统政治文化的现代化转化以及中西方文化的融合发展拓展了理论空间，现在已经出版到第七辑，在学界影响较大，反映良好；丛日云、庞金友主编的《中西政治思想与政治文化》（2009年），该书主要围绕"中西政治思想与现代政治文明的关系"这一核心问题展开，全书立足于中西两个政治文化传统，探讨政治文化的发展、演进、特征以及与政治文明的互动关系，具有较高的学术价值和现实意义；佟德志主编的《比较政治文化导论——民主多样性的理论思考》（2011年）一书从政治认知等4个方面入手进行了比较研究；柏维春的《政治文化传统：中国和西方对比分析》（2001年）、潘一禾的《观念与体制：政治文化的比较研究》（2002年）以及发表的论文也是借用了比较的方法。另外，如中美政治文化张力与中美关系、中俄转型时期的政治文化特征比较、中日政治文化比较等研究，如雨后春笋般极大地拓展了政治文化研究视野。

7. 政治社会化研究

公民政治社会化问题是当代政治学中一个亟待深入研究的新兴领域，它是一定政治体系借助各种交流或教育工具向其成员传输主导政治文化，以培养合格政治人的过程，其目的是为了维持现有政治体系的延续与发展。马振清著的《中国公民政治社会化问题研究》（2001年），以马克思主义理论为指导，以社会转型中公民政治社会化问题为研究对象，来完善中国社会变革中公民政治社会化问题的理论，使之满足社会变革中公民政治社会化实践的需要；赵渭荣的《转型期的中国政治社会化研究》（2001年），借鉴现代政治学、社会学、文化学、传播学、教育学等学科的综合研究成果——政治社会化理论的一般原理，研究中国共产党在领导中国人民革命斗争和社会主义建设实践中的思想政治工作和精神文明建设；张昆的《大众媒介的政治社会化功能》（2003年），以政治社会化功能作为研究对象，比较全面、系统地描述、探讨大众媒介在政治社会化中需要的艺术性、科学性表达，并进一步提出中国政治社会化存在的问题及出路；匡和平的《从农民到公民：中国农民政治社会化问题研究》（2009年），根据政治社会化的两个过程，分别从"个体"和"社会"两个视角展开探讨，并就如何通过政治社会化把当代中国农民塑造为"合格公民"提出了原则和主要思路，从而达到了研究当代中国农民政治社会化问题的价值所在。

8. 公民文化研究

公民文化是既具有现代与传统、东方与西方文化之融合，又具有公民、臣民和村民之混合的新型政治文化。从本质上讲，它是一种民主的政治文化，是政治现代化的衡量标准和评价尺度。在中国，对公民文化的研究也是近几年的事情，并有着突飞猛进之势。如刘雪松的《公民文化与法治秩序》（2007年），该书挖掘了法治的社会根基和内在支撑，探寻了西方国家法治进程中的公民文化力量，对公民文化的民主培育与法治观点的生成方式以及公民文化重建与法治国家的建立进行了系统的分析；而李春霞等著的《公民文化与中国传统文化》（2010年），则试图从中国传统文化中寻求合理的内核，来支撑中国公民文化生成的逻辑起点；韩喜平、吴宏政主编的《国家核心价值与公民文化研究》（2010年）代表了当前中国马克思主义公民文化观的最前沿。该书解析了中国公民的社会独特性及其蕴含的价值趋向，并向读者展示了社会主义内在价值体系的理论准备、科学发展观统领下的社会主义核心价值观的体系建设、大众化的理论基石及其大众化的实践运用等内容；秦德君的《中国公民文化：道与器》（2011年），与其说是公民文化的学术性著作，不如说是对国民的公民法治意识的一项通识教育；严洁等著的《公民文化与和谐社会调查数据报告》（2010年），从公民文化的视角，利用抽样调查获得的第一手数据，对于研究公众的国家认同感、公民责任感、政治效能感、民主和自由意识，以及公众在构建和谐社会中的政治社会参与，具有重要的参考价值。

公民意识是近代宪政的产物，它是一种理性的处世论事的政治意识，它居于公民文化的核心位置，引起了学者的足够重视。比如何传启的《公民意识现代化》（第二次现代化的行动议程）（2000年），全书通过21个不同案例，系统反映了不同国家、企业和个人实现第二次现代化的行动议程和成功实践，展示了现代人的民主风尚；秦树理、王东虓、陈垠亭主编的《公民意识读本》(2008年) 根据近年来的研究成果,从18个方面对公民意识进行了解读;柯卫著的《当代中国法治的主体基础——公民法治意识研究》(2007年),针对当代中国公民法治意识较为薄弱的现实,从法治的主体——公民的法治意识的研究着手,进而探索法治建设的规律;沈明明等著的《中国公民意识调查数据报告(2008)》(2009年),这是一套比较系统地研究中国民众公民意识的经验丛书,通过实证调查等方法比较详实地分析中国公民意识的发展状况,对于研究变革社会中人们尤其是政治方面的观念、行为及其这种变化与社会诸要素之间的相互关系,具有重要的参考价值;何齐宗等著的《青少年公民意识教育研究》(2011年),主要针对青少年公民教育问题进行了理论和实践的探讨,内容广泛,主要包括青少年公民意识、社会公德、公民责任和民主意识教育等方面,对于研究来说,具有重要的参考价值。

另外,公民素质作为公民文化的硬核,也引起了学者的关注。如黄月细在《民主政治视域下的公民政治素质及其培育》(2011年)一书中,结合中国社会主义政治文明的本质特征,分析了公民应具备的政治素质,提出了培育公民政治素质的思路和对策;马抗美和石亚军分别在2008年和2009年任《中国公民人文素质比较研究》的主编,该研究主要采用科学调查方法,在广泛、深入调研的基础上,通过统计工具,选定评价指标,创制指数模型,对中国公民的人文素质现状进行总体描述和客观评价。此外,郑州大学公民教育研究中心等研究机构,出版发行了一系列公民教育丛书,这些为公民文化的研究提供了丰富的素材。

9. 社会资本研究

社会资本分析框架作为一种新的研究领域,它促使了学术界不断探索新的解释范式,引起了人们对现实世界中至关重要的信任、规范参与网络等问题的关注,是对公民文化研究的进一步拓展。周红云新著的《社会资本和民主》(2011年)一书,选择了部分在社会资本与民主关系研究方面有代表性的文章,试图梳理和加深对社会资本与民主关系命题的理解,推动国内学术界将其深入作为一种研究框架的努力；梁莹的《社会资本与公民文化的成长：公民文化成长与培育中的社会资本因素探析》（2011年），以社会资本作为新型的研究方法，该书援引此方法探讨中国实际情况，并进一步论述社会资本理论培养与中国公民文化建设的逻辑关系，在中国这一领域中，具有开创之举。其研究不仅具有重要的学术价值，而且对于破除臣民意识、促进公民精神建设与合作共治具有很好的现实意义；而姜振华的《社区参与与城市社区社会资本的培育》（2008年）、李安方的《社会资本与区域创新》（2009年）、胡荣的《社会资本与地方治理》（2009年）、黄晓东的《社会资本与政府治理》（2011年）等著作，借助社会资本理论，探讨区域政府治理问题解决的对策。

10. 其他有关政治文化研究

政治文化在其他研究领域也得到了学界的关注。在区域性政治文化研究方面也有所涉猎，如番志平的《中亚的地缘政治文化》（2003年）、李振广的《当代台湾政治文化转型探源》（2010年）；少数民族的政治文化研究也进入了人们的视野，如周平的《云南少数民族政治文化论》（1995年），该书是当时学术界研究中国少数民族政治文化的开山之作；周俊华的《纳西族政治文化史论》（2008年）、孙绍先主编的《治黎与"黎治"：黎族政治文化研究》（2012年）；关于"政党文化"的研究，近几年已有一些学者开始关注并从不同的角度对政党文化进行了系统探索，如赵理富的《政党的魂灵：中国共产党政党文化研究》（2008年）、李冉的《中国共产党政党文化研究》（2009年），等等。关于"政治文化"的研究可谓汗牛充栋，以上择取的不过是冰山一角，这也不可避免地带有作者的主观判断，在此请方家见谅，但是为开拓人们的视野，无不有裨益。

论文方面，限于本书篇幅以及政治文化论文的庞杂，并没有把相关发表的论文成果放在此处加以评述。据中国知网（http：//www.cnki.net）不完全统计，截至2017年3月，国内发表的含有"政治文化"题名的论文约3786篇，而含有"公民文化"题名的论文约394篇；在百度学术（http：//xueshu.baidu.com）搜索引擎检索到含有"政治文化"题名的论文为273000篇，而含有"公民文化"题名的论文约 88000 篇。可以看出，关于"政治文化"的研究量大，相对庞杂，还需要学界同行加大研究力度，使其精当、规范。

本书限于中国新型政治文化建构研究，从学界已出版和发表的研究成果看，从整体上来说，关于"当代中国政治文化"的研究，特别是改革开放以前政治文化的研究，还只是刚刚起步，研究成果也比较零散；缘于这段历史时期的敏感性，很少有人敢于碰触，总体性和系统性的研究还相当的匮乏，这就为这一论题进一步地深入研究留下了足够的空间，同时，已有的研究成果也为更深入的研究奠定了基础，提供了素材。

二 政治文化研究的意义

政治文化研究的兴起源于特定的社会政治背景。其一，"二战"前后，出现了法西斯的"极权政体"，使得西方政治学家的自由民主理论暂时面临解释上的危机。极权政体存在的合法性和民主政体阐释上的危机，使政治学家不得不思考不同的政治体制的文化基础是什么？西方的民主政体靠什么来维持它的存在和稳定？其二，"二战"后，出现了一大批新兴的国家，获得独立的这些国家面临着政治发展问题，如何移植西方的政治制度？如何保持脆弱的政治体制的稳定？如何从传统国家向现代化转型？政治学家开始思考什么样的文化模式适合这些国家民主政体的建构。其三，从行为主义政治学的角度来说，需要改变传统政治学的研究侧重点，从只重视宏观政治体制到注意个体政治行为。政治学家认识到了心理文化是对政治系统和政治行为理论加以完善的必要领域。

值得我们思考的是，政治文化研究对全面认识中国政治发展具有深刻的现实意义。鸦片战争以来，中国爱国知识分子开始探索中国政治发展的道路，经过了由器物层面到制度层面，再由制度层面到精神层面的救亡和启蒙历程。20 世纪 80 年代以来，政治变革使人们再次认识到国民文化心理层面的重要性。有学者认为，当代中国知识界所呼吁的、倡导的就是上述知识分子所走路程的延续。当前，在社会转型条件下,全面认识政治发展的前景,特别是进行社会主义政治文明建设,就不得不考虑政治文化研究这个途径了。

本书研究的意义也在于此,希望通过对政治文化的研究,探索出推动中国政治现代化建设的新途径:第一,对当代中国政治文化的研究,有助于培育中国公民的政治参与意识。如果公民意识不到自己是国家的主人,缺乏公民权利观念,他就不可能主动地向政府表达自己的政策意愿。公民参与一般通过投票(包括选举自己的代表和领导人,就某个问题进行集体或全民公决)、民意代表、要求的政治输入机构(如政治团体、利益集团、"第三部门")、大众传播工具等几种方式进行。如果这方面的渠道不畅,民意难以上达,政策参与就难以实现。第二,对当代中国政治文化的研究,通过"政治再社会化"建构,使之形成与中国社会主义初级阶段方针、政策相适应的新的政治文化观念,推动中国政治现代化建设。政治社会化是一个政治共同体内部传播政治文化的过程。一代人的政治准则、政治态度、政治情感就是通过这种过程传给下一代人的。在这个过程中,公民在政治上逐渐成熟,形成了自己的一套政治倾向体系,发展成一个"政治自我"。除了"延续"的功能外,政治社会化还有一种"再造"的功能,在一定的条件下,它还可以改变政治文化,甚至可以创造出一种全新的政治文化。

三 研究的基本逻辑结构

近些年,虽然学界取得了一些专题理论、传统经典政治思想和现实公民文化方面的实证研究,但对古典传统政治思想现代化转换的系统研究还有待于充分开展和深入进行。一些学者认为,从政治文化的角度研究和探讨中国民主政治发展的进程,不仅需要以深化经济、政治体制改革为内容的社会结构改革,还需要在思想文化上做相应的调适。这就涉及如何正确看待人类历史留下的传统文化思想资源,如何让中国传统文化特别是政治文化实现现代转型等问题。中国传统的政治文化究竟有哪些主要内容?如何正确地借鉴传统政治文化为构建现代政治文明服务？这些问题都成为当今理论界研究的重点问题。因此，深刻认识中国政治文化建设所面临的背景和形势，把握现实政治文化的基本特征，进而探讨21世纪政治文化建设和发展的总体模式与主导框架，对于中国特色社会主义政治文化建设和政治持续稳定发展具有重要的理论价值和实践意义。

本书立足于中国的改革开放、市场经济和社会现代化这一特征的社会实践情境，从科学唯物史观的理论观点出发，借鉴、吸纳国外既有的丰富成果，从政治文化（政治心理、政治态度、政治情感等）的角度，对"社会转型期"的中国问题展开初步的思考和探究。力图凭借这种努力，建构一种中国特色的"公民文化"问题的分析和思考框架。本书基于此考虑，除了导言，共分为6个部分。

第一章，社会转型期的政治文化透视。当前，学术界对社会转型问题的认识歧义丛生。本书首先从两个参照系数出发，界定了社会转型的含义，在此特定的时代背景下，客观地分析了中国社会成员的政治心理变迁，从而引出了政治文化研究的视角。

第二章，西方公民政治文化的流变。纵观西方主流政治文明的演进过程，主要包括古希腊的城邦政治文化、古罗马的共和精神政治文化、中世纪西欧的多元主义政治文化和近代西方自由主义政治文化几个阶段的流变，对世界和中国政治文明影响深远。

第三章，中国传统政治文化的遗产。分析中国传统政治文化的遗产及其特征，意在为理解当代中国政治文化提供历史的视角，阐述当代中国政治文化产生的历史基础。

第四章，社会转型期中国政治文化的演进。政治文化作为分析社会发展进程的一个尺度，对全面认识和把握社会转型期的中国民众政治认知、情感、态度和倾向性具有现实意义。从而，我们发现社会转型期中国政治文化的演进呈现了一些显著的变化，其主要特征表现为主导政治文化的形成、政治文化的世俗化、政治合法性的变迁和政治文化的分化。

第五章，公民文化——新型政治文化路径选择。公民文化作为一种先进的政治文化形态，对人们的精神风貌和政治行为的影响是深刻的。而且，公民文化作为一种代表历史前进方向的大众政治文化，与中国社会主义文化建设的目标是一致的。公民文化建设程度是考量政治文明发展程度的重要指标。为了培养发达的公民文化，公民教育和公民社会的培育就成了推动中国政治现代化建设的新途径。

第六章，中国式公民文化建构的基本路径。民主政治培育与发展是现代政治文明应有之义，应该注意培育公民的文化意识，着力把公民文化建设与社会主义经济、政治、文化、社会和生态建设结合起来，努力建设中国特色的公民文化。为此，本章从以下5个方面入手：其一，完善社会主义市场经济，夯实公民文化的物质基础。中国特色公民文化是以一定的经济状况为基础的，坚持发展先进社会生产力，大力发展社会主义市场经济，深入落实科学发展观，为中国新型的政治文化建构奠定了坚实的经济基础。其二，推进政治体制改革，提供公民文化的制度保障。应当看到，随着中国政治体制改革的逐步推进，我们国家在制度建设方面取得了可喜的成绩，同时，政治体制改革的深入推进，也为新时期发展中国政治文化提供了一定的制度保障。其三，扬弃臣民文化，培植公民文化的内在基因。扬弃臣民文化，培育公民文化的基本内核，需要公民教育真切的开展。因此，公民教育的实施，可以极大地提高公民的主体意识和对国家的责任感。其四，构建公民社会，营造公民文化的社会环境。公民文化的合理性特质折射了政治文明的发展程度，民主政治文化是当代政治发展的重要标志。为了培养发达的公民文化，公民社会的培育就成了中国政治现代化建设的助推器。其五，提高生态意识，培育公民文化的治理环境。促进生态环境与人和谐共生是新世纪公民意识教育的重要内容，人们只有在生态环境保护中行动起来，才能在实践中提升生态意识。

四　研究的方法论

关于政治文化的概念及其特征等基本问题，从20世纪五六十年代以来西方已有众多的政治学家做过精湛的理论探究，提出了一些独到的见解。有鉴于此，我们认为，社会转型期的中国政治文化问题研究，应在借鉴和吸纳以往研究成果的基础上，主要应用以下几个方面的方法论。

第一，动态与静态的统一原则。中国政治体系以及政治制度近30多年来的调适和变动，使政治文化发生了实质性的变迁。作者从动态与静态相统一的角度，对变革社会过程中的中国政治文化变迁进行比照研究，考察政治文化的连续性、变动性。

第二，传统与现代的融合原则。政治文化既是一个政治系统发展过程的历史，又是这个系统中的社会成员生活史的产物，单一的传统因素是很难在政治文化体系中得到全面解释的。作者通过对社会转型期中国政治文化演进的论述，将传统因素与现代因素统一起来，进一步深化了政治文化的研究。

此外，还有事实分析与价值判断统一原则等分析方法。

本书以马克思主义哲学原理为指导，参考了大量的国内外学者的有关政治文化的书籍，对转型时期的中国政治文化进行了深入研究，希望本书能够对政治文化的理论研究有所丰富，对现行政治实践和改革起到一定的指导作用。

第一章　社会转型期的政治文化透视

研究社会转型期的新型政治文化建设问题，不仅具有重大的理论意义，而且也具有重要的现实价值。从理论方面来看，深入研究与政治文化转化有关的问题，将有利于加深我们对政治文化的认识，不管是传统政治文化，还是社会主义政治文化及其价值。进而使当前中国的民主政治建设、政治稳定和基层政权建设具有坚实的理论基础，且为中国研究和吸收国外优秀的文化提供科学的方法，使民族凝聚力的逐渐增强和社会共识的不断扩大具备必要的文化基础。从现实层面来看，中共十六大明确了中国在21世纪前20年的建设目标，即全面建成小康社会，且进一步表明促使社会主义民主政治不断向前发展、逐步推进社会主义政治文明建设是社会主义现代化发展的关键目的。要使社会主义政治实现现代化发展，则需要积极构建现代化的社会主义政治文化，这不仅是中国政治现代化的必然要求，亦是中国政治现代化过程中必不可少的重要环节。可见，深入探讨社会主义政治文化的现代化发展，有助于加快国内当前实施的政治体制改革进程，并且也有助于我们发展社会主义民主政治。

一　中国社会转型的定位

近40年的改革开放给中国社会带来了翻天覆地的变化，这种变化渗透于社会生活中的各个角落，深刻改变着中国的经济、政治、文化，改变着人们的思维方式和生活习惯。当我们在大学课堂手捧书本学习和谈论中国以前的"人民公社""大跃进"和"文化大革命"

时，我们可能会对这段历史表现出茫然不知和不可理解。正如李泽厚谈到，"二十世纪仍然演出这种道德神学式的狂热，回顾起来，似乎是不可思议的愚蠢；然而，只要是过来人，便知道那是有其现实的、历史的甚至人性上的根由"①。由此可见，改革开放不但引发了社会转型和变革，也使社会大众意识的历史发生了"断裂"。

早在1992年，李培林便开始从理论的角度深入研究与"社会转型"相关的问题。他指出，社会转型不仅是一种强调整体性的发展过程，亦是一种较为特别的结构性变动，此外，它也是一种关于数量关系的分析框架。从实质上而言，社会转型是社会从一种类型向另一种类型转变的过渡过程。在特定的社会发展过程中，其内在的逻辑过程是一种特殊的结构性变动。国家社会具体向哪个方向转型？社会转型的特征及现状怎样？中国社会转型的动力是什么？关于社会转型的含义，界定的观点很多，其中，郭德宏教授在《中国现代社会转型研究述评》中表达了10种与社会转型含义相关的看法。从中可知，社会转型往往指从传统社会转变为现代社会，涵盖了从乡村社会到城市社会的转变，等等。而中国目前的社会转型，一般是指从计划经济社会转化成市场经济社会。改革开放以来，国内市场经济及开放型社会得以不断向前发展，这便需要中国从以往过于集中的政治逐渐转变为民主的政治，从缺乏开放性的文化逐渐转变为较为开放的文化，社会整体的结构及民众的生活模式等都将因此而产生巨大的变化，民众的素质亦应有明显的改善。

近40年的改革开放和现代化建设，使我们每个人都可以从生活实际中感受到中国社会发生的巨大而深刻的变化。特别是1992年明确提出以构建社会主义市场经济体制为国内经济体制改革的整体方向后，这种变化无论在广度上还是在深度上都比以前更迅速更深刻了。中国社会正在发生的社会转型是一场社会结构和社会性质的大转变。此外，依据各国现有的社会现代化实践经验可知，社会转型过程极为强调整体性。社会现代化不但由经济的发展决定，而且深受包括文化

---

① 李泽厚：《中国现代思想史论》，天津社会科学院出版社2003年版，第249页。

等在内的诸多非经济因素的影响。

如何对中国进行再认识？我们认为有两个非常重要的参照系数：一个就是要将中国社会转型放在社会主义初级阶段的背景下进行再认识；另一个就是要将中国社会转型放在经济全球化的背景下进行再认识。在这两个参照系数下，我们就可以完整和全面地认识中国社会转型期中的一些本质性特征，这些将成为我们改革开放继续进行的基础和出发点。在社会主义初级阶段的特殊国情下，我们更加清楚地认识到中国社会转型不但要完成从传统社会向现代社会的转变，还应该完成从传统社会向经济全球一体化的转变。

对于中国"社会转型"，存在着不同的认识和评价，完整、全面地把握这个问题，具有非常重要的实践意义。我们认为，中国的改革开放不仅是经济领域的改革，而且是一次社会的全面转型。但在学界，对这个问题有不同的认识。一种观点认为，中国的改革开放只能在经济领域中进行，不能超出这个范围。我们认为这是一种错误的观点，这是一种主观的、善意的祈祷，希望中国能够在稳定适宜的环境下和平过渡。但是，经济基础决定上层建筑，生产方式的变革一定会导致社会形态的变化，这个变化不仅包括量变，同样也包括质变。因此，在中国社会经济领域中进行的一系列改革必然被反映到社会上层建筑中，必然影响社会的方方面面。

在中国社会转型的问题上，我们还应该分清是社会结构的转型还是社会制度的转型。对该问题的认识还存在另外一种错误理论，认为中国社会所发生的变化是社会经济制度和政治制度的转型，中国正在发生从一种社会形态向另外一种社会形态转变的过程。中国社会现实发生了翻天覆地的变化，但是这种变化绝对不是生产方式的变革，绝对不是社会形态的变革，也不是中国社会制度的变革。中国社会所发生的变化是对社会主义的生产关系的调整。在中国社会发展的现阶段，生产关系和生产力的矛盾并没有达到不可调和的状态，只是生产关系的某些方面和环节不能适应生产力的发展，因此，才需要改革。在改革过程中，我们对生产关系不适应生产力的需要的方面和环节做了很大的调整，使它重新适应于社会生产力发展的状况，进而推动了生产力的进步和发展。在这个过程中，我们国家的经济制度和政治制度也相应地做了一系列调整和改革，但绝非表现为整个社会经济制度和政治制度的质变。因此我们认为，中国社会的转型应该理解为中国社会结构的调整和变化，这个结构涵盖了社会经济基础，等等。所以，目前中国实施的社会主义市场经济改革，不应只注重对体制层面实施改革，实际上，中国的改革早已融入全球范围内的后发国家的社会转型潮流中，是一次整体性的全方位实施的社会结构变革。它不但是发生在经济层面的一次变革，而且是一次涵盖全民族观念和政治等各个不同方面的变革。当前，基于经济体制改革的社会转型，是一种涉及社会分层结构以及人口城乡结构等的社会全方位的结构性转变。[①]

二 政治文化一个分析的视角

作为一个内涵丰富的研究领域，政治文化研究在不同的学者那里有着不同的意义，而这些学者在进行政治文化研究时，也秉持着不同的学术取向，在追溯政治文化研究的历史渊源和学术起源时，他们有着不同的见解和观点，会有所选择地突出某个或某些学术论点，有所侧重地凸显某个或某些学术传承。

（一）政治文化研究的学术背景

很早以前，政治思想家们就开始注意到各种政治现象背后的文化因素。以下几个方面的学术和历史传统因素在政治文化的研究者中拥有较高的共识度。

首先，西方政治社会和社会思想家们长期积淀下来的知识传统。政治文化虽然是西方人在"二战"以后提出来的新学科，但它并不是前无古人的研究。在西方思想史上，柏拉图在《理想国》中说过，居民性情不同造成了政府的不同，政府随着人的习性的变化而变化。亚里士多德在《政治学》中说："凡当权的人行为傲慢又贪婪自肥，

---

① 李钢:《中国社会转型与代价选择》,《社会科学辑刊》2000 年第 1 期。

公民一定议论纷纭，众口喧腾，不仅会指责这些不称职的人，而且也批评授权给这些人们的政体。"这就是政治文化研究中的社会成员政治取向问题。卢梭谈论过政体和立法体系与各地居民性格的关系；伯克曾谈过影响政治机构运行的习惯凝聚问题；孟德斯鸠分析过民族的普遍精神、道德习俗对该民族政治生活的影响，还把罗马共和国的胜利归于公民整体的爱国情感；法国学者托克维尔分析过美国的"民情"、民族习惯、方式及观念对美国政体的作用，等等。但过去的种种讨论大都是零散的、不完全自觉的，在政治社会化还未健全之前，政治文化的研究还显现不出它在当代世界的必要性。这些丰厚的知识传统却构成了政治文化研究的深厚基础。

其次，进入政治文化研究领域的知识潮流的影响。此处，知识潮流涉及社会学理论、文化人类学研究、心理分析理论、经济和政治制度学派等。阿尔蒙德在创建政治文化理论时，公开承认了韦伯—帕森斯的社会学研究成果。在《新教伦理与资本主义精神》一书中，韦伯对基督教文化的独特研究开辟了一种新的思考方式，按照阿尔蒙德的理解，这便是"价值观念能够成为经济结构及政治制度转变的催化剂"。在文化人类学方面，本尼迪克特、米德等人的著作，强调孩提时期的社会化过程对其成人后的政治态度和行为模式有着深刻的影响。20世纪30年代至50年代，社会心理学和精神分析学创立了文化和基本人格理论。这种理论着眼于理解一个社会系统中文化的组成，理解文化传统在传递、延续和发展的过程中人们的心理状况。而这一点，正是日后政治文化理论有所突破并重新有所建树之处。关于制度学派，它是一种首先在经济学领域兴盛的思考方法，后来经过英国政治思想家柏克的独特解释受到后人的重视。这种对社会制度内在生命的重视深刻影响了许多政治文化研究及其他相关研究。

最后，行为主义革命带来新型研究技术的发展所需要的催生剂。行为主义与传统政治学抽象、思辨的理性主义方法不同，行为主义政治学注重经验实证的方法，抛开了对终极价值问题的探讨，专注于科学性问题。行为主义政治学者强调对影响政治过程、政治角色和政治行为的政治心理和社会因素的实际调查。包含特定内容且高度专业化的调查研究技术，如问卷设计、抽样技术、数据采集和统计分析等，操作性技术的出现和成熟，使得政治文化的研究者们能够运用科学的方法去收集特定集团或民族与政治有关的心理和文化倾向方面的数据，并据以对政治文化问题展开经验性的实证分析和比较研究，从而摆脱那种对某一文化的空泛的印象主义论述。正是在这一意义上，政治文化研究也是行为主义革命的产物之一。

（二）政治文化概念的阐释

正是借助于上述传统潮流以及国际政治的需要，政治文化这一崭新的概念从20世纪50年代开始出现在美国政治学的舞台上。1956年，美国政治学家阿尔蒙德在《政治学杂志》上发表了《比较政治系统》一文，首次使用了"政治文化"这一概念，用以替代传统的"民族性格""民族精神""政治意识"等概念，来指称政治体系中支配人们政治行为的诸种主观因素。随后，一大批政治学者加入政治文化研究的队伍，并逐渐形成一股学术潮流。他们充分运用更加科学的方法论样式，设计更具实际意义的访谈，实施更大范围的统计学抽样调查，利用复杂程度更高的数据处理方法，相继取得了众多的研究成果。

1963年，维巴等在他们出版的相关书籍中，从西方多个国家当前实施的制度所表现出来的政治态度出发，论述了政治文化特性和政治制度与社会环境之间存在的内在关系，进而总结了这些国家的公民文化的特点。从政治发展的视角，阿尔蒙德认为："政治文化这个术语指的是专门化的政治导向——对于政治体系及其自修方面的态度和对于自我在这个体系中角色的态度。"[①] 在其另一本代表作《比较政治学：体系、过程、政策》的第二版中，他进一步将政治文化明确定义为"是一个民族在特定的时期流行的一套政治态度、信仰和感情"。[②]

---

① G. Almond and Verba, *Civic Culture*, Princeton University Press, 1963, p.13.
② ［美］阿尔蒙德等：《比较政治学：体系、过程和政策》，曹沛霖等译，上海译文出版社1987年版，第29页。

与之相应的，另一位政治文化研究大家派伊也是从比较政治学入手的，但是他的研究重点放在了东南亚地区，特别是马来西亚、缅甸等国。在概念上，他承袭了阿氏的观点。但比较而言，两人在具体阐述、侧重点、方法论上仍然有区别。派伊认为，"政治文化是政治系统中存在的政治主观因素，包括一个社会的政治传统、政治意识、民族精神和气质、政治心理、个人价值观、公众舆论等等，其作用在于赋予政治系统以价值取向，规范个人政治行为，使政治系统保持一致"①。进入西方政治文化复兴时期，阿尔蒙德对政治文化概念做了概括性的总结，他认为"政治文化理论从四个方面确定政治文化概念"。首先，它是一个国家的人们或部分人们对政治的主要态度取向。其次，它由认知、情感、评价组成，包括人们对政治现实的认知和信仰、对政治系统的情感、对政治价值观的评价等。再次，政治文化是儿童社会化、教育、媒体宣传、成人经历的结果，尤其是成人参政从政、融入社会和改善经济状况的结果。最后，政治文化影响了政治和政府的体制结构和运作方式——给予其压力，但不是决定它们。政治文化与政治体制的相互作用总是双向的。②

此外，在与政治文化相关的研究不断向前发展的过程中，阿尔蒙德等提出的政治文化含义逐渐被美国后行为主义学派认同，并获得较大的发展。如有学者注重对社会化途径的考量，把政治文化理解为"每一个社会内由学习和社会传递得来的关于政府和行为模式的聚集。政治文化通常包括政治行为的心理因素，如信念、情感和评价意向等。政治文化既是全社会历史经验的产物，也是每个人社会化的个人经验的产物。"③ 塞缪尔·P. 亨廷顿和乔治·L. 多明格斯认为，"一个社会的政治文化包括对表现政治的标志和价值及社会成员对政治目标的其他倾向的经验信念。这是一个政治体系的集体历

---

① Lucian Pye, *Aspect of Political Development*, Boston: Little Brown, 1986, p. 210.
② 潘一禾：《观念与体制——政治文化的比较研究》，学林出版社 2002 年版，第 21—22 页。
③ [美] 杰克·普拉诺等：《政治学分析词典》，中国社会科学出版社 1986 年版，第 357 页。

史和现在组成这个体系的个人的生活历史的产物。它根植于公共事件和私人经历，体现一个社会的中心价值观"①。如罗斯金教授在其《政治学》一书中说："政治文化指向基本的、普遍的关于政府和政治的情感……政治文化寻求合法性基础，以及维持一个政治体系的基本态度。"② 此类从合法性方向实施的考量，增大了政治文化研究涉及的范围。

西方探究政治文化的学者们虽然未能就政治文化的具体概念取得较一致的意见，但他们皆认为政治文化即"政治体系中的心理层面"或人们在主观上的取向。20 世纪 80 年代，政治文化研究再度成为学界关注的焦点之一，与政治文化相关的含义重新被提及，大多数学者依旧采用"主观派"的看法。但亦有部分学者试图扩展政治文化的含义，把政治行为视作政治文化必不可少的关键构成部分，并同时纳入心理及行为等方面的内容，从而避免在探讨政治文化过程中，把政治现象完全主观化而导致政治研究存在一定的偏差，进而突破了"主观学派"的观点所具有的局限性。

1. 国外学者的定义

关于政治文化的概念，从大多数的文献来看，一般的西方学者对其界定和阿尔蒙德的相同或相近，即主要是强调它的"心理性"和"主观性"。用代表性和影响性作为衡量标准，在这一基本的观点下，仍然存在归纳的差别，在诸种定义中，可以说有 4 种概念极具代表性。

第一种观点从心理或主观（psyhcological or subjective）角度进行定义。这种定义以阿尔蒙德和维巴为代表。政治文化概念的提出者阿尔蒙德最初的定义是："每一个政治体系皆镶嵌于某种对政治活动指向的特殊模式之中，我认为可以把它叫作政治文化。"③ 也就是说，

---

① ［美］格林斯坦、波尔斯比编：《政治学手册精选》下卷，商务印书馆 1996 年版，第 166 页。
② ［美］罗斯金：《政治学》，华夏出版社 2002 年版，第 98 页。
③ G. A. Almond, "Comparative Political Systems", *Journal of Politics*, Vol. 18, Aug. 1956, p. 396.

政治文化即每个政治体系的特定政治行为模式。后来，阿尔蒙德和维巴在《公民文化》中指出，"当我们提到一种政治文化时，是指其国民的认知、情感和评价中被内化了的政治制度"①。维巴也认为政治文化体系由经验性信仰、价值和特定的符号三方面的内容共同构成。该体系直接决定了政治行为得以产生的基础。政治文化实际上是某种政治制度里的全部成员在主观上所具有的取向，是与政治生活各个层面存在关系的主观取向。② 显然，他们的定义具有浓厚的心理和主观色彩。

第二种观点侧重于客观（objective）方面的定义。这种定义以伊斯顿为代表。与主观性观点不同，伊斯顿认为政治文化指的是一系列信念、观念、规范和价值，它们规定了影响政治输入和制度运行的思维、情感和行为模式。与此同时，它们又被社会成员视为一种权威性的为之折服的力量。在伊斯顿看来，每一个社会都有它神圣不可亵渎的政治与文化的图腾和禁忌、目标和约定，一切与此相背离的欲望都难以实现。因此，在政治社会化的过程中，社会成员已将这些传统价值内化，而且约定俗成地都不会容忍对它的任何挑战。政治统治者出于利益或稳定等因素的考虑，总会提供整合与诱导社会成员政治取向的一套由"价值（目标和原则）、标准、权威结构"所组成的框架。价值成为社会生活的全面约束，引导人们在日常生活中遵循清规戒律，避免触犯敏感的制度神经；标准是为政治指令的执行过程所规定的一套期望遵守与可接受的程序；权威结构是为政策制定与执行而设计的正式与非正式的权力组织与实施模式，以及权力得以传导和运行的关系及角色安排。③ 也正是在这样的意义上，政治文化通过外在客观性而内化成主观习惯。

---

① G. Amond and S. Verba (eds.), *The Civic Culture: Political Attitudes and Democracy in Five Nations*, Princeton University Press, 1963, p. 14.

② S. Verba, "Comparative Culture," in L. W. Pye and S. Verba (eds.), *Political Culture and Political Development*, Princeton University Press, 1965, p. 518.

③ D. Easton, *A System Analysis of Political Life*, Chicago: University of Chicago Press, 1965, p. 193.

第三种观点侧重于启发性（heuristic）定义。较为典型的是白鲁恂所提出的观点。他曾先后数次提出了与政治文化概念相关的观点。在政治文化研究兴起时，白鲁恂基本沿用阿氏的观点，即政治文化是以政治价值观为核心的一整套观念体系，它接受历史传承存在于现实人的观念之中。如认为"政治文化由人们在政治过程中累积的趋向构成，它包括社会之权力与权威的现状，计算与估量因果关系的规范，价值群和情感反应的模式所构成的限制"[1]；又认为，"政治文化是由使政治过程能够以一定的秩序和形式进行的特别的取向模式构成，它让政治领域具有各种结构及意义。"[2] 1972年之后，白鲁恂提出了不同于阿尔蒙德的看法，他指出，依据微观个体去分析宏观制度是不合理的，而利用"分布"以及"密度"来判断民族政治态度及取向则更是不可行的。要明确决定人们行为的思想，或根据个体的取向确定一种政治制度的特点，有着非常大的难度，而这正是阿尔蒙德所提倡的。另外，白鲁恂亦分析了阿尔蒙德等与政治文化指向相关的理论，并指出，政治文化在初始时的假设采用描述的方法，目的在于使人确信一种制度的运作是以价值、情感以及取向等内容为基础的，这些内容在很大程度上决定了一种制度所具有的特征。所以，政治文化所涵盖的应是那些对制度产生重要影响的"取向"，而不需要涵盖公众各种风格中较为特别的内容。由此，白鲁恂认为，分析政治文化时，应以对政治制度产生影响的内容为主要对象，而无须浪费精力去研究其余态度的分布情况。

第四种观点主要从综合性（comprehensive）的方向明确相关概念。提出此类观点较具代表性的人物有费根与塔克。政治文化和政治行为之间存在着较为密切的关系，政治文化直接对政治行为产生影响，而政治行为则是政治文化在现实中的体现。在应用政治文化的术语时，应选用人类学家所给出的相关定义，其定义不但涵盖了隐在的

---

[1] L. W. Pye, *Politics, Personality, and Nation Building: Burma's Search for Identity*, New Haven, CT: Yale University Press, 1962, p. 22.

[2] L. W. Pye and S. Verba (eds.), *Political Culture and Political Development*. Princeton: Princeton University Press, 1965, pp. 7–8.

心理，而且涵盖了显在的行为。① 与此相同的，依据费根的看法，政治文化其实是对反复产生的显在行为模式有较大影响的个人思维方式的集合。② 这些学者普遍认为，完全从主观心理的角度探讨政治文化，容易使其概念变成一种"极端主观化概念"。20 世纪 70 年代，部分学者便把政治行为纳入政治文化的体系中。例如，S. 亨廷顿等就曾经将政治文化的概念界定成"与外在政治象征相关的信仰、价值和社会组成成员在政治客体上所具有的其他取向"。③ 这里的"其他取向"意味着包括政治行为。

2. 马克思主义经典作家的阐述

19 世纪中叶和 20 世纪初，在马克思主义的经典著作中，没有明确政治文化的概念，但对政治意识、政治思想、政治心理有广泛的涉及和精辟的分析。如 1852 年，马克思在《路易·波拿巴的雾月十八日》一文中写道："在不同的占有形式上，在社会生存条件上，耸立着由各种不同的、表现独特的情感、幻想、思想方式和人生观构成的整个上层建筑。整个阶级在其物质基础及社会关系的前提下创造出所有。"④ 马克思的这一番话，至今仍然可被视作对政治文化实施探究的方法论原则。

1890 年，恩格斯在其给约·布洛赫的书信里提及：经济状况的确是基础，然而上层建筑的各类不同因素在较大程度上也在影响着历史斗争的过程，而且在很多时候对斗争的具体形式发挥着决定性的作用，这些因素包括：阶级斗争所采用的政治形式以及相应的成果——由获胜的阶级制定的宪法等，各类法律的形式和全部现实斗争在参与者思想上的体现，涉及哲学等领域的相关理论，宗教的看法及其教义

---

① R. C. Tucker, *Culture*, *Political Culture*, *Communism*, Presented at the Conference on Political Culture and Communism Studies, Arden House, November 9-20, p. 7.

② R. R. Fagen, *The Transformation of Political Culture in Cuba*, Starford, CA: Stanford University Press, 1969, p. 5.

③ Roland H. Ebel, Raymond Taras, James D. Cochrane, *Political Culture and Foreign Policy in Latin America*, State University of NewYork Press, 1991, p. 7.

④ 《马克思恩格斯选集》第 1 卷，人民出版社 1995 年版，第 611 页。

体系的继续发展。① 随后，恩格斯进一步指出，在社会历史进程中参与活动的，都是存在一定意识的、经过深思熟虑的或根据激情来采取行动的、为实现某种目标而奋斗的人；所有事情的出现皆非缺乏自觉意图，无甚预期目标的。② 正是基于不同的意图、动机和目的，追求使人们产生了不同的行为方式，构成了人们行动的动力源泉。实际上，恩格斯的观点说明了社会文化的发展，尤其是政治观念和政治意识形态的发展，也是推动历史前进的重要力量。

1920 年，列宁曾在工作会议中指出，努力构建政治文化和积极开展政治教育的目的在于培养越来越多的合格的共产主义者，使他们可以从容应对谎言与偏见，可以帮助广大的劳动人民摆脱旧秩序的影响，建成一个不存在剥削阶级的国家。③ 列宁所提及的"政治文化"实际上是指马克思主义政治理论，他明确指出，使剥削阶级的政治思想和在漫长的历史发展进程中产生的不良的政治生活、心理等的影响消失殆尽，应被视作党和国家的关键任务之一。在此基础上，苏联学者们指出，美国大部分学者在介绍政治文化的具体含义时，过于突出政治主体的各种因素在心理上的作用，这显然是不合理的。因为"他们皆严重忽略了与阶级及其利益相关的问题，且未能充分认识到社会政治生活实质上取决于特定的经济关系及阶级利益"，④ 必定始终不会揭露政治文化的实质。此外，苏联学者们普遍认为，从实质上而言，政治文化即特定阶级的政治思想理论，它属于社会上层建筑的范畴，是社会精神文化的关键构成部分。由此可见，苏联学者往往是从政治思想及其相关理论的角度来分析政治文化的含义的。

1940 年，毛泽东同志在其发表的《新民主主义论》中指出：共产主义思想是无产阶级所拥有的完整的思想体系，而且是一类新型的

---

① 《马克思恩格斯选集》第 4 卷，人民出版社 1995 年版，第 696 页。
② 《马克思恩格斯全集》第 21 卷，人民出版社 1965 年版，第 341 页。
③ 《列宁选集》第 4 卷，人民出版社 1995 年版，第 306 页。
④ [苏] B. 几安德里先科：《精神文化与人》，华东师范大学出版社 1989 年版，第 79 页。

社会制度。它与其余所有的思想体系和社会制度都存在较大的不同，是整个人类发展过程中产生的最为全面最为科学且是革命性最强的思想体系。正是中国共产党人基于的共产主义的崇高理想和社会制度的价值取向，才成为社会主义政治文化建构的目标方向，而要实现这一理想"如何使新的政治文化为社会所普遍认同，并产生积极的社会效应"①，就不得不进行政治革命和社会变革，不断进行政治文化建设的探求。

3. 国内学者的定义

20世纪80年代中后期，与政治文化相关的探讨广受国内相应领域的学者的关注，就当时的研究状况看，解释政治文化的基本模式类似于人文与社会科学界对大文化的定义。换言之，中国学者对政治文化的解释明显不同于国外学者，并因此引发了研究方法和资料收集诸方面的不同。无可置疑，以阿氏为代表的政治文化研究理论对中国学者产生了极大的影响，拓宽了学者们的研究视野，且使他们开始从更为合理的视角出发实施研究，从而有效促进了国内与政治文化相关的研究的发展。归纳中国现有的研究成果，主要包含了如下五类观点。

第一种观点主张从心理的角度对政治文化实施研究。这种观点充分借鉴了西方最为普遍的观点，指出政治文化是"现代西方政治学中产生的一种概念，是民众所持有的社会态度、信仰、情感以及价值的集合"。②孙西克亦主张"采用国际上当前普遍认同的政治文化定义，将政治文化视作是'政治体系中的心理层面'来实施研究"。③张浚亦指出，"探讨政治文化应以研究政治体系中的民众对所在体系的认知和感情等一系列心理活动为主"④。马庆钰则指出："政治文化形成于特定的文化环境及经济体制中，是历经漫长的社会化进程而较为固定地积淀在民众的心理上的关于政治态度与政治价值的总体取向，是

---

① 王沪宁、林尚立、孙关宏：《政治的逻辑》，上海人民出版社1994年版，第483页。
② 丘晓主编：《政治学词典》，四川人民出版社1986年版，第425页。
③ 孙西克：《政治文化与政策选择》，《政治学研究》1988年第4期。
④ 张浚：《政治文化研究兴起的背景及其思想渊源》，《政治学研究》1998年第2期。

政治体系得以发展和运作的思想基础。"① 这种观点渗透着阿尔蒙德等主流学派的思想，国内的很多学者受其影响，具有主观心理层面的倾向。

第二种观点认为政治文化包含政治思想（理论）和政治心理两个层次的内容。这一观点以王沪宁、戚珩、胡象明、刘泽华、葛全等为代表。如王沪宁认为，政治文化是政治活动中的一种主观意识领域。② 戚珩分析后指出，政治文化即民众在政治社会化的过程中逐渐形成的对政治行为和政治趋向可长期产生影响的政治观念、政治评价以及政治心理等的集合。③ 刘泽华等在实施研究后指出，"政治文化涵盖政治思想以及政治意识等等，其具体表现形式则包括了理论形态以及情感倾向等等"④。胡象明开展相关探讨后指出，实际上，政治文化由如下三部分共同构成：政治理论及相关思想，政治文化的形成和发展在很大程度上取决于此；政治传统，涵盖传统观念与风俗等，可被看作广义政治心理的组成部分；政治心理，涵盖政治信仰以及相关的情感等。⑤ 这一定义实质包括理论和心理两个层次。

第三种观点指出，政治文化一般是由政治心理、政治理论以及政治制度三方面的内容共同构成的。采用此种观点较具代表性的学者包括公丕祥、朱日耀和孙正甲等人。例如，公丕祥便指出，"政治文化是在一定的物质基础上，各阶级及组织等构建的政治制度规范和民众对政治现象的态度、习惯等的复合有机体"⑥。朱日耀则指出，应将中国的传统政治文化分成决定人的政治行为的政治思想、对社会政治运作产生影响作用的政治心理和政治制度三个方面。⑦ 孙正甲指出，

---

① 马庆钰：《告别西西弗斯——中国政治文化的分析与展望》，中国社会科学出版社2002年版，第21页。
② 王沪宁：《比较政治分析》，上海人民出版社1987年版，第159页。
③ 戚珩：《政治文化结构剖析》，《政治学研究》1988年第4期。
④ 刘泽华、葛全：《论中国传统政治文化》，吉林大学出版社1987年版，第26页。
⑤ 转引自王乐理《政治文化导论》，中国人民大学出版社2000年版，第39页。
⑥ 马庆柱：《告别西西弗斯——中国政治文化的分析与展望》，中国社会科学出版社2002年版，第19页。
⑦ 朱日耀：《中国传统政治文化的结构及其特点》，《政治学研究》1987年第6期。

政治文化的具体定义"往往可理解成政治体系里的意识形态领域和相关的可操作领域两部分，前者包括了政治心理等一系列较具政治特征的精神要素；而后者涵盖了政治行为等政治范畴"。① 万高亦认为，"政治文化属于一类系统结构，既有实体性的部分又有观念性的部分。实体性部分包括政治制度等内容，而观念性部分则涵盖政治心理、思想及价值。"②

第四种观点认为，政治文化实际上是政治心理与行为的有机结合。赵军指出，一个国家政治文化的产生，不但是精神层面的影响过程，而且是政治实践不断发挥其作用的过程。政治文化是与取决于政治制度及政治传统的民众在获取利益上形成的政治意识及行为的总趋向相关的政治学范畴。③ 王惠岩实施相关研究后指出，政治文化即某个国家中的各个相关群体或个人，在长久的社会历史文化传统的作用下逐渐产生的政治方面的价值观念、心理以及行为方式。④ 此类观点与费根等提出的综合性定义较为相似。

第五种观点则直接认为政治文化其实是一些政治思想或政治价值观念。较具代表性的学者如徐大同、高建等，他们采用了苏联学者所给出的政治文化的定义，认为："政治文化即是民众在漫长的社会发展过程中产生的各类政治理论和观念等的总和。"⑤ 此类将政治文化解释成政治思想的看法，弥补了西方学者所给出的概念在阶级性方面的不足，而且也在一定程度上揭露了政治文化的实质与核心内容。然而，此种观点显然存在矫枉过正的问题，有待予以改善。

总而言之，本书在研究政治文化具体含义的过程中，充分参考了各国现有的与政治文化相关的理论，不只包括如上这些较为典型的观点，还包括其他观点，例如，政治文化类型理论、政治社会化理论等。

---

① 孙正甲：《政治文化模式分析》，《理论探讨》1990 年第 4 期。
② 万高：《简论"政治文化"》，《政治学》（人大报刊复印资料）1995 年第 2 期。
③ 赵军：《如何认识政治文化及其研究的社会意义》，《政治学研究》1987 年第 3 期。
④ 王惠岩主编：《政治学原理》，高等教育出版社 1999 年版，第 231 页。
⑤ 徐大同、高建：《试论中国传统政治文化的基础与特征》，《新华文摘》1988 年第 1 期。

（三）政治文化功能的表达

政治文化是社会各成员所实施的政治行为的精神支撑，可有效确保政治体系的长期健康运作。在某些意义上，政治文化所发挥的作用甚至决定了政治体系的具体状态、运行的模式和未来发展的趋向。概括起来，政治文化具有以下功能。

首先，政治文化是直接决定社会成员采取何种政治行为的心理因素，它可以引导和规范各个社会成员参与的政治实践活动。对社会成员来说，参加政治实践活动所持有的态度和取向往往受当时政治文化的条件所作用与限制。而政治社会化则是指民众接触、学习及发展某种政治文化的整个过程。政治文化能够科学地引导民众怎样去遵从社会的政治价值取向，怎样去严格遵循社会中的各项政治规范，以及采取何种行为。可见，政治文化有助于民众养成良好的政治行为习惯。现代社会的民主政府总在想方设法充分发挥政治文化的作用，来协调政府和公民的关系，这便是由于"民主政府要实现可持续发展，不但需要构建合理的政府及政治架构，而且需要与民众在政治程序上的取向即政治文化相适应"。[①]

其次，政治文化为政治秩序的稳定提供思想意识上的支持，对维系及保障政治体系的正常运行有着不可替代的作用。政治文化为政治统治体系的确立提供合法性的说明，政治体系得以正常运作的前提条件在于其具有的合法性。此种合法性，一般是来自于社会成员在心理上对政治体系所持有的认同态度，"认同"即表明了社会成员对个人和体系之间存在的归属关系与体系本身所制定的行为规则的承认。唯有满足这一合法性前提，社会成员方能在参与政治实践活动的过程中自觉地采取一定的行动以支持政治体系的运行。

最后，政治文化可以科学引导政治体系的持续健康发展。政治文化可以对政治发展的趋向产生较大的影响。在政治发展的过程中，政

[①] [美] 加布里埃尔·A. 阿尔蒙德、西德尼·维巴：《公民文化——五国的政治态度和民主》，马殿君等译，浙江人民出版社1989年版，第586页。

治文化在无形中发挥着无可替代的作用，政治文化在一定程度上体现了民众对政治发展前景的期待，政治文化的影响是长期的、潜移默化的，它可以有效促进或限制政治发展的整体过程。在政治发展进程中产生的政治价值观的矛盾，是政治体系改革和继续向前发展不得不予以解决的问题。如果新型政治文化能够较为有效地改变社会，那么必定会导致政治体系产生重大变革，此时，便有必要大力宣传新型政治文化，使广大社会成员普遍认同新型的政治文化。可见，"政治文化的内涵产生变化，政治形式亦会出现相应的变化"。[①] 政治文化对政治变革的反应或较为迅速，或明显延迟，可能会相互接受，亦可能会相互排斥，然而它们的磨合状况直接决定了社会发展进程的快慢。而正是在政治文化的作用下，人们才可以对政治发展的价值、未来趋向以及具体的形式等产生一定的认识。

（四）政治文化内涵的再认识

运用马克思主义的方法论，综合借鉴上述国内外学者的观点。正确的做法是，既要把政治文化作为"政治体系的心理方面"加以考量，又要把政治文化作为"可有效规范和支配民众采取何种政治行为的政治思想"进行分析。政治文化除了体现心理动因、个体主观方面外，还属于社会上层建筑的范畴。诚如马克思主义经典作家的观点一样，政治文化具有鲜明的阶级性和社会性，反映一定阶级的利益、愿望和要求。基于此，笔者对本书的主体概念做如下理解：处于一定社会环境下的政治行为主体对政治体系、政治过程以及其自身在这种体系和过程中所处的角色的态度，政治心理状况、政治价值的具体取向以及相关政治思想的集合。

就政治文化的内容及政治行为主体而言，它可以分成两个基本维度：意识形态与公民政治心理，其具体的表现形式也就是国家文化与公民文化。二者之间存在着和谐与冲突的两种可能，要处理好公民政治心理与主导意识形态之间的关系，使其尽可能保持一种和谐的

---

① 王乐理：《政治文化导论》，中国人民大学出版社2000年版，第64页。

状态。

1. 国家文化与公民文化的特征

首先,政治文化是一种国家意识的表现,即社会意识形态。"社会政治意识,即政治文化,是社会意识的重要组成部分。"[①] 它通常是一定社会实行政治社会化的依据、主要内容或基本要求,会大量以国家文化或政府文化的形式表现出来。据此分析,一国政治文化的主流是国家文化或政府文化,因为一个占统治地位的阶级,它的政治意识形态也必然占据社会的统治地位,并且必须得到社会全体成员的支持与认可。为此,它必须把本阶级的利益上升为社会的共同利益,相应地,赋予自己的思想以普遍性的特征。统治阶层依据某种政治意识形态,确立政权组织的具体形式,明确实施社会治理的策略、政策和相匹配的且较为完善的运作机制。

国家文化的特点主要体现在如下几点。首先是政治性。这是由于意识形态是政治权力在发挥作用的过程中的产物,而且前者是后者在精神上的体现。所有的政治统治都需要建立在特定的宣言及思想纲领的基础上。意识形态具有的价值便在于此,直截了当地表明政治统治的目标与原则,从而有效确保政治统治的持续。其次是抽象性。从表现方式的角度分析,所有国家的政治文化,皆采用某些较具抽象性的含义或话语系统进行表达,并且在逻辑方面亦显得十分独特。例如逻辑前提具有的先在性和必然性,以及逻辑推理所具有的确定性。在此种情况下,假如要深入认识意识形态,便需要直接进入其逻辑系统中。所以,于普通的社会成员而言,意识形态是极为抽象而难以理解的。再次则是强制性。国家文化从产生开始,便不是依据合理性来进行判断的,而是依据其是否正确来进行判断。亦即,意识形态与其余思想领域存在明显的区别,能够争论的范围较小。所以,假如某个时期的意识形态正式形成了,便会要求所有的社会成员予以接受。最后是象征性。意识形态本质上而言还是政治权力的一种象征。意识形态

[①] 王沪宁主编:《政治的逻辑——马克思主义政治学原理》,上海人民出版社 2004 年版,第 342 页。

不但和政治权力同时确立，而且是社会成员在思想上是否正确的象征。

其次，政治文化也是公民文化，即普通公民对政治体系和政治生活中有关政治运作的过程及其结果的心理反应，包括认知、感情、态度和价值判断。当然，本书对公民文化的界定，只是狭义上的，法律上"主体人"的政治倾向、政治心理，亦即通常所说的公民文化。公民文化"是一种基于公民身份和行为的一系列观念、态度、品性和价值取向，因而，它是一种代表着国家与公民之间契约关系基础上的权力、权利和义务的价值判断，代表着私人生活和公共生活双重领域中的复合品性与价值追求，代表着契约、自由、权利、参与、责任和公共精神等现代民主法治信念的现代民主政治文化"。[①] 它是一种自由自觉的现代文化，这种公民文化首先表现为自主自律、自由自觉的主体价值取向；其次表现为平等、开放、横向的权利、利益纽带的有机联结；再次表现为个性、参与、创造、开拓的行为图式；最后表现为高度的角色意识、社会责任感和公共精神。[②]

公民文化一般体现出如下几种特点。其一为复杂性。由于各个社会成员的社会利益需求不相同，对政治生活的理解和所具有的期待也存在较大差别。所以，他们具有的政治心理便呈现出多样化的特点。不同阶层的公民有着不一样的政治心理，例如在中国，农民和工人这两个阶层的政治心理显然不一样，而它们亦都和知识分子阶层的政治心理具有很大的区别，导致相互间存在较大区别的根本原因是各个阶层均有其各自不同的利益需求。其二为现实性。人们具有的政治心理在很大程度上取决于他们的利益需求，而他们的利益需求往往建立在现实的基础上。因此，公民的心理便表现出明显的现实性特征。例如，中国大部分农民的利益需求便是希望有较为合理的政策，能够有效减轻负担。另外，于大部分中国公民而言，因为深受世俗化的影响，他们在政治方面的期待与个人自身的利益需求之间的关系越来越

---

① 刘雪松：《公民文化与法治秩序》，中国社会科学出版社2007年版，第14页。
② 马长山：《国家、市民社会与法治》，商务印书馆2002年版，第177—178页。

密切，不再热衷于追求以往那些空洞盲目的目标。其三为波动性。公民政治心理虽然具有历史的传承性，然而，因为公民往往有着较强的依附意识，判断能力较差，容易受他人的蛊惑，所以呈现出明显的不稳定性。而且，国内社会生活日益多样化，权威亦越来越世俗化，从而导致公民政治心理更加容易受到其影响，它所具有的不稳定性也就更为显著。

2. 国家文化与公民文化之间的关系：和谐与冲突

这里需要特别指出的是，政治文化行为主体和内容本身，既有联系又有区别。二者的联系在于，一定的公民文化总是要受到国家文化的制约和影响，但它又会反作用于国家文化；区别在于二者的主体承担者、表现形式和内容是不同的。国家文化表征着统治阶级或一般意义上的整体利益，而公民文化则表征着社会下层成员的基本利益。因此，从一定意义上来说，公民文化与国家文化之间并非存在着必然的认同关系，可能会大量发生政治不认同现象。

公民的政治心理与意识形态作为政治文化分析的两个维度，在政治生活中，它们之间也存在着强弱之分。无疑，意识形态总是处于强势地位，而公民政治心理则往往处于弱势地位。二者之间可以是协调的，也可能发生某种冲突。毫无疑问，它们之间的不同关系组合，将导致政治文化的不同结构特征，进而影响政治文化的功能发挥，在更为深刻的意义上，将影响社会政治活动。

公民政治心理与意识形态的和谐关系通常表现为公众对政府有较高的支持率，对政府及其领袖有较高的认同感，执政者与公众在思想和行为上相互支持。简言之，是意识形态与大众心理的相互适应，尤其是意识形态更多地适应了大众的政治心理。比如，在十一届三中全会之后，中央将工作重心转移到经济建设上来，得到了全国人民的真诚支持。实际上，政治活动是极具现实性的一种人类活动，政治意识形态也就必须紧贴社会现实，充分反映和适应大众的政治心理要求，而不是一味地去追求政治权力自身所希望的长远目标，也只有这样，二者之间的关系才可能达到和谐。这种和谐的关系带来的结果就是社会政治生活的有序性和有效性。可以说，这是任何一种政治都追求的目标。对于像中国这样的发展中国家，由于整个社会的生活处于过渡时期，各种规则尚不完善，而人们的政治期望和要求往往又较高，所以，意识形态与公民政治心理之间保持一种和谐的关系，对于维系社会政治的稳定有序，极其重要。

公民政治心理与意识形态之间的冲突关系通常表现为公众对政府及其政策的普遍不满，社会成员对于意识形态采取怀疑和不信任的态度，大众的政治心理越来越以自身的利益作为判断标准，而放弃参与公共生活的愿望。在实际生活中，公众的这种不满和挫折感常常借助于诸如民歌、民谣、黑色幽默等方式宣泄出来，甚至可能发生公众与政府的直接冲突（如果公民的合法利益没有得到有效诉求，社会群体事件就会爆发）。在民主国家，则是经常性的游行和示威。与此同时，意识形态也越来越形式化和表面化，人们已经意识到意识形态说的是一套，实际做的又是另一套。无可置疑，这种冲突来自于意识形态与公民政治心理之间出现的隔离，可能是由于意识形态的一意孤行，也可能是由于意识形态的故步自封，缺少与时俱进的变革意识。

公民政治心理与意识形态的冲突带来的后果是严重的。第一，两者间产生冲突，必然会使社会失去必不可少的共识。存在社会共识乃是社会得以生存和发展的前提。一个严重缺乏共识的社会必定是一个支离破碎的社会，是无法实施任何制度或规则的社会。而唯有在利益需求趋于一致的情况下，才会产生社会共识。当公民政治心理和意识形态之间发生冲突时，统治者和普通民众的利益需求便会有较大的差别。可见，缺乏社会共识乃是上述冲突产生后的一种必然的结果。第二，假如意识形态形式化，将使现有的政治权威逐渐丧失。在意识形态和公民政治心理产生矛盾时，如果意识形态继续我行我素而不做出相应的调整，公民将对其失去信心，甚至直接质疑国家的权威性，进而对政治权力的权威性产生极为不利的影响。第三，意识形态流于表面，使政治生活里的各项规则无法有效发挥其效用。在两者产生冲突时，社会中尽管可能具有诸多制度与规范，但它们难以有效发挥出自身的作用。设立了规则，却没有任何作用，便等同于从未设立这些规则。第四，从更广泛的角度看，公民心理和意识形态之间产生冲突，将降低社会道德的整体水平，接着还会进一步对政治生活产生不利影响，从而产生社会和政治两者间的恶性循环。

在社会转型期，这种公民政治心理与意识形态之间的冲突可能会表现得更为强烈。出现这种情况的原因，一方面，往往是社会转型带来巨大的政治生态的变化，而国家在转型时期，许多理论和政策都为了适应环境上的这种巨变而不断做调整。另一方面，政府有时又不能或无法对环境的变化做出及时有效的适度调整。从公民这方面来讲，传统政治心理在被打破的同时，对新理论的接受又有一个过程，他们对政府的期望也会越来越高，这与政府在转型中必然要经历的调整期之间就形成了冲突。

总之，我们既要承认矛盾存在的必然性，又要在既定张力前寻求平衡，以催生政治统治的合法性，以期从意识形态角度对政治文化的稳定健康发展提出较具价值的探索，在深入探讨中国在转型期的政治文化的基础上，有效推动中国的和谐社会不断向前发展。

三 社会转型期中国人的政治心理变迁

目前，中国正处在极为关键的社会转型期，因为社会转型涉及社会的各个层面，影响着不同的领域，所以必定会使公民的意识形态遭受极大的影响。在此种历史性的转变进程中，国内公民政治心理出现明显的变化，表现出许多显著的特征。实施深入研究，进而把握这些变化特征，于国家对公民政治行为实施引导以及推动社会主义市场经济向前发展，皆有着非常重要的实际意义。

作为新兴的交叉学科，政治心理学在学科认同、研究路径等方面存在诸多争议。20世纪80年代，为满足政治学科发展的现实需要，许多学者纷纷开始着手探讨政治心理学，详细阐述了国外有的相关研究成果，分析了中国深入研究政治心理学的重要性及可操作性。自90年代以来，部分学者充分利用心理学等知识，从实证的角度分析国内社会生活中产生的各种政治现象及行为，并获得了一定的研究成果。而进入21世纪以来，国内获得了许多与群体政治心理相关的研究成果，例如大学生政治心理，等等。然而，从如今的研究情况看，国内政治心理学兴起不久，仍处在早期发展的阶段，还有诸多新的课题亟待探讨。积极发展政治心理学，需要综合运用政治学等有关学科的知识，且需要以政治体制改革为基础。在国内，专业学科发展水平不高，导致开展政治心理学研究的学者在知识储备等方面具有明显的不足；此外，政治体制改革无法跟上理论发展的步伐，这便导致难以进一步提升政治心理学的广度及深度。值得一提的是，2011年，中国在天津举办了"政治心理学理论与中国的实践"研讨会，此次会议是中国第一次将政治心理学作为讨论的主要内容的学术会议。会议的目的在于针对如今政治心理学的最新进展以及政治心理学的本土化等问题展开讨论。

（一）政治心理一般理论

政治心理无疑是政治文化的关键构成部分，而对其进行的研究最早可追溯至弗洛伊德所提出的"精神分析"理论。弗洛伊德指出，人的个性结构由如下三方面共同构成。第一，先天性的本我，涵盖直觉以及解决身体需求的本能。本我极为强调快乐原则。第二，对本我进行调节且符合现实社会要求的自我。自我则遵循现实原则。第三，阻止满足本我的需求，依据社会所需采取各种行为的超我。超我遵循道德与社会原则。[1] 除了潜意识等概念外，在当代心理学者看来，弗洛伊德的心理分析方法"至多也只是将非常简单粗糙的心理分析方法运用到对政治人物的分析中"。[2] 但弗洛伊德的贡献和地位不可撼动。诚如有研究者指出的那样，"没有任何一种政治心理学理论像心理分析方法一样受到人们如此研究"[3]，之后才有不少学者较具目的性地

---

[1] Harold D. Lawssell, *Psychology and Politics*, New York: Viking, 1960, pp. 65 – 67.

[2] David G. Winter, "Personality and Foreign Policy: Historical Overview of Research," in Eric Singer and Valerie Hudson eds., *Political Psychology and Foreign Policy*, Boulder, CO: Westview Press, 1992, p. 96, note 1.

[3] Calvin S. Hall and Gardner Lindzey, *Theories of Personality*, New York: Wiley, 1970, p. 68.

将心理学的一系列理论知识应用于与政治现象等问题相关的分析研究中。所谓政治心理是社会成员在政治社会化过程中对社会政治关系以及由此而形成的政治行为、政治体系和政治现象等政治生活的各个方面的一种自发的心理反应，表现为人们对政治生活某一特定方面的认知、情感、态度、情绪、兴趣、愿望和信念，等等。[①] 从主体的角度分析，政治心理的主体乃是"政治人"，而不是"生物人"。就其形成过程而言，政治心理是社会成员在政治社会化过程中对社会政治生活的心理投射。就其实质而言，政治心理作为一种精神生活的过程，是对政治观的反应。就其反映形式而言，政治心理是一种直观的自发的心理反映。就其具体内容而言，政治心理是对政治关系、政治行为和政治体系等政治现象的直观的和模糊的感应。政治心理作为一种精神现象和心理活动，是客观的社会政治环境与主观意识相互作用的产物。

从功能的角度分析，政治心理在漫长的政治社会化进程中，使各个政治活动主体有着不一样的个体心理特征，进而将其作为中介对政治活动产生影响。政治心理一旦产生，便会影响政治主体的政治行为，可能使其主动地去参与主流政治文化的各种认知实践，把个人的政治认知实践与主流政治文化融合于一起，从而让低层次的政治心理逐渐发展到更高的层次，有效改善政治主体整体的政治素质。另外，开展政治活动，唯有对相应时代和社会公民的政治心理有较为全面的了解，才能全面掌握政治环境未来的发展方向以及公民的情感和期待，从而构建起所需的社会基础及政治基础。在现代化过程中，国家与社会的长期健康发展以稳定健康的公民政治心理为前提，即各社会成员在政治上具有一定的共识、认同感以及支持感。

探讨政治心理的组成要素，其实是从微观的角度深入分析政治心理，是在政治学研究过程中对心理学相关知识的运用。依据心理学的原理可知，政治心理涵盖四种不同的要素，分别为政治上的认知、情感、动机以及态度。其中，政治认知即政治主体对政治生活中的各个

---

① 王浦劬主编：《政治学基础》，北京大学出版社1995年版，第308页。

方面的评价和认知，等等；政治情感的基础在于政治认知，它既涵盖了处在较低层次的政治情绪，亦涵盖了处在较高层次的政治感情；政治动机，即政治活动实现最终政治目的所需的一种内在动力，它蕴含在公民的政治行为中，是政治行为产生和发挥作用的内驱力；政治态度，即政治主体对政治客体产生的相对而言具有一定稳定性的综合性心理反应倾向。政治心理是上述这些要素的有机结合，而各个要素皆是政治心理发展过程中必需的环节，它们相互影响、相互依存，共同构成了政治心理完整的发展进程。

（二）群体政治心理研究现状

群体心态与个体心态之间有着明显的不同。民主政治无疑是一类群体行为方式，它的具体运作和发展以群体心态为基础，最后一般和它设定的初始目标相去甚远。在这种独特的心理状态和机制中，人的理性和理智是基本趋于零的。这是人的一种原始的和基本的状态，是伴随着人类社会的发展而发展的。而黄建钢的《政治民主和群体心态》一书，充分结合理论和实践，尝试对国内的群体政治心态进行整体性分析，且据此指出群体政治心态的两种最为基本的特点是"法不责众"和"急于求成"；此外，此种心态的特征还体现在有所淡化的政治意识以及存在冲突的政治行为上。[1] 根据调研资料，孙永芬在《中国社会各阶层政治心态研究——以广东省调查研究》一书中，通过在广东采取调查问卷的方式对中国六大社会阶层的政治心态进行调查和分析。在她看来，这六大社会阶层包括产业工人阶层、农业劳动者阶层、管理者阶层、知识分子阶层、私营企业主（个体工商者）阶层和一般职员阶层，他们是推动中国政治现代化的中坚力量，在政治发展中需要关注各阶层政治心态的变化。[2] 一般意义上，就群体政治心理主体构成而言，主要包括青年（大学生）、农

---

[1] 黄建钢：《政治民主和群体心态》，中信出版社2003年版。
[2] 孙永芬：《中国社会各阶层政治心态研究——以广东省调查研究》，中央编译出版社2007年版。

民、公务员、军人、知识分子等。本书也按照这一主体要素结构展开讨论。

1. 青年（大学生）政治心理研究

青年政治心理研究在国内还处在初步发展阶段，在改革开放之后，才从理论的方向对其进行探讨。目前的整个发展过程可被划分成两部分，其一是20世纪八九十年代，尤其是在产生"八九"学潮风波之后，学者们逐渐加大了对青年政治心理的关注力度；其二则是近些年，国内改革开放逐步深化，相关研究不断向前发展，学者们往往重点探讨青年大学生政治心理的实际发展情况。

随着人文社会科学调查统计水平的提高，学界在进行青年政治心理研究的过程中，开始引入数据统计的实证调查方法。20世纪90年代中期，包括《中国青年报》在内的几家相关机构共同合作，前后3次针对中国青年政治社会化问题等实施了大规模的调查。调查后，中国青年报专题报道了所获得的成果。而这些调查分析结果便成为《成长中的中国》的重要参考。作者房宁等在此书籍中，全面地探讨了当代中国青年的国家、民族意识的变化过程，从青年思想变化的角度分析了当代青年的视野转化状况，是对中国当代青年的国家民族意识的一次归纳和总结。此外，作者明确指出，中国青年整体的政治心理特征为"政治心理层次上，情感认同强烈；关注现实，易受引导与主流舆论影响；青年群体的政治与社会认识的理性程度不高；低龄青年的民族、国家情感和观念面临更大的冲击，有减弱的趋势"。[①] 1992年，中国青少年研究中心就在全国范围内针对中国青少年发展状况包括政治心理方面等进行了调查研究，并颁发了一系列"中国青少年发展状况"研究报告，在社会产生了较大影响。尤其值得关注的是，在一系列国家和地区的街头政治运动中，青年人是参与其中的主要力量。而社会群体性事件背后隐藏着深层的社会心理学机制，是有规律可循的。对此，刘正奎、张婍撰文认

[①] 房宁等：《成长中的中国——当代中国青年的国家民族意识研究》，人民出版社2002年版，第126—135页。

为，"在酝酿期，负面情绪的长期累积、群体效能感和群体认同是形成社会群体性事件的三大成因"。①

近年来，大学生政治心理研究成为人们关注的焦点。现有的研究采用问卷调查等的方法，全面展现了当前大学生政治心理的实际状况，深入研究了各种相关的影响因素，且探究了促使大学生养成良好的政治心理的新方法。例如，1994 年，某些机构深入调查了大学生的政治观念，调查结果表明，大学生普遍对改革开放政策持以认可的态度。超过七成的大学生认同改革开放提高了国家综合国力，而超过九成的大学生认同改革开放改善了民众的生活质量。② 除了正面研究大学生的政治心理外，还有学者就政治心理的影响因素进行了探讨，张文安认为"影响政治心理的个体因素包括已有的知识经验、智力水平、自我意识和人生经历等。大学生群体的生理特点和心理特点构成了他们政治心理形成的个体因素"。③ 这些研究不仅丰富和发展了国内政治心理学的内容，为探索大学生政治心理奠定了理论基础，而且为优化配置大学生政治心理机制起到了指导作用。但是，纵观这些理论研究，仍然存在许多不足和需要进一步拓展的地方。有关大学生政治心理的研究，大多以期刊论文为主，目前还没有相关专著出版，急需加强理论体系建构。苏州大学茅海燕的博士论文《当代大学生群体政治心理研究：基于历史与现实的考察》（2010），多少弥补了这一缺憾。

2. 农民政治心理研究

农民政治心理即农民在特定的经济、文化等的作用下，在各类不同模式的政治生活中，逐渐产生的对政治信仰、制度以及行为等的心理取向，是农民决定是否参加政治生活的一种心理状况。由于受到国外的政治心理学侧重于政治精英的个体政治心理研究的影响，

---

① 刘正奎、张琦：《青年街头政治心理成因》，《人民论坛》2012 年第 1 期。
② 刘庆龙、张明武：《思想政治上的偏离与期望——首都大学生政治观的纵向研究报告》，《当代青年研究》1995 年第 5 期。
③ 张文安：《当代大学生政治心理引导的基本方法探析》，《广西大学学报》（哲学社会科学版）2010 年第 1 期。

国内学者极少对农民政治心理进行系统化的研究。截至目前，尚未有和农民政治心理研究相关的专著出版，仅有一些论文或政治心理著作有所提及。传统的中国社会乃是专制主义社会，农民表现出来的政治心态绝大部分都是"臣民"心态。自实行改革开放以来，中国农民所持有的政治心理出现了诸多较为积极的改变，同时仍然存在着消极因素。当前，中国农民政治心理呈现出多元性、怀旧性和不稳定性的特征。[1] 有学者指出，农民表现出来的政治心理依然涵盖了积极和消极两种：农民具有的积极政治心态即"对政治的关心从'被动'转向了'主动'；对政治的认知从感性向理性转化；由权势主义向民主意识转变，追求平等和自由"；消极的政治心态如小农意识、社会地位自卑感、平均心理、狭隘心理、懒惰心理等依然存在。[2] 郭惠川认为，积极心理主要体现在参与观念有所强化、加深了对自身的权利与义务以及法律的认识；消极心理则主要体现在事不关己的心理和功利心理，等等。[3] 而叶笑云则指出，当前农民在政治心理方面产生的变化包括自主意识明显增强、参与观念获得较大提升、愈加重视自身的利益、政治心态变得更加开放、政治信任感等亦明显增强。农民展现出来的消极心理包括小农意识和情绪化倾向极为明显，等等。[4] 还有的学者对农民生存地位包括所处的制度环境表示担忧，弱势地位是对农民政治心理健康发展产生不利影响的关键因素，而中国农民政治心理实现现代化发展的逻辑基础则在于生存伦理，"支配中国农民行为最基本的逻辑是生存理性，即行为的出发点和价值标准是基于自我生存，以使生命得以延续"[5]。因为制度设计上的不合理，农民在国内已变成实际上的"二等公民"，无法真

---

[1] 侯红霞：《社会转型期中国农民政治心理变迁及调适研究》，《理论界》2011年第4期。
[2] 吴大英、杨海蛟：《政治意识论》，山西教育出版社2001年版，第74—75页。
[3] 郭惠川：《浅析我国现阶段农民的政治心理的变化》，《成都行政学院学报》2003年第4期。
[4] 叶笑云：《浅论当前中国农民政治心理现代化》，《理论与现代化》2001年第12期。
[5] 徐勇：《乡村治理与中国政治》，中国社会科学出版社2003年版，第318页。

正参与到社会政治系统以及主流社会生活系统的运作中去，农村社会保障机制亦未能得到明显的改善。① 还有为下一步农民政治心理的研究提供了思路框架的，刘伟在《农民政治心理研究亟须深化》一文中认为可以依照历史变迁的脉络，探究乡村治理模式的变革与农民政治心理嬗变之间的微妙互动关系。

3. 公务员政治心理研究

公务员政治心理研究涵盖对公务员的人格特征以及辨别能力等方面的研究。沈传亮认为，公务员群体作为执政党政策的制定者和执行者，其政党认同至关紧要。问卷调查结果表明，公务员在党和党政关系等方面皆具有比较深刻的认识，对执政党所持有的态度普遍为理性信任，大多数公务员都认同执政党整体和谐的看法，但存在一些不和谐因素。② 夏金华在《试论公务员的认知结构》一文中认为，公务员的认知结构由政治认知、职业认知和社会文化认知三方面组成。③ 此外，《国家公务员的人格特征》《论新时期我国公务员行政人格的塑造》，分别探讨了公务员人格特征的基本构成要素和公务员行政人格塑造的新途径。

领导者的政治心理对领导活动具有重要的作用，它直接影响着领导活动的发展方向、影响着执政党的地位，影响着领导活动的绩效。对此，有学者专门进行了研究。比如樊立英认为，在新的历史时期，必须从政治人格、政治意志、改革与创新等方面去培育领导者的政治心理。④ 而朱斯琴认为，中国领导者的政治心理表现出一些积极的特征，如有序化、理性化、成熟化等，但同时也存在一些不良的政治心理特征，如冷漠心理、幼稚心理、"寻租"心理。这就要求我们从主客观两方面优化领导者的政治心理，促进社会主义政治文明建设。⑤

---

① 赖琼玲等：《建立新型农村社会保障制度的构想》，《现代财经》2005年第3期。
② 沈传亮：《当代中国群体政党认同的实证分析——以公务员群体为对象》，《天津行政学院学报》2008年第3期。
③ 夏金华：《试论公务员的认知结构》，《理论月刊》2003年第12期。
④ 樊立英：《简论领导者政治心理》，《湖南行政学院学报》2001年第5期。
⑤ 朱斯琴：《转型期我国领导者政治心理特征及优化》，《内蒙古大学学报》2005年第6期。

总之，培养公务员健康的政治心理，可有效确保国家行政管理的正常运作，对中国完成深化改革的重要历史任务、构建和谐社会有着重要意义。黄训美在《公务员健康政治心理的培养》一文中[①]较详细地提出了公务员健康政治心理培养的五个对策。

此外，有论者对基层公务员的政治心理进行了调查和分析，如论文《基层党政领导干部的人格特点与行为类型》、《新农村建设中乡镇政府公务员公共精神现状分析与对策》和《由"催粮纳税"到"服务群众"——关于基层公务员心态的调查》等；有论者对中层公务员政治心理进行了考察，如《我国司局级公务员的心理素质分析》《对县处级领导干部政治素质存在的问题原因及对策的思考》和《贵州省厅局级公务员心理素质调研》等；还有对某一地区公务员政治心理进行研究的，如《广东省领导干部人格特征状况研究》《杭州市中青年领导干部人格特征研究》和《成都市公务员行政伦理道德调查研究》等。可见，公务员群体政治心理研究较分散，主要以论文的形式对特定的层级或地区进行分析，并且大部分皆是从社会学及心理学的方向出发，而鲜有学者较为系统地探讨这一群体的政治心理，需要在以后的研究中进一步拓展。

4. 军人政治心理研究

军人政治心理是一种特殊的社会政治意识。高民政等人认为，这种特殊性主要表现在两个方面。一方面表现在军人政治心理与其他人（如工人、农民）的政治心理有差别，这是由军人特殊的职业性质所带来的；另一方面表现在军人的政治心理与军人的其他社会政治意识特别是与军人的政治思想有着明显的区别。[②] 在心理力量众多的组成要素中，最为重要的便是军人的政治心理。政治心理在心理素质中起定向作用。孙祥敏、顾波试图从政治心理在未来战争中的重要作用、官兵政治心理构成的要素以及如何结合军事生活实践采取多种途径去

---

① 黄训美：《公务员健康政治心理的培养》，《中国行政管理》2006年第2期。
② 高民政、鲍国政、张云新：《优化军人政治心理的理性思考》，《空军政治学院学报》1999年第4期。

培养政治心理三个方面对该问题进行了探讨。① 在改革开放的新形势下，出现了部分军人政治意识淡化的现象，宋新夫撰文认为，培养军人健康的政治心理并探索建构当代军人现代政治人格的合理途径是十分重要的。② 邢喜涛的《当代军人政治社会化过程分析——政治心理学视角》、陈书月的《军人政治态度形成第一阶段政治教育的特点》和刘方彦的《军人的政治社会化问题初探》等，都从不同的角度分析了军人政治心理的变化特征以及优化政治心理的对策。

另外，中国学者初步研究了国内的工人群体和私营企业主群体所表现出来的政治心理，主要论文有《企业员工组织政治认知量表的构建》（《心理学报》2006年第1期）、《社会转型时期国民不同层面的社会政治心理分析》（《理论探讨》1997年第4期）、《浙江的私营企业主政治心理探析》（《浙江学刊》2005年第6期）、《私营企业主政治心理变化与和谐社会构建》（《山东社会科学》2007年第9期等）。除了对群体人员政治心理加以研究外，中国学者亦开始着手探讨个体的政治心理。对个体政治心理进行的探讨，往往以重要的历史人物为主要对象，较为典型的作品如王蓓发表的《孙中山政治心理思想研究》（中国社会科学出版社2004年版）、萧延中的《巨人的诞生——"毛泽东现象"的意识起源与中国近现代政治文化》（江西人民出版社2005年版）、罗月领的《试论邓小平对政治心理的认识》（《上海市经济管理干部学院学报》2005年第2期）等。

（三）当代青年学生政治心理探讨

在社会的政治结构中，政治心理处于政治文化的最深层次，这正是改变某一社会政治制度容易而改变人的政治心理相对难的原因。一个社会的政治制度和政治秩序可能会在一时的行为中改变，但要从心理上改变社会，塑造一批新型的政治成员，则要有一个长期、缓慢的

---

① 孙祥敏、顾波：《高技术战争应注重官兵政治心理的培养》，《社会心理科学》2001年第3期。
② 宋新夫：《论构建当代军人政治人格的合理途径》，《军队政工理论研究》2002年第5期。

过程。在社会转型期能够把握人们的政治心理特征，对于中国实现社会主义民主、促进社会主义民主政治建设具有十分重要的意义。本章节由于篇幅有限，不能逐一分析国民不同层面的政治心态的特征，下面仅以青年学生政治心理的变化为例。"青年是历史的主角，青年伴随着历史的发展而成长，青年决定着社会的未来，青年决定着历史发展的方向。"[①] 因此，有必要将其单独作为一个社会群体来考察。

1. 当代青年学生政治心理分析

青年学生从本质上来讲也属于知识分子的一部分，其政治心理在学生的素质教育中是非常重要的。由于受到自身生理发展阶段的制约，青年学生正处于人生观、世界观和政治观等逐步发展的定型期。准确分析青年学生的政治心理特征，科学地采取政治教育手段，进而形成全方位、多角度的教育机制，这不仅有助于大学生政治素养的提高，而且有助于克服现代化进程中因社会转型而引发的认同危机，形成良性的社会动员和政治参与，从而有效地激发起青年学生报效祖国的积极性和创造性。

（1）政治认知

"人们在以往经验的基础上，对政治现象的主、客体及其关系和场景，做出某种推测或判断的心理过程，即政治认知。"[②] 在现实的社会政治生活中，政治认知过程是认知者、被认知者和情境等因素交互作用的心理过程。政治认知过程是整个政治心理体系的基础。在政治认知过程中，人们不仅会获得各种各样的政治知识，而且也会形成一定的政治认同意识。

近几年来，青年学生的参政热情更多地表现出与党和政府利益及需要的一致性。一系列的调查表明，青年拥护党的领导，关注党制定的一系列政策，同时对党的评价也较为客观。在对政府工作的评价上，青年普遍认为政府的工作取得了令人满意的进展，尤其是在维护

[①] 房宁等：《成长的中国——当代中国青年的国家民族意识研究》，人民出版社2005年版，第1页。

[②] 戚珩等：《政治意识论》，浙江人民出版社1995年版，第6页。

社会稳定、推进国际外交、抑制通货膨胀、确保人民的生活水平等方面取得了明显的成就，青年对社会运行状况的满意度有很大的提高。

从总体上看，青年学生对党和政府的评价是积极的、肯定的，但是仍有一些问题值得重视。首先，较重要的是部分青年对社会发展前景和社会稳定状况没有形成确定的认知，显得缺乏信心。这表现在大部分青年认为中国近些年发生了有目共睹的变化，但对这种势头能否持续却持观望态度；同时，他们对社会稳定的重要性也有所认识。现实社会中，许多影响稳定的因素，如腐败、通货膨胀等，使青年对稳定的预期较为含糊。所以，强化青年的信心，加强党和政府与青年之间的沟通和联系，就成了一个重要的问题。其次，青年学生缺乏实践经验，缺乏对中国国情的认识，特别是对社会主义民主的认识，而西方的所谓民主、自由和平等或多或少地对大学生的政治观念产生了影响。由此，我们应认识到，青年学生需要深刻了解和认识社会主义民主与西方民主的内涵、实质与区别，在具备推动民主进程的愿望的同时，也要注重民主进程的实际效果。

（2）政治情感

政治情感是在政治认知的基础上形成的一个自发的过程，政治主体在完成政治认知的过程中，会对认知对象自然而然地产生某种心理体验和感受。一定时代的社会矛盾往往在青年身上得到集中的体现。心理发展的特殊性使青年反应敏锐、不受传统思想束缚、富有理想。他们期望通过亲身参与政治活动，来实现自己改变世界的愿望，并力求取得更多的社会权利，实现自身特殊的利益要求，因而在现实政治领域里，常常表现出强烈的政治热情和政治积极性。纵观当今青年，他们对改革和各项政策的关注热情不减，甚至比以往更加关注国家大事和社会政策。由于改革和市场经济把这一特殊群体与社会结成了利益共同体，所以，关心国家大事和社会政策实质上就是关心自己的切身利益。可以预见，青年学生对国家和社会的关注会随着时间的增长而愈益强烈，因为任何政策都会多少牵动着人们的利益。经济发展和社会进步不仅加强了青年对社会和政策的情感，同时也促使他们更多地关心国家大事和社会政策。

对民主政治的高度热情,是当代青年学生心态的又一重要特征,大到对国际政治、国内政治态势的关切,小到对班级、寝室民主意识的渗透,表明时代发展的大趋势。有的观点认为,经历了学潮的反思之后,青年学生的政治热情普遍淡漠。但是,大多数青年感到民族的兴旺、国家的富强远不是喊几句口号就能办到的,而是需要实实在在的参与,因而对国家和政府部门的决策工作表现出很大的兴趣和关切。

然而,青年心理发展的不稳定性使之情感多于理性,其高昂的政治热情和积极性以及所产生的行为,如果发挥得当,则会推动社会的进步;反之,则会受人利用,破坏和阻碍社会进程。近几年,在一系列国家和地区的街头政治运动中,青年人是参与其中的主要力量。他们参与其中可以感受到集体的力量,并相信能够通过集体的力量而改变目前自己所处的不利地位。当民众内心具备了"负面情绪积累、效能感和认同感三大心理要素"①时,大规模的社会群体性事件就会一触即发。

(3) 政治动机

政治动机是指激励并维持政治主体的政治活动,以达到一定政治目的的内在动力,它隐藏在人们的政治行为背后,是政治行为的内驱力。"激励就是激发人的动机、诱发人的行为,使其发挥内在潜力,为实现所追求的目标而努力的一种心理因素。"②激发政治行为是由政治主体的需求和目标两方面构成的。需求包括生理需求和社会需求。政治需求则是社会需求的内容之一。政治动机是构成政治行为的直接原因。政治主体在自身政治社会化的过程中,由于受到外在的现实政治环境和其他因素的刺激,会自觉或不自觉地感到自身的某种缺乏状态,从而产生某种心理需求;当某种政治角色或政治方式成为满足这种需求的条件时,政治主体就会把争取扮演某种政治角色或实现某种政治方式当作自己的政治目标,从而实现由政治需求向政治目标

---

① 刘正奎、张婍:《青年街头政治心理成因》,《人民论坛》2012年第1期。
② 蒋云根:《政治人的心理世界》,学林出版社2002年版,第38页。

的转化。为实现政治目标而实施的各种行为就是政治行为。

随着社会的开放和经济的发展,当代青年学生的政治意向呈现自主化、多元化趋势,希望通过不同渠道来增强自身满足需要的能力。同时,以对社会的贡献为衡量标准,把社会需要内化为自己内在的要求,这样,在满足社会需要的过程中,体验到个人的价值,满足自身需要,激发强烈的政治动机。在对政策问题的判断上,大多数青年学生主张听取自己的意见,希望表达个人的政治愿望。大学生追求何种政治理想,确立何种政治信念,做出何种政治判断,实施何种政治行为,归根到底,都源于他们自身的切身政治经济利益,受他们的政治价值取向的支配、调节和控制。因此,政治价值利益实际上起着支配大学生政治立场、态度、行为的准绳的作用。

(4) 政治态度

政治态度是由政治认知、政治情感和政治动机构成的,这三种成分的不同组合和配置便构成了不同的政治价值倾向。在改革开放这样一个纷繁变动的时期,商品经济像一只看不见的手,无形地改变着人们的价值标准,年轻一代的价值观念也在发生着巨大的变化。

首先,一部分大学生的政治价值取向日趋世俗化、功利化,庸俗的实用主义思潮在大学校园里一度盛行。俯首沉思,他们惊愕地发现在现实政治生活中的尴尬境地,于是别无选择地开启了通向世俗化的大门。以现实享乐原则为目标,包括金钱崇拜、功利主义、实用主义、个人主义的一整套价值观在心中悄然建立。随着经济的高速发展,大学生群体价值观中的精神因素开始减少,物质的分量开始上升,世俗、功利色彩明显增强。从六七十年代的"只贡献,不索取"到八九十年代的"按劳取酬"、实现自我价值,进而以追求实惠为终极目标,这标志着青年学生对传统义利观的排斥,也表明实用主义的流行趋势。青年学生观念和行为的超前性、理想化特点以及其焦躁、惶惑的心态,使青年学生不能充分认识到民主与现代化过程之艰难,产生了精神的迷茫、失落感。为能调适新旧体制转换时的心态,解脱自身精神困惑,大学生必然会对各种新的思想观念和文化产生兴趣。同时,价值观的倾斜和改革难免带来的诸种失误,导致了社会科学的再次贫困,加之国门洞开,西方实用主义思潮堂而皇之进入精神领域。

其次,另一部分青年学生的价值主体由社会本位向个人本位、从理想本位向权力本位倾斜,对实惠的价值认同导致了"经商热""从政热"的兴起。市场经济的剧烈冲击,使大学生政治价值观中务实的色彩增强。他们对实惠的价值认同,导致80年代末"经商热"的出现。90年代,随着竞争机制的不断深化,国家实行了公务员制,公务员的薪金和待遇有所提高。在社会地位与经济利益趋于一致的情况下,大学生的政治价值观从"理想本位"向"权力本位"倾斜,更多地倾向于以权力为本位的社会职业,"从政热"再度兴起。

2. 当代青年学生政治心理特征

社会主义市场经济体制的建立和发展,猛烈地冲击着人们的心理、思想和观念,伴随着经济体制和政治体制的改革,社会政治心理也进行着深刻的变化。从以上分析来看,现阶段,青年学生的政治心理主要有以下特点。

(1) 现实性

青年学生对政治的关心更多地表现为对关系国家利益和自身发展的政治的关注,如对事关自己切身利益、前途抉择的国家大政方针,关系到国家发展的改革开放政策和党的战略决策,关系到国家利益和民族利益的国际大事等的关注程度很高。他们已认识到个人的成长不能脱离现实的政治环境,主张在现实的政治环境下主动适应社会,寻求个人的全面发展。这表现出当代青年学生有强烈的个人价值实现的愿望,希望在政治价值中体现自我价值,他们的价值取向带着明显的现实性和功利性。

(2) 理性化

青年学生政治心理中的理性色彩增强,这是政治成熟的一种标志。现代教育体系在向青年学生们传授知识和技能的同时,也在传授一种思维方式,那就是理性原则。随着社会的发展,改革开放的不断深入,中国青年从非理性的政治狂热逐渐转变为理性的独立思考,开始对社会和自身进行再认识。不盲从而力求有主见成为当代青年的重要特征，有人称这一时期的青年为"思考的一代"。20世纪90年代以来，青年学生在观察改革和发展中的现象及问题时，已经逐步避开了狭隘的个人私利的角度，感情冲动色彩单薄，开始客观地站在国家和社会利益的角度来观察、分析和思考问题，对诸多社会问题采取了理智分析的态度，冲动和过激行为逐步减少，体现了其较强的政治成熟性。

（3）参与性

近年来，由于青年的参政意识增强，各部门制定重大决策前进行论证准备的研讨会的参与者中，青年的比例愈来愈大。参与是渴求政治民主的行为表现，当代青年学生对民主的渴求，随着经济和政治体制的改革而进一步加深，这是社会变革和发展的必然产物。根据调查，在中国，当代青年学生绝大多数都积极参加所在学校和院系的学生会、团总支以及其他社团组织的竞选，他们在组织内部发表对国家和社会政治事务的意见和看法，通过团体组织活动影响社会政治生活过程；另外，绝大部分同学都迫切希望真正实现对包括学校在内的社会政治事务的知情权与批评权，特别是对中国处于社会改革发展关键时期的中美关系、中日关系以及台海关系问题，倾注了十分强烈的关注，即使号称远离政治的部分学生，也不例外。另一方面，当代青年学生也都非常重视自己的这张选票，大部分都抓住机会参与了所在地区或单位的人大代表或其他方面的选举活动，通过投票选举自己的代表等方式来行使自己的政治参与权。

（4）主体性

中国知识分子包括青年学生在内，在很长的时期内政治上缺乏个体独立意识，常常表现出盲目服从的趋时从众心态。改革开放特别是90年代以后，当代青年学生的独立政治意识比其他社会群体得到了更快更强的复苏，对于时下流行的某些政治思潮或理论不再盲从，而是通过比较冷静的思考并依据自己的价值取向进行价值判断和选择。青年学生主体意识的形成的重要表现是他们民主意识及政治参与意识的确立和增强。青年学生追求校园生活的民主管理以及国家政治、经济、文化生活的民主化，尽管看起来带有很强的理想色彩，甚至有些偏激，但是这种对民主所表现出来的真诚却不容否定。正是这种独立政治意识的复苏和增强，促使了当代青年学生的政治敏锐性和鉴别能力的提高。在政治参与中，他们往往以国家利益和民族利益为己任，所关心的不是局部性、个别性政治问题，而是带有全局性和普遍性的社会政治问题，比如汶川"5.12"大地震、北京奥运会等活动，他们都表示出了极大的关注，并以极大的热情和积极的态度投身其中，充分显示了青年学生的参与精神和主体意识。

当代青年学生政治心理的主流是积极向上的，并逐渐得到优化和走向了成熟。但是由于社会转型期的各种矛盾冲突、多元思想文化的相互激荡以及社会原有运行机制的不断调整，他们在心理上难以适应而产生许多困惑，所以也会产生一些不良的政治心理。比如，政治理想信念上的实用主义心理、涉及社会现实政治问题的冷漠心理、价值取向上的个人本位心理等。概而言之，当代青年学生的政治心理，无论是其积极向上的主流，还是略带消极冷漠的不良状态，都是当代社会和时代政治风云变化的一种反映，都根源于社会政治生活的现实之中，同时，与他们自身政治心理发展过程也有着密切的关系。

改革开放以来，中国社会走上了一条过去从未走过的全新之路，30余年的社会剧烈变迁，使中国公民的政治心理处于剧变中、改造中、重塑中，凸显出不同的特征。从总体特点来看，现阶段的政治心理主要表现为以下几点。

第一，趋于有序化。十一届三中全会召开以前，一直追溯到1957年，由于中国的政治运动不断发生，整个社会基本上处于一种无序的状态，十年"文化大革命"更是使这种无序状态达到了顶点。在经历了这种无序状态之后，当中国的脚步最初跨进改革开放大门之际，公民的目标包括政治心理目标并不很清楚，行为的"方向感"并不非常明确。当时，主流的与支流的、健康的与非健康的、正义的与非正义的、积极的与消极的、光明的与丑陋的……无序地纠缠在一起。但是，到了社会转型后期，随着经济的持续快速增长、综合国力的增强、人民生活水平的提高，公民对改革开放作为不可逆转的历史潮流以及市场经济的改革取向所产生的巨大经济绩效，已逐步达成共识，越来越多的公民认识到政治心理有序的重要性。30多年改革开放的实践，使中国公民的政治心理得到了有效的调整，正在朝着健康有序的方向发展。

第二，趋于道德化。政治心理不是抽象的，它总是受一定的社会价值观的制约，因而它的表现也总受到道德标准的评判。中国是一个"伦理社会"，老百姓总有一种"伦理的心态"。但是，在过去，这种"伦理性""伦理心态"有相当大的局限性和封闭性。在改革开放之后相当长的一段时间内，公民的政治心理中的"道德失落"成为一个相当突出的问题，人们"戏称"为"无道德心态"。到了社会转型后期，中国公民已认识到了这种"无道德心态"的可怕后果，开始从"道德失落"的状态中清醒过来，清楚地认识到社会主义的市场经济更需要道德的支持，公民的政治心理开始向道德化方向发展。

第三，趋于理性化。由于几千年封建王朝的专制统治和几十年计划经济体制集权的影响，中国公民形成了一种强烈的"依附心态"。改革开放后，尽管中国进入了一个全新的社会，但是，在中国公民身上长期积淀下来的弊端不会也不可能立即除去，所以在改革开放后相当长的一段时期中，公民政治心理中的那种依附性、非理性色彩仍然顽固地、不以人的意志为转移地表现出来。改革开放后出现的众多社会热点，如"从政热""出国热""文凭热""经商热"，等等，便是例子。经过30多年改革开放的实践，越来越多的中国公民认识到一个社会、一个民族、一个人要发展得好，不能浮躁，不能盲从，不能轻信，不能冲动，必须要用自己的脑子去思考问题，公民的政治心理正在朝着理性化的方向发展。

第四，趋于实际化。在社会转型时期，当中国的最大政治从"阶级斗争"改变为"把经济建设搞上去"之后，"满足需求""享受生活"这些基本的生活目标"回归"到人民群众之中，于是公民在政治心理上出现了一种极为实际的追求，人们在讨论、认识一项制度或规定的时候，从是否有利于自己或本阶层的利益出发，直截了当地表达自己的意志，在思考如何创造生活的时候，更是着眼于现实，对国家政治制度的建立，各项法规、政策的实施等都从实际出发，而绝不好高骛远。李泽厚曾提到"这种实用理性正是中国人数千年来适应环境而生存发展的基本精神"。①

第五，趋于多样化。如前所述，改革开放之前，由于人们的思想长期受到禁锢，中国公民的政治心理是极其简单的，在经过30多年的改革开放之后，人们的思想、精神得到了极大的解放，追求个性自由、个性解放的思潮不断涌现，人们的政治心理更加舒展、更加松弛。在现实生活中，公民对空洞说教表现出极大的冷漠，开始重视人自身的精神需求。即使在一些政治问题上，人们的思想也是比较活跃和多元的，不像以前那样谨小慎微、呆板单一。时下比较流行的政治调侃现象便是佐证之一，如今中国公民的政治心理已经在向多元化、复杂化的方向转变。

总之，在社会转型时期，中国公民的政治心理总体上是朝着积极的、健康的方向发展的。但与此同时，在中国部分公民中还存在着另外一些不能不引起我们重视的政治心理特征。比如，由于社会地位与经济地位的异向变动，人们表现出的焦虑与浮躁；社会竞争压力的加剧，自我价值的凸显，使很多公民的政治心理趋于冷漠化与迷茫状态等，也使得国民政治心态的发展出现令人忧虑的倾向。当前社会上的某些畸形政治心理的存在与发展，必须引起人们的高度警惕。如果这些畸形心理得不到及时有效的调节，那么将会导致社会政治心理的冲突与失衡，继续发展下去，则会产生不良的政治行为，最终成为社会变革的绊脚石。由此，公民政治心理的变迁，引发中国政治文化相应的变更，需要政治心理的及时引导与调适，使社会政治心理得以健康协调发展。

---

① 李泽厚：《中国现代思想史论》，天津社会科学院出版社2003年版，第7页。

第二章 西方公民政治文化的流变

西方主流政治文明经历了古希腊的城邦政治生活、古罗马的共和法理精神、中世纪西欧神权政治观及多元主义理念和近代西方自由主义政治文化几个阶段的流变,对世界和中国政治文明影响深远。

一 古希腊公民政治文化

"公民"理论直接源于古希腊理性而多彩的公共大众生活。"公民"(希腊文 Polites)是由"城邦"(Polis)一词衍变出来的,它原先的意思是"隶属于城邦的人"。实际上,这一概念背后有着浓厚的政治色彩,在古希腊城邦政治生活中,男性公民占据着城邦的主体地位,妇女、奴隶和侨民(外邦人)是被排斥在城邦政治和公共生活之外的,甚至老年人和儿童也都不能参与其中。一般来说,公民是指一些原先籍贯是本城邦的并有权利介入城邦的执法、讨论政治和祭祀活动的成年男子。某种意义上,古希腊的城邦是一个完全由公民组成的主权的公民社会,而古希腊的公民政治观念是属于这一历史范畴的,有其深刻的发展基础。

(一)古希腊公民政治文化的生成基础

古希腊公民经过民主自然生活的熏陶,其公民精神根植于环海洋的崎岖地理构造、大众积极参与城邦事务的环境中,公民深受日常政治生活的洗礼。所以,我们务必要用客观实际的、历史的眼光去探索创造古希腊政治文明的天然经济根源，以及在此基础上渐进生成的政治的、文化的和社会方面的因素。可以说，希腊公民文化的形成与发展是多种因素共同作用的结果。

1. 自然、地理环境方面的因素

一个国家公民的性格受该国原生态自然地理环境的影响，并以此对经济、政治、文化和社会发展进程有着先天性意义。起初，天然的地理情况为人们的生活与进步勾画出最根本的生态环境，它对古希腊政治文明有着深切的作用。从地理位置看，古希腊地处地中海东部，构成它的地理界限包含着大大小小的岛屿，如希腊半岛、爱琴海诸岛等沿海领域。希腊半岛上山峦重叠，峻陡险峭。狭长的国土面积被纵横割分的山脊分成若干相对独立的区域，这些区域构成古希腊大大小小的城邦。这些山峦将原本就很小的半岛隔离开来，使人类在东西方向上的活动遭到了不小的障碍。险要的山峦和大多数的丘陵，使其展开农业活动的地方大大缩小了，而且也增大了种植的难度。希腊半岛上多山的阻隔和各个地区自然地理环境的差异，促使了小国寡民的自治区域和城邦国家的发展。

古希腊是由小岛和群岛构成的地区，并且是一个拥有蓝色大海的地区。海洋的轮廓狭长曲折，而且码头较多，地中海、爱琴海、爱奥尼亚海等地天气温暖，温度适宜，海面相对平静，所以为人们的出海航行提供了便利条件，也为其他外出探寻人员提供了基本的交流平台。于是希腊人开始向海洋进发。这不仅有利于本地人民和外界的沟通联系，也为其商业和工业的进步提供了良好平台。与其他一些古老的农业文明的单一文化不同，古希腊文化不仅涵盖了农业文化、海洋文化，甚至还包括商业文化。多样而又相对孤立的岛屿环境，使得大大小小城邦里的公民形成了独立、开放、包容、自由的生活习性。这些构成要素成为古希腊政治文明的重要部分，长期积淀成古希腊人独特的性情和心理特征。古希腊公民的思维构建方式，对西方政治文明基因的萌芽与产生具有深远的意义。

2. 经济、贸易发展方面的因素

古希腊特殊的地理环境，也对各地区的经济发展产生了差异性影响。希腊区域性社会经济发展的差异，使得个体手工业和商业贸易在全国层面难以形成统一的市场。多种区域经济核心圈的生成是地域性差别的集中体现，地域经济的多中心为形成多中心的政治秩序提供了物质基础，使得城邦林立。但是，古希腊独特的天气因素和产品交易的频繁，为其经济作物的培植和贸易提供了绝佳的条件。在古希腊，农民从很早就开始栽培庄稼，而且他们将多余的产物与他人进行交换。除此之外，采集煤矿、制作陶瓷，亦是古希腊城邦发展经济中的一个主要范畴。据相关考古资料显示，当时已有铁、金、银、铜矿的开发，尤其是铁矿的开采较为流行。伴随着交易的频繁和制船业的进步以及新的商路的扩展，古希腊与其他国家的交往也日渐密切。它的产品类别相当丰富，且推进了当地经济的进步，在先前以物换物的交换模式中，或反映出不同城池交换钱币的模式。随着商品贸易进一步发展，原始的交换模式已经不能适应社会的发展，人们开始试图寻找一种可以用来做一般等价物的东西，具有价值意义的贵金属优先成为交换的标度。工商经济活动普遍且迅速的扩展使城邦公民的生活方式发生了翻天覆地的变化，经济运动的普及也使他们受到了契约观的深远影响。

古希腊长长的海岸线，有众多的小岛环绕，其他产业并不能与先进的制船业相比较，繁复的农业经济模式，丰富的手工业，加上希腊林立的城邦，使各地区间的交易达成了以物换物的形式，一直到之后货币的出现。人们交易时遵守公正、平价的规则，长期以来，在其潜意识中形成了以规则、公平、权益和诚实为根本的契约理念。这形成了古希腊人民参加契约运动的合理性根据，并逐步内化成人们追求的价值标杆。长期带着契约意识规范政治生活和经济交往，无疑有助于公民精神的培育。继而，频繁的经济往来和贸易更替也为城邦民主制度的夯实和巩固奠定了经济基础。

3. 宗教、文化传统的因素

古希腊的城邦从创建开始，便与宗教紧密连接在一起，城邦创建的本身就代表着宗教信仰，"邦是各家和部族互相联系的宗教与政治集体，城则是这个集体的聚会地和居住的地方"。① 各邦具有特定的宗教运动系统，是维持人民内部团结、生成邦内团体均认可的重要手法。宗教典礼和对神祇的祭拜活动，在古希腊具有至高无上的地位，并使得它们在政治和文化生活普遍化。城邦统治阶级和贵族通过把持宗教的操控权和金钱的所有权，将整个社会秩序掌握在自己的手中。古希腊人向往的宗教以每个人寻求自身的价值真理作为参考依据，与东方关于神的观念有很大的差别，也有别于其他的宗教权威的绝对性。在古希腊人的眼中，神是人另外的表现形式，本质上，人神同性，这样无形中提高了人性的作用，对公民自身价值和公民教育起到了重要作用。古希腊独特的宗教文化将参与、自由、平等、分享权利等意识融合起来，根植于人们的观念中，这样就为城邦民主政体的生成和发展提供了认识氛围和思想土壤。

在这里所提及的文化传统是帮助分析宗教对希腊民主政体形成的重要参考依据。据考古材料显示，早在克里特和迈锡尼时代，在一些建筑等材料上，就有不少装饰艺术反映王室祭典活动。从雅典人的建筑风格、几何造型图像以及衍生的艺术品特征，均可以推导出它的文明与迈锡尼文明之间的相关延承关系。如宙斯、赫拉、雅典娜等深入人心的形象，均来源于迈锡尼时期。公元前12世纪至公元前8世纪，荷马时期也称英雄时代，是反映古代希腊氏族制度解体的历史阶段，统治者通过对史诗中"英雄"的崇拜，集中表达了"君权神授"的观点，在这种英雄文化的熏陶下，雅典人崇尚勇敢、竞争。古希腊在组建宗教信仰运动中，通过出游、祭祀、娱乐和比赛等方式表现对城池神的尊重。在雅典，雅典卫城是古希腊最具有代表性的建筑群，这些综合性的公共建筑，就是希腊宗教祭拜的集中地。其中，雅典娜女神雕塑像就是当时祭祀崇拜物的表现，当时流行的"泛雅典人节"也是最隆重最热闹的节日。这不仅仅源自对神的尊敬和真诚，从而展开各项运动，使其内心具有敬仰感，在城邦中团结协作，有益于城邦

---

① ［法］古朗士：《希腊罗马古代社会研究》，李宗侗译，中国文化大学出版部1988年版，第106页。

公共领域的生成以及强化现存社会的秩序；而且实施多神制信仰有益于希腊人自由精神的升华，个人意识也能得以强化。

4. 政治、社会组织方面的因素

城邦，是一个典型的希腊式政治和社会组织形式。从开始设立的城市居住地、等次公民公社的建立，到最终发展为有主权的政治实体——城邦国家，这些城邦体系维系着公民社会与政治实体的原生态运转机制，同时，城邦政治也为古希腊政治文化的生成提供了制度保障。在原始社会末期，伴随着生产力的不断进步，氏族体系发生了分支，由于力量对比出现了悬殊，在政体的选择中，出现了君主制、贵族制、民主制等形式。古希腊进入军事民主制阶段以后，雅典等城邦同时存在着国王、长老会议和公民大会三种权力机构。国王是由公民从贵族中投票选举产生的，离任后加入到长老会议中，在长老院中担任督查官吏，制约行政，维持法律权威，掌握特别大的权力。公民大会由自备武装的人民军人构成，并且具备投票资格，但是这种人员是没有条件成为官吏的，权限有一定的限制。依据斯巴达公民大会的开展顺序，由长老会议事先讨论拟定提出主旨议案，再由公民大会投票决定。若没有得到长老会议的认可，公民大会是没有任何权力探讨任何主题问题的。显然，古希腊城邦政治制度的设计和架构具有灵活性，权力的配置相对分散。公民大会、长老会议和首领间的权限配置与现代宪法视域下的公民、代议机构和执行机构间的关系具有异曲同工之妙，相互牵掣和制衡，维系一种利益平衡。正是这种相对久远的城邦民主制为后来的政治制度设计和国家权力机关的架构播下了民主的种子，使民主得以发展和传承下去。

在崎岖的地理环境和温和气候的影响下，古希腊城邦国不断向外突破和探求。城邦公民的政治实践以及经济交往区域不断推进，在此演进中，各种资源流动性更加频繁，原先以氏族血缘维系组成单位的方式逐步退出历史舞台。随着生产力的发展，原先以血统为中心而维系的社会交际在结构变化中也渐渐转向以区域为本位的地缘纽带维系。在新的组合环境中，形成了以家庭为基本单位的社会结构形式，以此配置和发展成新的标准化体系，并凭借参与、辩解、自由、平等、正义等因子确立契约精神，使社会标准体系演变成传统公民文化的核心内容。

（二）古希腊公民政治精神

古希腊公民的政治品质源自本国的地理环境、历史传承以及文化传统。古希腊各个岛屿的星罗棋布，海岸线曲折漫长，客观上促进了沿岸区域经济贸易业的发展。频繁的商业活动使得等价交换、自由往来、平等竞争等自然沉积于人们的头脑中，先天性地生成了契约、规制意识。这些都为古希腊公民政治文化的形成与发展做了思想性的铺垫，具体可以体现在以下几个方面。

1. 推动希腊民主化精神

古希腊文明是西方文明的源头，是古代民主思想的摇篮。在当时君主制风行的年代，希腊在以雅典为典范的城邦，推行了公民民主专政与轮番而治的管理体系，并且逐渐向其他城邦推广。实际上，古希腊的民主制是一种直接民主制，与当今西方民主政体的"代议制"不同，公权所属归于城邦全部的公民，其权力的行使是以是否参加公民大会为界定标准的，这是和希腊国小人稀与自给自足的自然经济相适应的。小自由农和手工业者凭借公民的身份参与城邦政治生活的治理，城邦则向他们分配地产和生产材料，从而保障公民的权益。这样，以中小所有者人数占优势的公民集体成为城邦民主政体存在和发展的重要力量，公民集体的发展壮大，是雅典等城邦民主政体进一步发展的最直接社会前提。古时候的雅典直接实施民主统治，每个人的手中都握有相应的权利，这是他们制度的最直观的表现方式，其中，防范英雄主义的制度也被表现得淋漓尽致。公民团体则是城邦的真实主人，依靠公民大会运用其权利和规则，使得官吏们为人民服务，源自于人民的权力，其责任是在原原本本地实行大会最终的决定。同时，他们还保留着原始时代的长老会议和民众大会，这是权力制衡的因素，也是民主制产生的很重要的原因。这是民主社会的真实写照，表达了古代劳动人民的政治智慧。希腊追逐民主化的过程十分的长久。在这个历程中，几位领导人的政治改革成绩斐然。提休斯改革中雅典总议事会的设立，为雅典的形成与发展提供了雏形，而且还削弱了王权思想；梭伦变革所颁发的"解负令"，取缔了公私债权，复原了奴隶的自由，并且赋予他们以公民身份，严禁将雅典人民作为奴隶。还有伯利克里扩大公民参政范围，完善公民大会、五百人会议、陪审法庭等政治机构的有效运行；克利斯提尼除了优化政治机构功能外，还制定了贝壳（或陶片）放逐法。这些改革和做法使希腊的政治趋于平民化，推动了希腊的民主化进程。

2. 倡导法律、法治的精神

约公元前 8 世纪，在古希腊就有了"尚法"的观念。希腊人崇拜法律的意识、维持法规的威力及见解和在"法律面前人人平等"等观点生成于此。苏格拉底建议用公正的法规来统领城池，与此同时，他建议要用贤能的人来治理城邦，也就是哲学王，而且他又着重指出应以公正作为治理国家的标准和法规精神。这种观念指出人定法和自然法均是为了体现正义，是城邦存在的根基。而柏拉图则是最初将法制当作治国方针而提出的思想家。他联系那时的实际情况，指出了"哲学家——国王"的条件下，人人必须守法，因为法律是神赐的产物，是统治公民灵魂的东西。[①] 这从更进一步的角度说明了良好政治体系的维持应遵守城邦法规的约束，而不是受一些领导人和特殊等级人群或者利益集团的操控。对于柏拉图先前提倡的"哲学王"的治国思想，亚里士多德在《政治学》中着重指出，"法律是最优良的统治者。"[②] 并且使法治有效运行需要坚持两大原则：大家认可的法律必须得到普遍遵从，而遵从的法律本身必须是良法。可见，希腊人不仅很早就有了"尚法"的观点，并且认识到法律凝聚力的巨大作用，蕴含着一种岁月与历史沉淀的智慧，而且他们看重法规，倡导依照法律来治理城邦。正义源自于神，法规则是神为人类所创造的准绳，而不是人类可以随意建立的，人类应该遵从法规和正义，而不是法律和

---

① ［古希腊］柏拉图：《法律篇》，张智仁、何勤华译，上海人民出版社 2001 年版，第 411 页。
② ［古希腊］亚里士多德：《政治学》，吴寿彭译，商务印书馆 1997 年版，第 167—168 页。

正义成为人的奴隶,从而得到了最初的原子化法治理念。

3. 追求自由、权利的精神

在欧洲早期的古希腊文明时期,自由被当作一个民族灵魂、一种生活状态以及一种政治模式,出现在这种城邦政治体系中。古希腊文明中的"自由气质"被古希腊人当作"他们哲学上的思想,科学上的进步,和政治上的实验"以及"文学艺术上的优美"①的依据。这已经说明自由思想对古希腊社会影响至深。在古希腊文明时期,雅典作为重要的城邦,是民主制的典型,由此产生了古希腊人精神的解放,这与当时古希腊的政治制度息息相关。雅典作为民主制城邦,在公元前8世纪至公元前6世纪,就出现了话语权,到了雅典的繁盛时期,人们在对话语权的追逐、对说话分寸的掌控、对自由与制度的衡量和对违法语句的规制上,保留了公元前8世纪古希腊文明时代的一些糟粕,不过还是彰显了雅典文明宝贵的政治价值和划时代的历史地位。希腊城邦人民对自己拥有可以依照自己的想法生活、不被制度束缚的社会地位而感到骄傲,同时,分享城邦带来权利并乐意承担相应的义务。谈及自由问题,其核心内容关于公民政治自由问题,如参加公民大会、享有参与陪审法庭的权利等。"在城邦法律允许的范围内,古希腊人还是有很大自由的。公民可以自由地发表言论,即使是嘲讽城邦所尊崇的神灵,也不会因此获罪。"②"任何人,只要他能够对国家有所贡献,绝对不会因为贫穷而在政治上湮没无闻。正因为我们的政治生活是自由公开的,我们彼此间的日常生活也是这样的",③在《葬礼演说》中,伯里克里这样说过。从这段话中我们可以看出雅典人在政治生活中热爱自由,他们的确有着一种厚重的自由、注重追求自身权利的精神。

4. 探寻公平、正义的精神

正义在古希腊人的心中是至高无上的道德,他们用正义来平衡社

---

① [英] J. B. 伯里:《思想自由史》,吉林人民出版社1999年版,第9页。
② 同上书,第10页。
③ [古希腊] 修昔底德:《伯罗奔尼撒战争史》,谢德风译,商务印书馆1997年版,第130页。

会关系矛盾，继而完善城邦政治体制，达到最终目的。无论是早期的自然哲学家，如米利都学派、斯多葛学派和南意大利学派，还是后来的政治哲学家，如苏格拉底、柏拉图和亚里士多德，他们始终都在追求和探索着希腊城邦的正义。古希腊人将人与人之间的关系以及民主化的政治制度融入宇宙制度之中，在神的指挥和参加中，井井有条地实施着，而不是呈现出一个混乱的状况，可以看出，古希腊人一开始通过神话故事来表达正义的价值理念。至此，神就成了正义的代名词，众神各自代表宇宙中的一种力量来领导世界，被世人当作世间公平的裁量者以及正义的维护者。作为自然法理论的奠基者，芝诺的"正义"观价值，表达了依照自然而活就是遵循道德秩序而活的观点。伟大的思想家柏拉图认为，在城邦中生活是最佳的归宿，是最合适的生活方式，遵守城邦的法制则是最大的社会正义。而亚里士多德则认为，作为城邦整体，首先由若干个个体组成，由个人之善累积到整个国家之善。"如若善作为共同述语，或单一的、可分离的、自存的东西，那么显而易见，它既不能为人所实行，也不能为人所取得，而我们所探求的，正是这为人所实行的和取得的善。"[①] 公平、正义观被运用到城邦体制的实际中，对于实现城邦秩序的核心稳定起到了不可估量的作用。

5. 参与政治生活的精神

公元前5世纪，希腊典型的民主制开始在每个城邦推广。而这一制度的确立，迎来了城邦共同生活的繁荣，并且公民也开始积极参加到政事中去，关切城邦的发展。在这种向上的政治发展中，亚里士多德也发表了一个名为"人是天生的政治动物"的论题。进入人类社会以后，赋予人身上的社会属性随着时代的变迁而不断加强，尤其是进入城邦生活时期的人们，具备了公民身份，他们可以在公共场景下进行辩论、发表演讲、投票等，这些便成为司空见惯的事情，像如何确立制度来规范公民行为、该不该投入战争、是不是应

---

① 亚里士多德：《尼各马科伦理学》，苗力田译，中国人民大学出版社2003年版，第9页。

当积极发展外交，也是公民可以探讨的问题范围，一些看似鸡毛蒜皮的小事情，也被纳入公民们讨论的视野中，比如当某些人发生争执时该如何处理，如何对发生争执后的失败方放逐等。这种诉诸投票或直接参与政治生活的直接民主促进了城邦政治的繁荣。在城邦国家看来，训练一般公民有能力有秩序地参加政治是很重要的，所以就出现了智者学派教育人们如何演讲、辩论的情形，涉及的问题一般都是社交和政治参与中的疑难问题，范围广泛。不得不承认，古希腊辉煌的政治成就对后来的欧洲政治制度的发展做出了巨大的贡献，也成为后来一些政治理念的来源。即使今天我们谈及政治学相关问题，特别在循迹源头时，不能也不可能避开古希腊城邦的政治文明，这足见它的影响力之深远。

6. 促进公共空间的精神

"公共空间是政治民主性的表现，同时还有进一步巩固和强化政治生活民主性的功能。"① 公民可以参加到城邦事务中去就代表了政治，这是古希腊城邦人民的政治规则。公民的存在是公民社会最基本的构成要素，而政治共同体（城邦）又是其存在和发展的基础。公民先处理公共事务和共同生活的问题，然后才考虑自己的事情，并且一心要为了城邦去奉献。公民可以平等地参与政治、不受限制地发表言论，就是在这样的政治体制下发展起来的。古希腊把公民道德教育作为追求城邦正义的重要内容，教育人们把国家放在第一位，要积极参加各种公共活动，通过祭祀、庆典、演讲、艺术等活动，以培养人们的公共意识。可以看出，共同政治体制填补了公民个人解决不了的各种问题。就像伯里克里当政期间，悉索敛赋并拿出"提洛同盟"筹备物资，大规模地兴建雅典卫城以及修建了雅典娜、山门、埃莱库台伊、帕特农、伊瑞克提翁、埃雷赫修等神庙，集古希腊建筑与雕刻艺术之大成。这些为当时人们参与公共政治生活提供了广阔的活动空间。从此古希腊人不再只是考虑自己，脱离了以前的自私观念，将建立完善城邦政治作为自己的事情，在他们的价值观中，忠实于城邦、

---

① 黄洋：《希腊城邦的公共空间与政治文化》，《历史研究》2001年第5期。

统一于公民是第一位的。在服从城邦体制下，公民共同享受这种政治体制带来的公平、公正、平等和解放，感受到公民是同呼吸共命运的，因此相互理解、相互帮助、同甘共苦，在共同的政治体制下不分你我地共同参与共同享受，甚至彼此间建立和谐协作关系。

7. 维系公共美德的精神

谋求社会善德的城邦生活是古希腊公民的目标。亚里士多德也这样说，城邦是一个公共善的群体。"城邦生活注重共同体的公共幸福，崇高、公共的善和集体主义。对于公民来说，公共事务永远优先于私人事务。"① 总的来说，城邦政治生活就是追求公民之间的善良道德、谋求共同的和谐生活、达到民主政治的最高点。对此，苏格拉底也表达了自己的想法，道德存在于人的知识中，学习知识就是在培养道德。苏格拉底的教育强调知识即美德。柏拉图作为苏格拉底的学生，延续了这一理念。他指出，民族的灵魂和核心就是知识、勇气、节制、正义。亚里士多德认为，社会的道德风尚是公民们的意志，城邦追求的目标是公民们的共同目标，社会的道德反映了公民的道德，因此道德法作为公民道德的延伸为后来民主与宪政的发展提供了伦理准备。法律是民主与宪政的基础保证。在城邦政治生活中，道德促进法律，法律保证道德，法律和道德互为保证，遵从法律即遵从了道德，其本身就是城邦中最高的"善"。每个人都为了城邦的建设而规范自身的行为，共同孕育着城邦政治文明"善"的种子。

总之，古希腊式政治共同体虽然随着时间的推演，在历史的进程中逐步走向衰微，但是那种尊重公共生活、积极参与政治的公民精神对后世产生了极大影响。作为古希腊文明的重要组成部分的公民精神，可以说是西方政治文明发展的源头。

二 古罗马共和主义公民文化

古罗马兵强马壮，其大范围扩张领土是在公元前510年至公元前

---

① 高力克：《卢梭的公民观》，《浙江学刊》2004年第2期。

28年，在这大约480年间孕育了古罗马共和国。"共和"（republic）一词最早见于《论共和国、论法律》一书，从字意上来说表达了"公众关心的事物"的意思，不过在西塞罗看来，所谓共和国家实际上是指"人民财产"。在这一时期，人们不仅要关注古罗马共和政体，而且公民的生活方式和思想理念都渗透着公众关注的事务。作为西方政治文化发展、演进历程的第二个传接者，罗马共和国的共和传统是在共和国的发展过程中逐渐形成的，罗马人在共和国建立之初所拥有的美德以及这一共和体制都包含在其中。

（一）共和传统的演进过程

在古罗马建国初期，随着疆土的扩大，其与以往星罗棋布的希腊城邦制则不同，狭隘的城邦政治设计已经不合时宜了，共和制度作为一种全新的政治统治和维护社会秩序的治理模式应运而生，希腊人的抽象辩驳的思维模式宏观且喜欢从正反两面讨论，而罗马人稳重务实且具有逻辑性推演，两个不同时期人们思维方式具有差异。虽然古希腊的共和制理论可能对罗马共和有所帮助，但罗马人不太容易接受，他们要自己摸索一套方案为共和制服务。

1. 古罗马共和精神孕育的经济基础

古罗马的共和国时代（公元前509—公元前30年），介于王政时代与罗马帝国时代之间，在罗马历史上是一个关键的发展阶段。原始社会血缘关系制度的剩余物在这一时期被罗马完全剔除，不仅确立了共和制，还将意大利半岛和地中海地区纳入自己的版图，东至小亚细亚，西到大西洋海岸。就在罗马对外扩张的同时，国内经济结构进行了调整，商品经济有了很大的发展。任何社会变革的完成都是以生产方式的变革来触动的。从旧石器时代的简单自然的小农经济过渡到奴隶制时期的商品经济，是王政时代到共和时期的集中表征。

罗马共和国建立之初，主要还是农耕经济，但也存在一些商业交易。生产方式的变革给农业带来了铁器工具，小麦作物也先天地成为耐寒种植谷物，而在自然环境相对优良的区域，已经有葡萄和橄榄的种植。农业文明发展到公元前2世纪，新式生产工具也有了新的突破,特别是用于精耕细作的重犁,对于加速耕作效率和田地保温保湿,不被害虫侵犯都起到了显著的推动作用。应季而为的轮耕制的推行,使得土地资源的利用率大大提高,增加了农作物的收入,这样,相对充裕的小农经济为共和制度得以推行和维系奠定了牢固的经济基础。重农思想和维护农作比较盛行,在当时,"一个人被称为好农夫即被认为是得到最高的称赞"。农业经济的稳定增收是罗马对外侵略的坚固后盾。农本经济观、尊重和追求平等政治观,为罗马道德共和观的形成提供了理论基础,促进了人们统一爱国情感的形成和表达。

同时,青铜匠、木匠、陶工等行业的出现促成了手工业分工更加精细。罗马人的铁蹄踏平整个意大利半岛,客观上,也促进了商业贸易活动。天然地理位置的特殊性和优越性使得罗马逐渐成为意大利半岛的贸易中心。罗马经济对内、对外贸易的相对繁荣以及金融行业的飞速发展,使罗马在公元前2世纪创造了共和国的辉煌。手工业和商业行会如雨后春笋般在各地涌现,雇工制和包工制也悄然进入其中,金融业和高利贷业随之遍地开花。作为国家政治经济中心的罗马,一改以前的面貌,摇身一变成为地中海最受欢迎和人们津津乐道的地区。另一方面,公元前2世纪至公元前1世纪,随着布匿战争和东方战争的胜利,罗马成了一个横跨欧、亚、非三洲的帝国。一系列的战争客观上给罗马带来了商业经济的繁荣发展,罗马的势力范围在长时间的不间断对外扩张中快速增长,与此同时,积累了大量的物质财富,在战争中俘虏的数万奴隶为农业、手工业等发展提供了充足的人力,促进了这些行业的发展,并努力地赶上了新经济发展的脚步。这些都对罗马经济的发展起到了推动作用,也加快了罗马商业发展的步伐。如果说商品经济为古罗马共和精神提供了最直接的物质基础,为罗马共和政体的发展提供了坚实的经济支撑,那么奴隶制小农经济就为罗马共和国确定了一个基本的发展方向,成就了坚不可摧的思想经济基石,可以这么说,罗马的共和建设就是罗马的小农经济的一种内涵的发扬和扩展。

2. 古罗马共和精神生成的政治条件

经历了5个世纪的古罗马,已经是意大利半岛和地中海地区的主宰者，不再是拉丁平原地区的小国家，这主要基于它在不断磨合调适中理性地选择了共和政体。随着这种制度的不断完善和推广，罗马尽可能地解决了社会关系中的等级问题，确保了罗马社会能够在一段相当长的时间内拥有一个相对稳定的政治制度。

王政时代是指公元前753年至公元前509年，又叫作罗马王国，原因在于当时的罗马相继出现了所谓7个"国王"（罗慕路斯、努玛·庞皮留、图鲁·霍斯梯留、安库·马尔修、塔克文·普里斯库、塞尔维乌斯·图利乌斯和卢修斯·塔克文·苏佩布）的统治。其实，这个时候的罗马还被原始血缘关系影响着，只是一个部落联合体，元老院、库里亚大会和勒克斯是其3个重要的组织，其中，元老院是300个氏族的领头对所有事务提议的机构，库里亚大会是所有氏族人员对每一个议案表达自己意愿的机构，勒克斯就是"国王"，通过元老院有资格竞选，由库里亚大会投票确定，但也只是军事上的最高指挥官。不过发展到后来，权力扩大，勒克斯也会有掌大权的时候。直到公元前509年，最后一任勒克斯塔尔克纽斯被赶下台，罗马人选出两个执政官分担勒克斯的职责，并确立了共和制，由此正式进入罗马共和时期。

在从王政向共和转变的过程中，罗马的平民阶层与贵族阶层展开了持续近两个世纪长期艰苦卓绝的斗争。在罗马人眼中，布鲁图斯带领人民结束王政建立共和的功绩要比罗慕路斯创立首个罗马大得多，所以共和国成立的意义是不可忽视的。不过这个时期的共和政体还不是真正意义上的共和制，由于根深蒂固的贵族派处于政权的有利地位，所以还是个贵族性质的国家，实行的也是贵族性质的统治。后来，经过平民长期不断的抗争，斗争的落脚点在于社会"正义"问题上，在政治方面表现着平民和贵族间的权利平等。这种"抗争"虽然较为温和，但是二者能够在妥协和协商中长期谈判，最终，贵族做出让步，慢慢地将民主化纳入贵族体制中，这才有了罗马的共和制。这一政体的核心内容是元老院，公民大会和行政首长各司其职、各负其责，并使3个部门互相牵制、协调，这种高效的牵制背后，是罗马人对公平、正义、自由的渴望，是各个阶级、阶层的联合心声，是共和国除了奴隶以外大多数阶层利益体的集中表现，同时，为共和传统的确立和未来走向奠定了基调。

从罗马共和政体的演进中，我们发现其经历了由少数人专制即由贵族专权到贵族与平民分配权力的过程，在这漫长的抗争和妥协中，罗马公民集团内部利益关系得以平衡和整合。罗马共和国的多数政治家都一心想要维持这个结果，不管是罗马贵族还是平民百姓，一律都在建立各种共和国制度的时候，充分展现出他们所具有的务实和智慧等优秀品质。罗马共和国对于政体的正确选择，特别有利于他们后来向意大利以及地中海等地方的殖民扩张。

3. 古罗马共和精神培育的社会基础

罗马城不是在短期内形成的，原始的古罗马公社并不是一个乡村共同体，而是一个城市共同体，并且在这期间，出现了商品经济。罗马贵族和平民之间矛盾的社会对抗结构就是在它们两者间的直接作用中形成的，这使得传统的以血缘为纽带维系的社会结构瓦解了，这样，新型"共和民主"的培养有了丰厚的社会土壤。

到了公元前2世纪，罗马的农业、畜牧业、养殖业以及园艺业得到了快速发展，在这一时期，耕地作为城市的领土和城市组成了城市共同体，城市就是人们商品集中交换的场所。城市共同体与只作为土地的附属物的村社共同体有着极大的不同，它以土地与利益交织在一起，作为社会维系的纽带，在利益分化中较易产生贵族与平民的抗争，这是形成平民与贵族长期对抗进而进行社会改革的根源和动力。除此之外，古罗马在对外殖民与扩张的时候，也显现出了贵族和平民间的矛盾和冲突。其中，构成罗马的平民集团大都是外来的移民以及脱离原有血缘关系的社会成员，随着社会关系的交融发展，他们分享一定的经济资料使用权，但是又对罗马贵族有依附性。他们逐渐获得了各项公民权却被排除在公职之外，成为不能享有公权的自由平民。随着组成平民集团的阶层和人数的不断壮大，而且他们受到过专业的军事训练，所以他们成为反抗贵族统治的斗争力量。

商品经济的不断发展，有效加强了社会主体的自主性和自治性，还打破了"国家—社会"一体化这样的格局，使得罗马公民社会越来越完善。不管是从国家权力中心的剥离还是从统治核心对部分资源让位于社会来看，社会组织和公民远离统治核心发挥了其对国家和社会的影响力，保持了对统治阶级的制衡。所以，出现了一种与权力中心保持制衡的关系，这种关系析出的便是社会权力。于是把持着社会权力的平民集团成为对抗贵族统治的中坚力量，而且城邦之间经常爆发掠夺性的战争，战争一方一旦失败，全城即将沦为奴隶，因此全城民众从自身安全出发，全副武装共同克敌，这样保持相当数量的平民组成护卫军，贵族统治者必然也做出妥协，使城邦在利益上避免极端的两极分化，从而在贵族和平民中间保持一种平衡维护城邦的稳定发展。虽然贵族和平民的矛盾时有发生，但是他们还要在同一个城邦里共同生活，这样就不得不达成妥协，进行政治权力与社会利益的再分配。

可见，在古罗马社会发展的过程中，平民集团和贵族统治之间的矛盾和冲突，既是历史阶段的产物，也是平民阶层不断抗争和努力的结果，平民的付出得以与贵族分享一定的政治权利，他们之间的利益关系形成了某种平衡和制约。因此，由贵族与平民冲突所带来的制衡机制却为西方"共和民主"得以延承提供了动力源泉。

（二）古罗马公民共和精神

起初的罗马国家起源于意大利半岛，继承了古代东方国家和希腊城邦的经济、政治和文化成果，并且加以发展，从一个小的城邦国家扩张到意大利，而且垄断了地中海，发展成为地跨欧、亚、非洲的奴隶制大帝国。罗马共和传统是经过不断沉淀发展而来的，在共和国早期，罗马人民不管是平民还是贵族，都具有长期积累的骁勇善战、热爱祖国以及淳朴的优秀品质。罗马人民把自身所具有的品格与共和政体融合，这便构成共和传统的主要内容。

1. 公民身份获得和公民权扩张

当古希腊文明日益走向衰落时，其身边的罗马正处于蓬勃上升的阶段。为了向希腊世界表明自己的文明，为了得到他们的肯定，罗马人在与外邦人交往时，也开始对"罗马人"这一名词重新定义。

罗马对公民身份的认可和确定，与古希腊一样，经历了一个过程。起初，罗马公民身份的确认，有些人一出生就是，而有些人则要通过人民大会的授予。当然，贵族是罗马的原始公民，而农民、士兵、战俘这些平民为了实现公民权利和原始公民贵族进行了长达两个世纪的斗争，才成为了被承认的罗马公民。长时间的征战和抗争让社会有了一系列的变革。其中，公民身份的变化和公民权的扩大是政治诉求的一种深刻反映。公民身份概念的确立在欧洲一直是人们关注的焦点，"这一概念与身份的认证、相应的权利、义务等等密切相关……从希腊到罗马，公民身份的认同经历了从血缘联系到政治联系的变化。"[1] 权利和义务构成了罗马公民权的基本方面。公民权是指拥有平等的政治权利所赋予的尊重以及自由，除此之外，还有依靠法律以及宗教规范的义务观所赋予的荣誉和认同。在公民权问题上，罗马人创建了富有变化而又可供操作的公民权制度。例如，古罗马皇帝卡拉卡所颁布的"安东尼公民权敕令"，该敕令规定除降服者和奴隶之外，凡属罗马帝国范围内的自由民，均可享有罗马公民权。罗马人超越了希腊人所创造的狭义上的城邦政治架构以及具有局限性的意识，相对健全的公民权制度在一定程度上为罗马帝国的稳定发展提供了政治保障。

在理论上，罗马人身份的认定除了罗马公民权这一外在的标准外，没有所谓的种族、语言以及地域条件等的限制。要拥有罗马的公民权，就要遵守他们的政治规则和制定的法律。成为罗马人的另一个要求是这个人的行为。和语言、宗教等固有的文化背景相比，罗马人更注重一个人在行为上能不能满足"罗马人"这一身份的要求。罗马公民身份资格的认定需要通过某种方式投身于共和国事业中，这样是平民政治权利得以表达的途径。但是，在古罗马，所谓的"共和民主"与现代意义上的民主政治，绝对不可同日而语，虽然现代西方民主政治的确立和完善受到古希腊罗马时所有的"公民"传统的影响非常大，但是它把广大的奴隶和妇女排除在等级特权之外。

---

[1] 周晓：《罗马共和国政治学研究》，吉林大学博士学位论文2010年，第55页。

2. 探索法治的精神

罗马人天生对法律具有偏好。罗马人对于法律早期的认知水平就让人为之叹服。在罗马城邦建立初期，就有了相关法律规定，在最早的时候，罗马建国者罗慕路斯就和他的弟弟约定一起共同努力治理罗马；在这之后，罗马和埃特鲁斯人的断断续续的战争，也是用成文的约定作为战争的依据；在古罗马长达1000年的历史中，几乎所有的重大历史事件都要通过法律，所有的重大成果也都要通过法律、协议等形式进行确立。例如，有关罗马城建设的传说就包含着一种约定俗成的意识，这种说法表达了国家既不是自发而为的过程，也不是本性使然的结果，而是人们为了保存的需要相互订立协议而建立的共同体。不管是贵族还是平民，罗马人对于制定和遵守法律都有强烈的意识，他们把法律充分运用到了人们的现实生活中。他们用实际行动来证明法律才是最公正的。"法律面前人人平等"。如何用法律来维护个人的正当权益，与其他文明相比，罗马人在法律方面的贡献和注重秩序的观念是值得肯定的。

罗马法形成需要一个过程，和其他新事物发展一样，起初并没有所谓的成文法，各种争讼和辩驳是非的依据便是传统习惯，久而久之，习惯的东西便成为人们遵从的依据，于是习惯法就出现了。在处理事件上，因为那时的法律大多都是不成文的，且这些法律几乎全部由贵族制定、使用，天平秤的砝码往往会偏离平民，平民对于法律的解释和执行感到不公与不满。后来的十二铜表法的诞生，便是平民与贵族长期抗争的结果。随后市民法出现了，这一法律与共和国的行政管理、国家机关以及一些诉讼的程序有关，关于私人财产问题的很少。后来，因为古罗马的殖民扩张，为了解决越来越多的外族人的诉讼案件，万民法才"千呼万唤始出来"。在罗马共和的时代，"公民大会决策的法律、法官所发布的告示尤其是大法官或者裁判官发布的告示，当然还有元老院进行的各项决议"[①] 所自然形成的法律实践，成为罗马法形成的实践原点。从此，罗马法就开始以私法为主要内

[①] 罗马法编写组：《罗马法》，群众出版社1983年版，第31—36页。

容。罗马人对于法治的重大贡献并不是对于法治的诠释和大力发展，而是给各个国家各个阶层呈现了一种管理模式，这种管理模式遵从的是依法做事、遵守法律、尊重法律，通过一种制度化机制对权力加以监督和制约，古罗马是现代建立法治社会的典范。

3. 崇尚"自由"的精神

罗马人崇尚自由，"罗马是自由国家的典范，有一个无恃于任何人的自由的起点"[①]。他们所有的战争都是以自由为标准的，他们认为自由是极其重要的，从他们开始建造城邦到成立属于自己的国家，无不是以自由为指标的。平民都是把自身的自由权是否受到侵犯作为每一次撤离运动的主要依据，平民们非暴力地撤离运动，不但可以保住自己的权利，还可以保证自己不受伤害。在撤离运动以后建立的护民官"为罗马的自由树起一道屏障"。不管是城邦治理，还是国家内部矛盾的消解，又或者扩张疆土后各个帝国之间的治理，罗马人在历史上一直都保证法权平等和政治自由的原则。

古罗马人十分崇尚自由的生活，他们为以自由人身份出现在各大场合而自豪，他们乐于自由参与政治生活，自由地辨析、自由地讨论、自由地审议公共话题。但是罗马人理解的自由凸显了整体的优先性，拥有公民权的自由依托于共同体而存在，一旦离开整体性自由，个体性自由也不复存在。在古罗马，以个体为单位的公民几乎完全从属于城邦，他们只注重集体主义或者整体主义的价值取向。个人的力量消解于共同体中，人们享有的自由以共同体为依托。因此现代意义上的自由与古典自由的理解是不在一个层面上的，古代的人并没有我们现在所认为的人身、财产、宗教这些自由，甚至自己的生命也会毫不犹豫地贡献给国家，他们先天地认为作为城邦中公民的一员，应关注城邦事务，能够自由参与政治事务。

4. 追求正义的精神

要说什么是正义，柏拉图和苏格拉底这些哲学家认为正义可以分

---

① [美]列奥·斯特劳斯：《关于马基雅维里的思考》，申彤译，译林出版社2009年版，第95页。

为两种，相对大的正义是城邦的正义，而相对小的正义则是公民的正义，这两种正义之间是相辅相成的关系。古希腊罗马国家的正义就是过着城邦生活，是一种忠实而永恒的给予每个人以其权利的意愿。国家（共同体）"对罗马人来说是一个联合体，是他们身份的归属，在某种意义上也是他们为自己寻求自由、安全保障的工具"①，而不是希腊意义上为了达到自足的伦理目的而组成的团体。西塞罗也认为，任何东西对国家的伤害都不会比非正义更大，如果没有极致的正义就不会达到管理国家、维护国家的目的。他所认为的国家是指人民的事业，是多数的人以法权的相关一致性和追求利益的共同性为基础而组成的一个集体。我们认为共和国是人民的财产，而"人民并不是人们随意所成的群体，而是由许多人一致同意尊奉正义所结成的集合体，是为互利而彼此合作的共同体"。②

若把小西庇阿的共和国与柏拉图的《理想国》在正义问题上做个比较，两者的理论基础存在差异，但是这不足以抹杀古罗马人对正义的理解和追求。那个时候，人们认为正义是来源于习俗、法律和传统这些方面，那是因为在客观环境和认识问题上都有局限性。西塞罗指出正义的源头应该在自然中探求，"只有正确的规则才能称之为真正的法律，它必然和自然相辅相成，对每一个人都适用，是稳定持久的……一种永恒不变的法律将适合每个的民族，适合每个时代"③。对与错的决定性标准就是自然法，它是一种符合自然的法律，用它来反映各个地域、各个时代人们的生活。

5. 追求"美德"也是传统共和应有之义

罗马人关注城市共和国建构的伟大之举在于公民要具有强烈的爱国之情，且能够积极地关注和参与社会生活和公共政治生活。在他们看来，公民的美德就是公民积极地参与公共生活，通过辨析、探讨、审议等方法增进公共"善"的意识，这就是要把公共利益放在比个

---

① 周晓：《罗马共和国政治学研究》，吉林大学博士学位论文2010年，第60页。
② 施治生：《古代民主与共和制度》，中国社会科学出版社1998年版，第67页。
③ [古罗马]西塞罗：《论共和国论法律》，王焕生译，中国政法大学出版社1997年版，第130页。

人利益重要的位置上。① 美德是罗马人所拥有的天性，罗马人对于社会美德的定义是勇敢果断、有荣誉感、有自制力、朴素节俭，而且对于神和祖先十分敬仰以及有责任感。古罗马人所崇拜的偶像是集农民与士兵为一体的人。"古罗马男子为了维持生计，不是要种地养家糊口，就是要扛起武器参与战争保家卫国。"② 所以，古罗马的人民不但有农民勤恳劳动、淳朴友善、节俭的美德，还有士兵所具备的自立自强、忠勇爱国的优秀品质。

古罗马对于美德和荣誉的尊重比任何时代都有过之而无不及，虽然古希腊人把美德作为城邦生活的一部分，但是哲学家西塞罗却认为美德是古罗马人与生俱来的，是他们对待人生的态度，贯彻在其整个思想之中，渗透在其生活的方方面面。但希腊人比较重视进行具有抽象特征的哲学思考，将个体的好行为和城邦的耿直联系在一起。而古罗马人不善于哲学思考，他们认为拥有美德是自然而然的事情。"城邦兴衰与个人利益的关系是非常具体而直接可见的。城邦是公民生活围绕的核心，也是他们精神的寄托和支柱。公民的集体主义和爱国主义是一种非常自然的感情"。这类形式的美德不只代表了热爱祖国和团结的意识，促进了在利益上团体高于个体与家庭的思想的形成，这种思想对近些年来的共和主义起到了关键的作用。

可见，罗马人民的历史实践深刻地决定着罗马共和的精神气质，对美德、公平正义和自由的追求，爱国、务实、法治，是古罗马共和时期的主流精神。所以，与小国寡民、自给自足并且能够靠自己生存的希腊城邦大不一样的是，罗马在建国后，就一直在扩大自己的疆域。截至公元前2世纪末，罗马的势力范围已经包括亚洲、非洲、欧洲等地，俨然成为雄踞一方的大帝国了。持续不断的对外扩张给罗马共和政治和公民身份实践也带来了诸多消极影响，这也应该值得我们关注。

---

① ［英］昆廷·斯金纳：《近代政治思想的基础》下册，奚瑞森、亚方译，商务印书馆2002年版，第137页。

② 丛日云：《西方政治文化传统》，吉林出版集团有限责任公司2007年版，第198页。

三　中世纪西欧多元主义政治文化

中世纪（Middle Ages）（约476—1453年）作为欧洲尤其是西欧过去的一个特殊时期，指的是西罗马帝国消失后（476年），一直到文艺复兴与大航海时代的时候。在那个时期，中世纪西欧社会以神权政治为其基本文化底色，但是，这种由多种力量冲撞而交融的神权政治文化的底色呈现出五光十色状态。归根到底，中世纪神权政治文化是由日耳曼文化、古罗马文化和基督教文化在三元色杂合过程中"串色反应"而形成的有机整体。[①] 这种带有政治色彩的文化特征把社会竞争展现为奇特与纷杂的形式，特别是在当时的教权与俗权之间的联系上，表现得特别明显。

（一）多元主义政治文化形成的现实条件

中世纪政治文化本质上以西方封建规则作为根基，同时，融合基督教文化形态。但是它并非是一个单一的基督教神权文化的专属，而是经历了从封建制度确立到全面发展的动态演进过程。

封建领主制经济形态使得层层分封制逐步完备，促进了多元政治文化的形成。总的来看，欧洲中世纪掌握大局的是封建领主制的经济形式，这种模式实际上是在分封制条件下能够维持本阶层利益主体的庄园制经济。其实，庄园经济与商品经济互为保证又相互补充。相对封闭的庄园，所需物仍通过市场交换获得，甚至从远方交流而来。领主们想要过上更加富足的生活、增加生活的乐趣，会大批量地买进一些奢侈的用品。同样的道理，神父对仪式的一些精致的贡物有所需求。十字军向东扩张，将东西方联结起来，两个地区的交流变得普遍，于是大大拓宽了东西方互动交流的渠道。这样，几百年来，昏昏欲睡的商业活动又开始频繁地充斥于人们的生活中，尤其在交通要

[①] 黄颂、饶红涛：《西欧中世纪政治文化演进机制的再思考》，《天津大学学报》（社会科学版）2000年第3期。

塞、教会场所、自治城市里，蓬勃发展起来。起初，野蛮的日耳曼人从原始森林脱胎而出，粗壮而有力量，手持长矛，用野蛮粗暴的方式践踏了古罗马帝国，这些原本处于原始部落社会末期的"野蛮"人，可以用武力涤荡整个古罗马帝国，但是无法消化和继承帝国的文明。而源于部落制解体时期的亲兵制，领头的人在遇到即将打仗的情况时，会安排当下部族组建军队，上战场的士兵都需要自己准备所需要的干粮和武器，所以在分战利品的时候，也是依照亲兵的制度来分配的，将士依照等级、战果多少而取得自己相应的奖励。征战后，首要分配的战果就是土地，国王自己的土地不做任何处理，其他的都依照规则奖励给参与战争的将士。这样，在衰落的罗马帝国的身上瓜分所获得的战果并且依照规则来奖励，就算不再扩张自己的土地，不想要增加国家的版图，可想要防止其他国家的侵犯或者想要平乱，为了处理这些遇到的困难，国王都会用土地来作为奖励去鼓励下属。新的土地分配方式"确定了以保护为原则的、个人联合的、以分封为形式的政治机制；如何去运用土地就生成了用益权，这种权力是形成社会等级的根源"。[①] 就这样有了一层一层的封建体系，这个体系的范围十分的广阔，是一个包括贸易、治理、司法、军事、宗教等在内的体系，这样的多元规则是促成中世纪多元政治文化的重要表征。

统一政治权力的消解以及政治统治的震荡无形中促成了政治文化的多元化。中世纪西欧的社会文明有社会威信分散、基督教文化主导等特点，所以具有多元化的特征。日耳曼本来就是多个部落的统称，而不是一个单一的民族，"罗马人将日耳曼人的各个群体称为部落，但并不意味着他们是事实上相互联系的族群。每一个日耳曼部落都是一个联合体，这些联合体形成、解散、再联合，通常不具有稳定和鲜明的族群特征"[②]。他们的政治社会习俗没有理性化较强的规则和组织体系，而是比较简洁、单一的，甚至有些粗略，还有些杂乱。相比

[①] 王亚平：《论西欧中世纪的三次文艺复兴》，《东北师范大学学报》（哲学社会科学版）2001年第6期。

[②] 丛日云主编：《西方政治思想史》第2卷，天津人民出版社2005年版，第138页。

过去旧的思想和习惯的复合体而言，这算是非常多样化的。他们对于上下属之间关系的处理，并不算那种十分僵化死板的，也不是那种很绝对化的模式，是比较灵活的。这类比较独立而多元化的政治体有其本身依照的条件和历史，领主们之间的区别不是特别的明显，是很难辨析出来的，而且权力和地位又常常相互重叠和牵制。权力的获得和运用都会受到各种势力的约束，不是由单一条件所制约的，一种权力大都会为另外的权力所约束、阻碍、消解。上下层维持着一种相处的张力，可是又不会彻底破裂。就算是那种比较独立自主的政治体，其内部也是由许许多多的小组件构成的。在这个里面的那些后来独立后又会再次进行划分，结果构成了具有多样性的政治版图，在很长的一段时间内，西方社会不再施行专制集权的制度了，其将会保持之前的模式，继续保持多元主义的政治格局。"中世纪的历史是统一的帝国崩塌后散落的一堆政治碎片逐渐整合黏聚为一个个统一的民族国家的过程。"[1] 从整体上要维持自身的凝聚力，可又不能去排斥自身的自主和多元化。对欧洲社会而言，多样化以及多元化主义给社会带来的影响既有利也有弊，具有双面性。所以，不论是什么样的权力，在这个条件下，都没有办法去完全掌控一个人。各种权力彼此交割，相互约束，互相竞争与制约，同时又给个人独立和自由的空间。

社会结构交错重叠和多重角色是中世纪政治文化多元化的客观依据。公元476年，西罗马帝国覆灭，日耳曼人逐渐成为西方世界政治上的主人，基督教会成为欧洲社会结构中几乎唯一的保存者。在此基础上形成的中世纪主宰力量，其合法性结构必然是多元化的，其中最主要的社会结构因素是基督教和日耳曼传统。在此之后发展的社会，包括"小王国、公国、公爵领地及其他准自治的机构（享有特殊利益豁免权的教会、修道院以及独立城邦、行业协会、大学、庄园）组成的迷宫"，存在着重叠交错的忠诚。[2] 各类社会力量、层次，像统

---

[1] 丛日云：《西方政治文化传统》，黑龙江人民出版社2002年版，第314页。
[2] ［奥］约瑟夫·A.凯米莱里、吉米·福尔克：《主权的终结》，李东燕译，浙江人民出版社2001年版，第15页。

治者、上层社会、僧人、农夫等；社会团体以及一些地区机构，像城镇、行会等，各自发展自己独特的个性，成为不同创造力的源泉，为整体的发展做出了应有的贡献。彼此之间争斗、冲撞、渗入、融合，将社会打造成多彩的染色体。多种权力在彼此交割时，又相对独立，没有成为归为一体的从属联系，形成了彼此约束、倾轧和消解又维护保持着不会彻底破碎的力量，既不抗拒多样化而保持独立个性，又保持整体的一致性。在这样的条件下，每一个人都有属于自己的多种身份，扮演着多样的角色。西方中世纪政治文化结构中的多因素冲突与融合，不仅体现为基督教信仰、理论与日耳曼传统之间的博弈，同样重要的是，因为基督教和日耳曼传统本身都是多元化的，它们内部也存在多因素的博弈，而且它们内部的多因素博弈为古希腊、罗马促成中世纪多元社会结构提供了充分的可能性。

多元文化传统的继承和交互重叠是中世纪政治文化多元化的直接原因。除了基督教信仰和日耳曼传统之外，还包括许多其他要素。多元因素并存决定了多元因素之间必然存在着博弈。中世纪的政治文明与先期古希腊和古罗马文明的不同在于，它不是一种自发而生的文明，而是吸收了古希腊罗马传统的在基督教已经比较成熟的状态下成长起来的文明。在思想文化领域，因为中世纪的欧洲文化是拥有多种思想的，并不是单一的思想，如古希腊、犹太，等等，所以后来所生成的产物也就具有多样化的特点。多元化政治实体与不同社会力量的交融混合，最终促成了每个民族和区域的独特品性，比如"英国绅士气质""法兰西贵族精神""日耳曼一致性精神"，等等。彼此作用、交互和融合，推动了西欧文明的多样性和多元化特征。如"奥古斯汀所论两个世界那样，日耳曼国家的战斗文化，与教会及修道院的古典——基督教文化，总是处于融合的进程中而始终不曾完全融合，两种世界的相互作用，控制着中世纪文明的发展"。[①] 多个国家彼此作用、彼此推进，共同进步，不仅加快了各个国家前进的步伐，也推动着西欧整体的发展。

---

① [美] C. 沃伦·霍莱斯特：《欧洲中世纪简史》，商务印书馆1988年版，第58页。

(二) 促成中世纪多元政治文化形成的积极因素

若客观地分析这段历史,我们发现,"中世纪绝不是黑暗的和野蛮的,而是充满着文明的光辉和伟大的思想,它从古代的文化中吸取营养来丰富自己"。[①] 欧洲经历了日耳曼民族铁蹄的践踏、罗马帝国日趋衰败崩溃坍塌之后长期处于无政府状态,这为新型政治力量和观点的建构提供了发展的契机,于是中世纪的政治文明也悄然登上历史舞台。在这种政治文明的指引下,西欧重获新生与力量。对于中世纪政治文明的形成和发展,有着重大促进作用的4种因素不得不提,即教会组织与基督教文明、日耳曼社会结构、日耳曼法律传统、古罗马的法律传统。只有了解这些,才能阐释中世纪多元文化的个性。

1. 教会组织与基督教文明

中世纪时期又称黑暗时代,其独特性在于,一个刚从原始丛林脱胎而出的野蛮的日耳曼民族,凭借长矛和盾牌武力践踏了古罗马帝国。作为民智未开的"野蛮"民族,首先摆在他们面前的问题是怎么消化帝国文化和吸收古希腊民主,这时,神性的基督教必然成为统治者首选的治理工具。因此,自称的"日耳曼神圣罗马帝国"[②] 就这样建立起来了。它是欧洲历史上承上启下的桥梁和纽带。而这上千年的历史进程的典型特征集中体现着基督教文化上的统一和政治上的分裂。当日耳曼人打败了罗马人成为欧洲大陆的主宰者时,欧洲大陆出现了文化衰落、社会政治杂乱等现象。凭借《圣经》上的人和人彼此应该互帮互助等条文,不仅教会深得人民的支持与认可,而且统治者日耳曼"蛮族"中的很多人皈依了基督教。基督教被人们顶礼膜拜,究其原因在于基督教文化综合吸纳了斯多葛主义、新柏拉图主义、伊壁鸠鲁主义哲学和许多其他观念,教义、教规在系统化、规范化方面取得了良好的发展,归纳出了许多有关神学的作品,其中有许

[①] 李柏槐:《中国古代文官制与英国文官制之比较》,《四川大学学报》1995年第2期。

[②] 陈乐民、周弘:《欧洲文明的进程》,生活·读书·新知三联书店2003年版,第39页。

多名著都是人类思想的精华，尤其以奥古斯丁的作品为代表。基督教会用罗马法律和一些治理经验，来完善优化其本身，使其体系和治理都比较完善，在许多方面的发展都取得了突破。到了公元9世纪，基督教已经比较充分地、有选择地融会了古希腊哲学和古罗马政治法律制度，是一个多元融合的复合体。

基督教对于欧洲中世纪社会秩序和规制的确立起了很大的作用，为其发展做出了贡献。其为这个时期的政治文化奠定的思想根基包括，让许多民族的人去崇拜一个信仰、一个梦想和坚定的信念，让教会活动参与者遵守秩序、规则等。在这个时期，基督教不只是高度感染了欧洲，也巧妙地保护了罗马、希腊等国家的文化精髓，让这些文化得以流传，一步步和蛮族走到了一起，让整个欧洲把基督教的观念作为基准的文化，在这个时期生成并且发展，用基督教的文明来教导和感化日耳曼"蛮族"人民，改变以前的陈旧思想，让他们舍弃穷兵黩武的旧观念，为形成新的欧洲秩序确立了思想根基；与此同时，教会机构处理日常普通事务，帮助处理社会公共事务，维持社会良好的环境。教会在西罗马亡国后承担了维持社会秩序的任务，在没有行政机构运行的年代，担负起实施政府管理的责任，支撑国家的运转，所以有力地推动了法兰克王权的稳定，为国家承担了许多责任，有效地协助了国家治理。当蛮族企图用战争毁灭古罗马存在感的时候，教会组织在教皇旗帜的感召下，实现了统一，在西方人面前第一次展现了他们的威信，借此机会也修复了罗马灭亡后导致的权力真空，并取得了一定的地位。教会的社会组织性质在一定程度上表达了社会对于国家权力的监督与约束，人们通过教会对自身利益进行诉求和表达，从中我们可以发现人们对权利的追求、对参与生活的热情。

2. 日耳曼社会结构

日耳曼社会结构和法律传统为西欧多元政治文化发展提供了多样素材。历史发展的使然决定着日耳曼的社会结构起初也是以血缘亲族关系维系着的。聚地而生，交错杂居，并且由此建立了马尔克公社，这是日耳曼族氏族制度在解体时把土地联系作为着眼点组建的农村公社团体，是5世纪后日耳曼蛮族诸国的基本团体，其兴衰大约在5世纪至 9 世纪间。他们在罗马时期在扩张的土地上抢夺到人民居住区,和之后从罗马争抢到的住的地方,那些都并不是由村落组成,大都是一些世代的大家庭公社所组成,这样的形式存在会拥有很大的地盘,以及与邻居利用一些没有人使用过的荒地,他们像一个公社一样。①有关书籍谈到未分配的森林、河流、牧场、草地等仍为公社成员共有。这种古代的社会组织,后来随着私有财产的出现,使得氏族在马尔克公社中消失了,但建立以家庭、氏族为基石的法团本位思想却保留了下来。为了适应日益增多的战争,传统的日耳曼人将维护每个部落作为着眼点变成了不是靠血缘亲属维系的"亲兵队"组织。这个组织是过去日耳曼社会得以发展的一个重要条件,在当时起了很大的作用,以军事首领作为头目,将亲兵作为团队的主要构成。亲兵人数不多,但各自听命于自己的首领。平时,由首领凭借组织聚集的财富维系着亲兵队伍的开支;战时,它是一种以劫掠为生的独立组织。使用这样的亲兵队政策,将头目和亲兵之间的契约作为他们联系的桥梁,推动了封建时期规则的产生,有助于西欧封建制度的形成。

3. 日耳曼的法律传统

日耳曼法是西欧 5 世纪至 9 世纪由日耳曼诸部族实行的习惯法。在这段历史时期里,日耳曼人根据自己诸部族的一些习俗,利用这些传统习惯编著成许多成文的法律。像西哥特王国的《尤列克法典》、勃艮第王国的《耿多巴德法典》、伦巴德王国的《伦巴德法典》等。日耳曼将自己的一些旧的法规和规定都编写成了法律,让那些民主的旧习俗,像"民主选举",用"所有的人民都要参加且赞成"的名义、用法规发表出来,等等,一些活动,以法规的形式流传下去,并对罗马的封建制度演变产生了深远影响。萨拜因做出这样的说法:"日耳曼各民族认为法律是属于民众、或人民、或部落的,它几乎好似集团的一种属性或者一种共同的财富,而集团是靠着它才维系在一起的。"②

---

① 《马克思恩格斯全集》第 21 卷,人民出版社 1965 年版,第 161 页。
② [美] 乔治·霍兰·萨拜因:《政治学说史》(上、下),商务印书馆 1986 年版,第 244 页。

以日耳曼人的眼光,一个国家想要去实施它的公共权力,需要基于人民共同的意向、得到人民的认可,因为人民拥有最后的裁决权,这就是说,国王只有获得了民心才能够去顺利地实施他的权力,所以国王要尊重人民。像塔西佗在他的《日耳曼尼亚志》一书中说道:"日耳曼人,处理一些小事情是酋帅们共同商量;处理大事情是整个部落决定的,无论事务大小,都不是一个人能决定了的。"即使是国王也要"用道理来说服听众,而不是发号施令,命大家遵守"。① 作为维护权利的法律,自然也是属于民众的,这种以法团为本位的观念与古罗马实行属人主义的观念有着很大的不同。

4. 古罗马的法律传统

当古罗马被日耳曼民族占领后,"法律掌握在人民自己手上"的罗马法律,适用于被征服的罗马臣民,而适应于本部落成员的日耳曼法也为此与罗马法日趋融合。这其中产生的普遍的契约关系随着商品经济的发展而在市场经济中变得十分常见,由此也派生出一些法则和理论,包括诚实、守信、平等、规制等。以开放公正、自主承担作为准则的思想,在古典罗马法中早有基础,如著名的十二铜表法。中世纪在日耳曼民族统治下的政治实体呈现多元化,但是西欧政治秩序是建立在契约基础之上的。它"在采邑制(和封地制)的基础上,将不同的等级、团体和个人以契约为纽带连结为一个共同体,从而确认了契约双方权利主体的地位和某种程度的平等。它那极其多元化的政治秩序,使不同等级、团体和个人在多种法律与管辖权的并存和竞争中有较多的选择和自由的空间"。② 德国一位很出名的学者耶林在他的有关罗马法精神的书里曾经谈到有关的内容,罗马帝国曾三次征服世界,唯有法律征服世界是最为持久的征服。从中折射出古罗马法律中契约精神对于欧洲中世纪乃至整个西方政治文明发展起到的重要作用。比如最早产生于罗马帝国晚期的教会法,在其发展进程中,由于

---

① [古代罗马]塔西佗:《日耳曼民亚志》(世界通史资料选辑),郭守田选译,商务印书馆1974年版,第2—10页。

② 丛日云:《西方政治文化传统》,吉林出版集团2008年版,第67页。

深受基督教、罗马法和日耳曼传统的影响，其内容涉及财产、契约、诉讼程序等方面，对后世产生了极大的影响。

总之，中世纪欧洲是一个多元的物质力量、政治势力和精神文化形态杂糅在一起、相互影响、相互作用又相互协作的社会。人们世俗的、宗教的，由神、君主、上层社会统治的以及靠人民自己的统治多种形式，从事不同工作行业的各类人都在一起彼此混杂、交错，在拥有若干种不相同形式的财产、权利、自由下，表达出了"阴冷看不见光明"的欧洲中世纪所具有的多样化、自由化特征。在涤荡古代文明把这个时代变为"阴冷看不见光明"的时候，文艺复兴的民主制度、自由开放、个人主义等思想也在恣意生长，将古代先贤们创立的政治理论巧妙地转到了近代人手中，从而为近代政治发展中的民主理论的宣言和民主制度的创立等奠定了坚实的基础，也孕育了现代西方的政治文明。

四　近代西方公民自然权利传统与文化

自由主义主导着现代西方社会的思潮，也是近代以来西方主流的政治文化。西方公民自然权利观伴随着西方自由主义的发展而发展起来，探寻自由主义的源头，可以在古代希腊的梭伦和伯里克利思想中发现蛛丝马迹，它沿着柏拉图、亚里士多德和斯多葛学派的思想脉络根植于基督教的基本理念之中，再经过文艺复兴和宗教改革等洗礼演变成一个社会发展舞台上的主角。洛克的思想以及英国启蒙运动孕育着自由主义的现代精神。这其中，自由主义历经兴起、发展、衰弱和复兴的过程，逐步形成古典自由主义、新自由主义和新古典自由主义三个历史阶段。

（一）西方自由主义观的演进历程

1. 人的政治自由权利优先发展：革命时期的自由主义

从历史的角度来分析自由主义，有些学者认为，唯有深入研究古希腊政治传统，方可寻找到自由主义的起源。倘若不注重分析古希腊的哲学思想，从其中的政治哲学传统中寻求自由意识的起源，便无法明确自由主义的完整概念。然而，大部分学者指出，自由主义作为一种较为完善的政治思想体系，形成于 17 世纪英国资产阶级革命时期。在该历史阶段，涌现了一大批极为优秀的思想家，如洛克和卢梭，等等，他们的著作系统地论述了自然法学说、天赋人权说以及社会契约论，首次将个人自由思想放置于比社会价值更为重要的位置进行探讨，且从保障个人自由出发，探求国家的形成根源、政治治理的一般规则和相关制度的设立，进而逐渐形成一种较为健全的自由主义体系。

近代的自由主义，极为注重人的政治自由权利所具有的社会价值。洛克将实现个人自由视作政治理想，他充分利用自然法原理阐明在公共权力形成之前，人人皆具有自由的权利。在此种情况下，生命权、自由权及财产权是人的天赋权利，任何人都不能予以剥夺。洛克是自由主义者的代表性人物，他"关于天赋自由权利、自由是任意处置自己的财产、政府建立基于人民同意、政府权力是有限的、政府必须实行法治与分权等观点，奠定了 17、18 世纪自由主义的基本原则"[①]。正是因为这些基本原理，他被视作自由主义的始祖。

孟德斯鸠进一步发展了洛克的某些理论，在自由理论方面，"孟德斯鸠对自由的理解与洛克的理解并无二致，或者说是对洛克自由思想的延伸"[②]，一直都以公民的政治自由为核心。在分权理论方面，孟德斯鸠沿用了洛克将国家权力分成三种权力的思想，但他并非仅是从静态的角度阐述此三种权力，他从实现政治自由的方向深入研究了三权分立和制衡理论。

在自然法的基础上进一步指出近代国家的形成以社会契约为前提，进而要求充分保障个人的自然权利的思想家有卢梭和洛克、霍布斯等，他们在此方面的思想有较为相似的地方。他们都认为人民应在社会契约的基础上将个人的权利奉献出来，前者主张国家最终的决定

---

① 辛向阳：《政府理论》第 1 篇，山东人民出版社 2003 年版，第 17 页。
② 李强：《自由主义》，中国社会科学出版社 1998 年版，第 60 页。

权属于人民，而后者则主张所有的权利都应交予国王。卢梭所提出的人民主权理论，实质上是在为集体权利与政治权利做更进一步的解释：达成协议的人们尽管交出了其拥有的所有权力，但权力还是为人民所有，并非是交予君主个人。他认为所有人都具有国家的主权，并且此种权力无法转让和划分。另外，"绝对主权"等理论属于一般性的且具有抽象特征的理论，充满着浪漫主义色彩。18 世纪末到 19 世纪初期间，自由主义思想获得了较为长足的发展，在政治生活中占据了极为重要的位置，且涉及范围不断增大，逐渐扩展到了经济领域。亚当·斯密在积极倡导"自由放任主义"的基础上，进一步发展了由洛克提出的经济自由思想。此种思想主张构建自由的经济社会，其理论构成的基本前提是"经济人"假设，在"经济人"面前，每个人对利益的追逐是社会得以顺利开展的动力源泉。所以，个人的利益追求乃是实现社会整体利益的前提。

可以说，从 17 世纪英国的霍布斯、洛克到 18 世纪法国的孟德斯鸠、卢梭和美国的潘恩、杰斐逊，再到 19 世纪初德国的黑格尔、洪堡，从总体来看，传统自由主义思想被不断传承和发扬，并被充分运用于具体实践中，例如，1776 年美国颁布的《独立宣言》以及后续产生的《联邦宪法》以及《人权宣言》，等等，逐步明确了其在法律中具有的地位。形成于欧洲大陆的自由主义思想，影响力不断增大，最终扩展到了整个西方世界。然而，这一阶段的主旨思想依然在于确保人民与政治自由有关的权利不受侵害。

2. 功利主义大行其道：近代自由主义的转向

18 世纪，西方社会发生工业革命，且西方各国普遍建成了资本主义制度，到了 19 世纪，时代主题彻底改变，人们不再热衷于追求理想的政府形式，转而积极维护现有的政治秩序，关注的焦点亦不再是政治领域，而变成了社会经济领域。现代自由主义继承了传统自由主义的诸多内容，然而因为社会环境发生了翻天覆地的变化，民众开始淡忘理想，不断加大对现实的关注力度，从理想主义逐渐转变成功利主义，功利主义自由观在现代社会中展现出愈来愈不容被忽视的影响力。

J. 边沁无疑是功利主义的代表人物，在较早期，他便在政治学以及伦理学等领域中运用了功利原则，并将该原则视作评估所有活动及立法的标准。边沁的功利主义思想包含如下两种基本原理，即功利原理以及自利选择原理。其中，功利原理即对幸福的追求属于人的天性，是评判人的所有活动的标准。对于边沁而言，确保"最大多数人的最大幸福原则"。①便是功利主义的最高原则，是评估所有活动及各种制度的唯一准则。社会由许许多多的人共同构成，但社会不过是一种虚构的组织，社会幸福必定是所有个人幸福的相加。社会利益也只可依据最大多数人的利益来进行评估，各种活动和措施都应以此为判断准则。自利选择原理，即个人的快乐或不快乐只能自己知晓，因此自己是自身幸福的最佳评估者。为自身谋求最大程度的幸福，应是每位有理性的人的生活目标。

依据功利主义思想，边沁将避害就利的原则视为适用于全部人的功利原则，并将"最大多数人的最大幸福"视为功利主义的终极目的。其中的主要问题是，个人和社会所要获取的"最大幸福"能否趋于一致？边沁指出，"个体或共同体皆是幸福的主体"，而"共同体是个虚构体，由那些被认为可以说构成其成员的个人组成。共同体的利益就是组成共同体的若干成员的利益总和"②。可知，个体的幸福和共同体的幸福间有着极为明显的相关性，两者完全可以实现协调发展。所有个人的幸福组成社会整体的幸福，实现最大程度的社会幸福必须以充分保障个人追求幸福的自由权利为基础，这需要依赖国家及相关法规的功利主义的调整。国家严格根据功利原则，充分协调个人和社会之间的关系，才有可能同时实现两者的利益最大化。倘若国家、法律与功利原则的要求不符，则有必要利用功利主义对之实施调整。边沁努力在政治中普及和运用功利标准，并确立了其中的各项基本原则；在基本原则的基础上，边沁还深入研究了政府形式等一系列

---

① ［英］边沁：《政府片论》，沈叔平译，商务印书馆2012年版，第92页。
② ［英］边沁：《道德与立法原理导论》，时殷弘译，商务印书馆2002年版，第58页。

实际存在的政治问题。

密尔从功利原则的角度分析个人和集体之间的关系，赞同"最大多数人的最大幸福"等观点，传承了边沁的某些理念。例如，他所采用的功利原则"依据必定会提升或降低相关者之幸福感的趋向，即有利于或不利于该幸福的趋向，来支持或反对某一种活动"。[1] 然而，密尔在边沁功利主义的基础上亦有所创新，他将其视作研究人类社会政治问题的着眼点。在边沁看来，无论是何种形式的快乐皆属于快乐，无本质上的区别。而密尔却指出，和感官上的快乐相比，理性快乐更具意义，两者有着极为根本的不同。在政治观念方面，密尔也在原有的基础上进行了一定的创新，但他最为主要的思想是以科学划分个体和集体间的权力界限为基础的。在他所发表的著作《论自由》中，详细论述了思想言论自由和个性自由等的价值。对于国家职能而言，密尔认为国家应在增大自由上发挥关键的作用，但他又同时认为需要在一定程度上制约国家的职能。

3. 修正与复兴：新自由主义的超越

19世纪70年代末至80年代初，格林率先给出了国家干预理论，他积极提倡在经济和生活等领域抗拒放任主义的横向影响，明确指出国家对经济和社会生活实施全方位的干预的必要性，并在后续不断努力的过程中，逐渐产生和发展了英国的自由主义新派别。然而，政府的过度干预极容易导致民主政治逐渐转变为极权政治，过度的福利供给还会产生诸多慵懒的现象，降低民众参与社会生产的积极性，自由竞争则难以发挥出应有的效用。新自由主义保留了传统自由主义的实质内容，亦即尊重个人权利、尊重个人追求自我发展等。此种主义又被称作"修正自由主义"，原因在于它只对古典自由主义进行了一定的调整。

从20世纪70年代的后半期到80年代，新自由主义快速发展并在实践中获得了较大的成功，自90年代之后，经济日益全球化，此种主义更是扩展到了全球。新自由主义者关注最为普遍的是国家干预

---

[1] [英]约翰·密尔：《功利主义》，叶建新译，九州出版社2007年版，第58页。

是否侵犯了个人的自由权利以及是否阻碍了经济的市场化发展。他们依据特定的原则评判国家干预经济的各项政策和原因，并指出个人权利是绝不允许侵犯的，市场自身蕴含的秩序有其充分的合理性。其中最具代表性的人物，有哈耶克和诺齐克等。

如果说古典自由主义的启蒙运动开始于英国，那么新自由主义真正开花结果则发生在美国。古典自由主义在当代的复兴是以哈耶克的《通往奴役之路》为序幕的。哈耶克以"自发秩序"为原点，论述了政府干预社会经济生活的必要性。在其代表性著作《自由秩序原理》《自由、立法与法律》和《致命的自负》里，特别标注了古典自由主义的基本精神，并与新时代所涌现的科学知识力量相结合以实现其学术目标。诺齐克在"最弱意义国家"概念的基础上介绍自由主义所具有的价值，"最弱意义国家"即对社会活动实施干预最少的国家，就是最好的政府的观点。这与古典自由主义的"守夜人"式的国家观本质相同。新自由主义思想的发展在新的历史阶段遭遇了挫折，这也是古典自由主义复兴的重要原因，然而这并不代表古典自由主义与该阶段社会发展的实际需求相符。罗尔斯所发表的《正义论》，使学界不得不重新审视自由主义哲学的基础，而其中所涉及的问题极为复杂。罗尔斯尝试构建一种不但可以保障个人自由而且可以保障社会公平的原则，并努力在国家的制度建设过程中运用此种原则。"第三条道路"，即自由主义的修正和融合，逐渐得以形成，此种方式不但强调尊重市场规律，而且主张国家对经济进行干预。

由上述内容可知，西方自由主义的不断向前发展及其面临的各种内部问题，在体现自由主义者尝试处理社会问题、积极求索的同时，亦充分展现了西方社会内部矛盾的逐渐扩大。

（二）自由主义公民精神

近代公民意识是近代西方杰出的思想家在充分借鉴古希腊、罗马公民理论之后逐渐产生的，并在后来逐渐发展成近代西方政治文化的关键构成部分。对自由主义的探索，经历了一个较长的过程，从洛克一直到后来的罗尔斯，出现了诸多不一样的派别，而且在不同地域，自由主义的发展历程也不同，故而各具优点和劣势，然而自由主义的核心内容相同。总而言之，自由主义公民身份充分尊重个体差异，突出价值多元化特征，其基础是个人主义，而中心则是权利，最终目的便在于实现自由。

1. 以个人主义为基础

在自由主义理论中，社会由许许多多的个人共同构成，人只能是目的，而并非是手段。评估某种政策或价值体系的唯一准则是个人。个人自由是社会得以发展的前提，是各项政策和法律实施的基础。在个人组成的社会或群体中，无论从何种角度分析，个人皆有极为显然的优先性。在自由主义理论体系中，个人主义处于核心的位置，但在新自由主义体系中，尊崇"个人自由至上"，这是此种主义最为显著的特点，亦是整个理论体系形成的基础。其余相关主张或原理都能由此推导获得，而且还能把其中的理论内容归纳成反对所有不利于个人自由的理论，支持所有有助于确保个人自由的理论。因此，新自由主义不但提倡采用效用价值论，而且提倡运用个体主义方法论等。

自由主义尽管主张原子式的个人主义，然而在实际的生活中，个人不可能是完全独立的，他时刻会受到他人或社会的影响。因此，个人的自由也必定会被其余个人或集体所干预。关键在于要如何才能最大限度地保障个人的自由权利。所有个人皆能自由地追求个人的幸福，只要不损害他人的合法权益和不违反社会规则，个人的活动都能被视作合理、合法。所以，自由主义为确保个人具有的自由权利而给予国家一定的制约，国家如同一个"守夜人"，是最弱意义上的国家（minimal state），它仅可确保个人合法权益不受损害，不可干预个体的生活或行为。公民有选择参与公共活动的自由，在此类国家中，公民仅需要履行最低程度的义务。

2. 以个人权利为核心

在自由主义理论中，国家存在的意义在于确保个人的权利不受侵害，个人权利始终处在最为重要的位置上。依据古典自然法哲学，在国家形成之前，人类社会处于一种自然的状态，所有人都具有自然权利，且为自然法则所承认。这些天赋权利，涵盖了平等以及生命等方面的内容，人们通过订立契约组建国家，从而更为有效地保障天赋人权。显然，自然权利理论的关键价值并非是其论述了在国家产生之前人类社会的权利情况，而是它在人的理性的基础上明确了一种全新的政治思想，进而为在政治社会中人们扮演的不同角色提供了理论上的支持。自由主义公民身份将权利作为核心内容，其中，公民是一种政治共同体，有着参与政治生活的主人的观念。亦即公民具有参与政治生活的权利与义务，例如，参与国家立法以及政府决策的产生等。

公民需要充分认识到国家是和个人相对应的权利主体，国家权利运作的过程与结果都会对个人的权利产生一定的影响。人民主权思想实质上是从自然权利学说与社会契约论发展而来的。由于国家因人们订立契约而产生，国家权力亦由人民赋予，故而国家主权必然为人民所有。主权所体现的便是公意，它是全体民众的意志和利益的具体展现。国家权力由人民赋予，并且最终仍旧属于人民，其目的则在于为广大人民服务，这是现代政治最为关键的含义所在，而人民主权从国家最高层次的权力角度表达了该观念，因此应被视作公民政治的核心内容。

3. 以自由最大化为主旨

自由和权利息息相关，权利乃是自由存在的前提条件。权利可有效保障公民身份，而公民身份的目的则在于自由。如果失去自由，即使拥有生命权与财产权，人亦无法逃脱被奴役与被支配的下场，从而也就无法成为真正意义上的公民。倘若无财产权，公民身份则很难在本质上达到平等；而如果失去自由权，则连形式上的平等也会不见了踪影。在罗尔斯以完全独立的个人为基础建立的社会正义原则里，自由平等原则有极为明显的优先性。唯有在自由平等原则发挥出应有的效用后，其余各项原则方可体现出自身的价值。密尔在其发表的著作《论自由》里，一开始便表明，"此处所要研究的是一种公民自由，或者说是社会自由，亦即将要研究社会可在个人身上运用权力的性质以及范围"。即国家在何种范围内方可最大限度地确保个人的自由权利。

自亚当·斯密出版《国富论》以来，自由主义思想在经济学领域始终发挥着主导作用，然而随后在资本主义世界发生的经济危机，特别是1929年在美国发生的金融危机之后，全球范围内的经济危机愈来愈频繁，这便使得人们开始对自由市场经济制度产生不信任感。在此种状况下，凯恩斯的国家干预经济理论应运而生，而具体实践则以罗斯福改革最为典型，这的确在一定程度上缓解了经济危机问题。但自70年代末之后，凯恩斯主义面临着越来越多的挑战，哈耶克发表了相关著作《通往奴役之路》，而且国际政治、经济形势产生了极大变化，在经济领域自由主义迅速复苏并得以继续发展，西方政府逐渐降低了干预经济的力度。芝加哥学派以及后来产生的新自由主义经济学，尽管并不全然反对政府干预经济，但亦明确指出应积极采用自由市场经济制度。总的来说，自由主义必定会坚持自由市场经济制度。

4. 主张文化价值多元与统一

自由主义始终将个人作为中心，不但强调要保障个人的权利，而且强调要尊重所有个体的思想观念及生活习惯。所以，自由主义制度下的社会，必定会在价值上具有多元的特征。每个人皆能自由地追求个人的幸福，皆有机会实现个人的价值，国家不可强制性地让个人信仰某种价值理念，不管此种价值理念如何优越，抑或受到大部分人的支持，否则都属于对个人自由权利的侵害，这是自由主义坚决反对的。对待多样化的价值，国家仅可采取中立的态度。自由主义指出绝不会存在"公共善"，这亦是其和共和主义最为明显的不同之处。

但是只注意到自由主义强调多元的公民价值，依然是有所欠缺的，倘若只强调价值多元，无法构成一个完整的社会。自由主义社会，不但需要充分保障个人的自由，而且也需要维持社会的统一。罗尔斯指出，政治自由乃是一个涵盖着诸多科学的政治理念且始终运作正常的自由社会保持统一的前提。西方自由主义政治文化并未获得世界各国的一致认同。政治文化在不断向前发展和发挥作用的过程中，伴随着不同地域不同民族的政治文化的融合、传播及冲突，充分体现了一体化与多样化的相互协调和统一。

第三章 中国传统政治文化的遗产

"中国传统政治文化"是指中国夏商周三代发端、秦汉两代确定、唐宋元明清五代发展、新中国成立结束这一漫长时期的政治文化,它历经千年而不衰,牢固占据中国封建文化领域的主流地位,其根本原因在于它建立在农业社会小生产经济基础之上,为政治体系和政治生活提供精神动力与文化土壤。同时,中央集权的君王专制政治结构、宗法家庭制度和中国独特的自然地理环境,也是其建立和存在的重要条件。因此,正确认识、准确揭示这一基础和这些重要条件,是正确认识中国传统政治文化的前提。归纳起来,影响着中国传统政治文化独特性的因素主要有四个方面:一是自给自足的小农经济;二是专制王权的政治实践;三是血缘维系的宗法社会;四是闭守自封的地理环境。这些因素构成了中国传统政治文化的特质,成为孕育中国传统政治文化的土壤。

一 中国传统政治文化的发展基础

(一) 自给自足的小农经济

中国传统社会是以古代自给自足的小农经济为基础的。大约公元前4000年,我们的先民们逐步改变了从自然界中直接获取果实和动物的生存方式,进入了以稳定种植某种经济作物为主体的农业文明时期。有历史记载的尧舜禹时期就基本确立了中国农业经济的模式。到20世纪末,以农业为主的经济模式一直主宰着中国经济的发展。它在半开半合的大陆性地理环境中,横插于欧亚大陆的东边,一面向东依傍着浩瀚无垠的太平洋，一面向西斜靠着喜马拉雅山脉。相对闭塞的地理环境以及保守自封的重农思想，使中国社会形成了一个相对封闭的统一体。但是，相当充沛的山林水系造化和哺育了华夏文明，为中国传统农业生产提供了先天条件，家庭手工业与自给自足的农耕经济结合，促进了商品经济的发展，这一切为传统中国政治、文化等的发展奠定了自然经济基础。

中国封建社会是从奴隶社会发展演变而来的，在这期间并无外族的入侵。奴隶社会时期，中国实行的是土地国有制度，土地属于国家所有，更进一步说，属于国家最高统治者所有。《诗经》中"普天之下，莫非王土。率土之滨，莫非王臣"即如此。春秋时期是中国奴隶社会的瓦解时期，随着人口的不断增加，铁器等先进生产工具的应用，诸侯国为称霸统一各国相继推行变法，导致新兴的封建势力崛起，土地国有的制度遭受严重的破坏，土地私有制度得以最终确立，"民得买卖土地"合法。从战国末期开始，中国正式进入封建社会时期，土地私有制度就成为中国封建社会土地制度的主要形式，在这一土地私有制度的基础上衍生的自给自足的小农经济也就成为中国封建社会的主要经济形式。在这种经济形式下，新兴的农业生产主体——农民，既拥有比奴隶更多的人身自由和农业生产权利，又不得不受地主的剥削和国家权力的支配。因而，中国封建社会经济结构的根本特征就是国家最高所有权支配下的小农经济，这也为中国政治、文化上层建筑的建立、存在与发展打下了深厚而坚实的基础。

与此同时，土地私有制度基础上衍生的小农经济成为中国封建社会的主要经济形式，导致了根深蒂固的"土地是安身立命之本"思想观念的流行。与此相对应的，则是重农抑商的社会心理不断强化。对于地主阶级来说，只有把农民框定在土地上，才可以不断出租土地于丧失土地所有权的农民而获得税额，从而进行以土地为主的扩大再生产，在不断为自己创造利益的同时，为子孙后代留下永久产业。对农民来说，由于专制王权的盘剥，再加上自然灾害频繁发生，在维护自身及其家人基本生活的条件下，没有属于自己的剩余产品，为了维持生计，只能租种土地才可以获得一点生存的可能。农民由于生产资料的缺乏，只能租种地主的土地，以生产农产品和大多数手工业品来缴纳赋税、维持生活和延续生产。地主和贵族剥削农民所得的地租主要是自己享用而非交换，在整个经济活动中起决定作用的是生产而不是交换。客观存在的"重农"意识和社会心理，极大地抑制着商品经济的发展。这种以自然经济为基础的中国社会，是中国古代政治结构和文化心理得以形成的深刻根源。

（二）专制王权的政治实践

中国传统社会是王权支配的社会，"王权支配社会"实质上是一个具体社会的运行机制问题，建立在生产力发展状况与生产关系决定社会基本形态的基础之上。而这种运行机制与其相契合的"王权主义"政治文化密不可分。所谓"王权主义"就是王权至上，君主是"天人合一"的天选之子，君主的统治是神的意志的表现，他的权力集立法、行政、司法和军队于一身。"君权神授"的理念充分得到了发扬光大。在国家政治实践和运行中，因为君王多种权力集于一身，所以他的权威高于一切，超然于任何权力之上，没有任何一家政治机构能够制约和监督王权。这样，王权主义成为中国传统政治文化的统治体系，奠定了封建专制的理论基石。王权主义与封建社会专制统治是相辅相成的。一方面，中国封建社会专制统治需要王权主义；另一方面，王权主义又巩固和强化了中国封建社会专制统治，在此基础上产生了中国长达2000余年的高度专制、等级森严的封建社会。

王权主义文化具有集权性、排他性和专断性，不仅构成了中国传统政治文化的特殊性，而且决定着这种政治文化的本质属性，内在的制约着其他价值取向，并把持着多样化的社会渠道，始终如一宣扬大一统思想，深刻影响着百姓的政治选择。在这种忠君政治意识的感召下，集多种权力于一身的君王，对臣民享有生杀予夺大权，"君叫臣死，臣不得不死"，君王取代了国家法律，成为国家的最高意志。"天下之事无大小皆决于斯也"，民权被剥夺了，完全臣服于专制王权的统治下。专制王权的直接后果是滋生了等级制。君王居于金字塔的权力顶端，秩序排列构建起等级森严的社会体系。在这种自上而下的垂直等级秩序中，人们从呱呱坠地起，就被天然地框定在某个位置上，从此人们日常生活中的言行举止、思想变化等都以某个"神意"为中轴而不至于大不敬。这样一来，整个社会变成了等级清晰、特点鲜明的网络系统。同时，专制王权统治者不断地向被统治者宣扬、灌输"君权神授"的理念，以期其统治能千秋万代，客观上使农民远离了权力运行中心。在这种权力配置中，农民的政治参与热情被无限压制，主动的政治参与行为几乎消失殆尽。

专制主义的政治权力是中国古代社会生产关系的必然要求。随着王权专制政治制度的确立、相应的政治生活的产生，专制主义政治文化也就应运而生了。一旦政治文化产生并持续发挥对社会的深远影响，专制政治制度就具有了普遍的合法性。一方面，专制政治制度因其法律规定和国家机器的强制保障而具有了合法性；另一方面，农民对这种专制制度的心理接受与认同也使这种专制制度具有了合法性。这样，任何个人与集团的意志和行为，只有符合这种专制制度时，才能被这种政治体系接纳；任何违反这种专制制度的意志和行为都将被无限弱化甚至抹杀。王权专制的政治实践孕育、创造和强化了专制主义的政治文化。

（三）血缘维系的宗法社会

宗法制度是在父权式氏族社会的基础上演变而来的，是王公贵族按照血缘关系来分配国家权力以世袭统治地位为目的的一种制度。宗族机构和国家机构合二为一、宗法等级与政治等级完全一致是宗法社会的根本特征。这种制度确立于夏朝，发展于商朝，完备于周朝，以至于影响后来的专制王朝。秦始皇统一中国以后，虽然社会形态有了很大不同，但是宗法关系一直维系着专制王朝的统治。这种制度使得氏族家长与国家天然混为一体，促成传统政治文化中的"家国同构"的观念，家为国之基石，国乃家之集成。君王当然成为权力神圣不可挑战的霸道王权。正如《礼记·文王世子》记载说："君之于世子也，亲则父也，尊则君也。有父之亲，有君之尊，然后兼天下而有之……父子君臣之道德，而后国治。"这种宗法制度实质上是"以血缘为纽带维系的网络体系"，奠定了中国传统社会秩序的基础。

从奴隶社会进入封建社会以后，宗法族制的一些基本元素，例如王位的嫡长子继承制、贵族世袭爵位制、父权家长制等，继续保存和发展，并最终演化为封建宗族制度，成为封建社会政治制度的重要组成部分。但是，随着一家一户的小农经济的发展，单纯依靠血缘家族的统治已经很难维系，历史使然与由氏族社会父系家长制演变而来的宗法制相结合，皇族的家庭统治只有与家长制宗法相结合，才能适应时代的变化。家长制宗法只能产生官僚政治，而不能产生以血缘为纽带的宗法制。所以，皇族的家庭统治必须和家长制宗法相结合，皇帝"与士大夫治天下"才能延续皇族的统治，才能巩固封建制度。由氏族父系家长制衍生而来的宗法制，以血缘关系为纽带维系着地方性力量，对于维护专制王权的政治统治具有现实意义。

由此，封建主义的宗法制度取代了奴隶制的宗法关系，家国一体模式进一步完善，封建伦理成为系统的理论体系，从而取代了原有的零散的伦理道德，并渗透到整个社会的各个方面，为不同的社会阶层所接受，与家国一体的血缘宗法文化观念一道，构筑起中国封建政治文化的土壤。基于自给自足小农经济之上的传统中国，凭借血统宗亲为纽带，维系着宗法关系，编织着等级秩序，依靠天然"神授"攫取国家权力的君王，运用专断力量巩固着外部统治。

（四）相对隔离的地理环境

自然环境是生物生存和发展所依赖的各种自然条件的总和，是人类生存、生产、生活的基础。在不同的生产力发展水平下，人类对自然环境的依赖程度不同，改造自然的能力不同，自然环境对人类社会的制约也不同。生产力水平越低，则生产方式越简单，人类对自然环境的依赖越大；改造自然的能力越强，自然环境对人类的制约越多。由于人类社会发展是多样的，不同的民族生产力发展水平不同，改造自然能力不同，所以产生了不同的生活方式，进而产生了丰富多彩的文化体系。早在公元前700年，"中国（中原华夏）、戎夷，五方之民，皆有其性也，不可推移（改变）。……言语不通，嗜欲不同"

(《礼记·王制》)。中国的地理条件比较独特：一是地域广袤，资源丰富；二是四周为海域、荒漠、高山，相对较为封闭；三是华夏文明最早发源于中原地区。这决定了在生产力较低时，中国产生的只能是相对固定的农业文明，而非相对流动的商业文明。与分散的经济基础相对应的，是集权的政治模式，只有强大的中央集权才能巩固统治。

"华夏"是汉族先民的古称，在春秋时期，它已经成为中原人的自称。而华夏中心的意识也早就存在了。原本，华夏是一个地理概念，认为汉族处于天地的中央。然而到周朝时，尊周礼、守礼义的族人即被称为华夏，这使"华夏"一词具有了文化内涵，从而变成了一个文化概念。到春秋时期，华夏中心开始出现，当历史车轮驶入战国时期时，已有"夷夏之防"的说法，华夏有与"夷"共主"天下"，同处"一室"的整体意蕴。"吾闻用夏变夷者，未闻变于夷者也。"从中可以看出，"夏"处于核心位置而"夷"具有从属地位。这种"变"，不管主动或者被动，开始突出某种秩序观，充分体现儒家政治文化的价值取向。《礼记·王制》有"五方之民"格局，就是中国古代大一统国家民族地理观和中华民族多元一体格局的重要体现。"华夏为主、四夷拱之"这种观点在维护国家统一、防止反对民族分裂方面起到重要的推动作用。

在科学技术不发达的古代，人们往往借助于中央集权统一国家的力量来处理和抵御来自自然界所形成的灾害，这无形中又多了一份对王权专制的依赖。中国自然环境相对复杂和封闭，从而产生了不同的民族和民族文化，客观上为中国统一多民族国家的出现奠定了基础。同时，统一的多民族国家又促进了开放性民族理念与多元文化和谐共存观念的传播，"诸侯用夷礼则夷之，夷而进于中国则中国之"。所以中国的自然地理条件也是我们研究传统政治文化的重要参考标杆。

二 中国传统政治文化的基本内容

中国传统政治理念、思想凝结了几千年社会政治发展积淀下来的政治思维，极其复杂，是一个重要而广博的研究领域。关于中国传统政治文化的内容方面的探讨，中外学者都进行过多方面的思考和总结。

（一）"天下为公"的大同世界

中国古代传统的政治文化中蕴含着许多关于理想社会构建的取向。其中，以秦始皇统一中国前后一二百年形成的大同思想为代表，这种思想集中反映了人们对理想社会的美好期许。在《礼记·礼运》篇中，理想大同世界为我们展现"大道之行也，天下为公，选贤与能，讲信修睦。故人不独亲其亲，不独子其子，使老有所终，壮有所用，幼有所长，鳏寡孤独废疾者，皆有所养，男有分，女有归。货恶其弃于地也，不必藏于己；力恶其不出于身也，不必为己。是故谋闭而不兴，盗窃乱贼而不作，故外户而不闭，是谓大同"。实质上，大同社会是社会风气纯正、社会生产相对发达、社会分配相对公平、社会满意度高的理想社会。它反映了古代民众对美好社会的无限向往。因而，大同社会提出之后，无数仁人志士为其倾倒，并为实现这种大同社会而孜孜不倦地努力。从文学家、思想家到政治家，从各种政治口号到各种政治制度，从秦汉到唐宋元明清再到现代中国，大同世界的吸引力一直不减，这也是大同世界的价值所在。

与理想大同世界相对应的"小康社会"一词，最早也出自中国古代典籍《礼记·礼运》中，文章描述为"今大道既隐，天下为家。各亲其亲，各子其子，货力为己。大人世及以为礼，城郭沟池以为固。礼义以为纪，以正君臣，以笃父子，以睦兄弟，以和夫妇，以设制度，以立田里，以贤勇知。以功为己，故谋用是作，而兵由此起，禹、汤、文、武、成王、周公、由此其选也。此六君子者，未有不谨于礼者也，以著其义，以考其信。著有过，刑仁讲让，示民有常。如有不由此者，在埶者去，众以为殃，是谓小康"。实际上，小康社会是比大同社会较低的社会发展阶段，它反映了古代自然经济条件下生活相对比较宽裕的社会状态。"大同"世界只适应于遥远的理想王国，难以触及，因此对于现世的社会只能用礼法加以约束，以达到等级有序的小康社会的理想目标状态。大同与小康社会历久弥新，不仅为古代思想家津津乐道，更为现代学者、政治家所重视。在《礼记·礼运》中出现"小康""大同"两种不同的提法，它们都表达了古代人们对美好社会的一种向往、一种渴望，但是二者在追求层次和特征上具有很大的区别："大同"在儒家那里是人们追求的最高理想社会形态；而"小康"社会则是"大同"社会的前奏，先有礼仪通行的"小康"社会，然后才可能追求所谓的"大同"。南宋康与之认为，与封建等级社会根本对立的理想社会应为"计口授田"、人人耕桑、自食其力、劳动成果平均分配的美好社会景象。及至近代，康有为在《大同书》中设想出以"亲近、平等、公正"为核心的理想社会。孙中山的"三民主义"则可以看作大同世界与时代发展的产物，并认为大同世界具有在世界范围内推广的价值。

不可否认，大同思想具有很大的历史局限性。然而，大同思想所反映出的自由、平等、博爱、公正等崇高的精神理念和价值，不仅与古希腊斯多葛学派的世界大同、人人平等的思想相契合，而且体现了人类社会的发展方向和最终归宿。因而，中国传统文化中的大同思想，不仅是中华文化的财富，也是全世界全人类的共同财富，在全球化的时代背景下，自然值得继承和发扬光大。

(二) "学而优则仕"的政治使命感

子夏曰："仕而优则学，学而优则仕。"（《论语·子张》）。仕与学相辅相成，互为保障。"学而优则仕"是儒家知识分子的政治价值取向，后来成为读书人津津乐道的座右铭。"政治是最高尚的事情，参与政治是人的最大美德"一直以来就是中国普通民众的流行观点和追求方向。特别是在隋、唐开始实行科举制度之后，知识分子阶层拥有了通过公开考试走上政治仕途的机会，这种政治追求就有了更为强大的精神动力。在"学而优则仕"观念的影响下，一代又一代的知识分子希冀通过科举考试来参与政治，成为清官、贤臣、良将，鞠躬尽瘁、死而后已，忠君报国、名垂青史。当然，学而优不只为了仕，《荀子·大略》中说："学者非必为仕，而仕者必如学。"儒家思想认为，知识分子的最终目的应该是"修身齐家治国平天下"。北宋张横渠则归纳为"为天地立心，为生民立命，为往圣继绝学，为万世开太平"。

当然，一些学者则认为"仕"并非为从政。清代文学家段玉裁在《"说文解字"注》中指出"训仕为入官，此今义也"。他援引《毛诗传》认为"仕，事也"。因此，"仕"原本是与知识相对的实践，即做事。南宋教育家朱熹在《四书集注》中写道："优，有余力也。仕与学理同而事异，故当其事者，必先有以尽其事，而后可及其余。然仕而学，则所以资其仕者益深；学而仕，则所以验其学者益广。"子夏所说的"学"与"仕"的关系，不是学习与做官的关系，而是知识和实践的关系。学习知识可以增长做事的才干，即"资其仕"；社会实践又可以验证所学习的知识（验其学）。

"学而优则仕"体现了知识分子阶层强烈的政治使命感和政治参与意愿。从先秦到近代中国，在横跨数千年的历史长河中，无数的文人士子为了实现这一政治理念，不断地进行艰苦的理论探索，呕心沥血地宣传治世方案。正是在这种强烈的政治使命感的影响和教育下，一代又一代知识分子的政治参与热情从未减弱。李波认为，"学而优则仕"中当然包含有读书做官的因素。这在当时是一种进步的思想，它打破了落后的世袭继承的人才选拔观念，是对社会进步的推动，无论于"国"还是于民，都是有好处的。我们不能因为它宣扬了"读书做官"思想，觉得有碍圣人颜面而去刻意为之牵强附会地开脱，即不必释"仕"为"事"或"实践"，因为圣人在当时提出这样一种观点是十分难能可贵的，它是进步思想的反映和代表。更何况圣人的确说过"学也，禄在其中"。也就是说，不能因为宣扬"读书做官"在今天不太进步，就把孔子所宣扬过的"读书做官"这种在当时具有进步意义的思想强解为"做事"或"实践"。[①]

[①] 李波：《"学而优则仕"再认识》，《河南师范大学学报（哲学社会科学版）》2002年第2期。

(三)"民贵君轻"的民本情怀

"民贵君轻"一语来自孟子,在其《孟子·尽心下》中指出,"民为贵,社稷次之,君为轻。是故得乎丘民而为天子……则变置社稷。"在国君、谷神和百姓三者之间,百姓为最,谷神关系到人们的生计,为其次,而国君在三者之中为末位,这是较系统论证"民本"思想的论述。所谓"本"是指根本,是源头性的东西。中国的传统民本论认为,民众是国家的根本,他们养育了统治者,而且他们也是统治者兴亡的决定性力量。关于"民本"思想的阐述,源远流长。"得民心者得天下",历来,君王统治者都认为执政之基首先是要赢得民心。《管子·牧民》曰:"政之所兴,在顺民心;政之所废,在逆民心。"顺民心,才能发挥人民的积极性。《左传·昭公七年》指出:"六物不同,民心不壹,事序不类,官职不则,同始异终,胡可常也?"为政之本,在于得民。《孟子·离娄上》说:"得天下有道,得其民,斯得天下矣。得其民有道,得其心,斯得民矣。"管仲在《管子·霸业》中提出,"夫霸王之所始也,以人为本,本治则国固,本乱则国危。"这一理论较早地体现了"以人为本"的民本思想,国家安危、民心得失,得民心国家必安,失民心国家必危。荀子在继承这一思想的基础上进行了发展,"'君者,舟也;庶人者,水也。水则载舟,水则覆舟'。此之谓也。故君人者,欲安,则莫若勤政爱民矣"(《荀子·王制》)。

虽然不同历史时期的论述不同,但其核心思想却一直没有改变,那就是"民本",强调百姓对于维护国家安定统一、巩固统治阶级地位的重要作用,其实质无非是害怕"民"造反,推翻他们的统治,建立自己的政权。正是不同历史时期学者、统治者对民本思想的重视,才导致统治者对自己的统治政策自发地进行调整。至少在表面上,大都把民众利益作为政治生活的根本,无论这种做法是出于统治者的本意还是无奈之下的选择。民本思想的内涵主要包括贵民、为民、利民、富民和安民等内容,实际上是一种将民众视为治国安邦根本和关注及重视人民利益的政治思想和作风。民本思想不仅是中国传统政治文化的重要组成部分，也是中国封建社会政治智慧的最好体现。从思想实质上来看，几乎所有的传统民本主义者都是君主主义者。

固然，民本思想在封建社会缺乏实现的条件。但是，民本思想在中国传统政治文化中占据重要的地位，它仍然对中国历史的发展起着一定积极作用。在它的影响下，出现了一大批关心民众疾苦的政治家、思想家、文学家。尤其是在中国社会从传统到现代的转型时期，进步人士借助民本思想实现了和西方"民主"的完美融合，成为推动中国社会进步的重要思想武器。在中国传统的经典著述中，"民本"思想虽然具有开启民智参与政治的功能，但却并不能因此干预甚至制止君王的专制行为，因为人们一切的政治行为都框定在君王手中。"民本"思想与"官本"思想一样，都是建立在以血缘为基础的宗法人伦之上的。然而，两者的价值追求不同。前者追求伦理理性、伦理正义；后者追求扩张世俗权力、权威以及等级、品质和身份等。因而，运用宗法人伦对"民本"思想进行解释，最终会陷入"官本"思想的窠臼，绝不会使民本之树开出民主之花。

（四）"礼以行义"的正义观

正义是伦理学、政治学的基本范畴，是人类社会孜孜不倦追求的最高价值目标之一。中国传统政治文化中并没有关于正义的直接表述，但其内涵蕴藏于礼法的"仁""礼""义"的范畴中，本质上是一种秩序本位的身份正义。所谓"礼以行义"就是如此。《左传·成公二年》中说："礼以义行，义以生利，利以平民，政之大节也。"也就是说，用礼来推行道义，用道义产生利益，用利益使百姓太平，这就是治理国家的关键。儒家认为"义者，宜也"。即"义"就是适宜、合适、应该。但是，"义"作为正义的内涵，则主要体现在儒家"仁"的思想中，将"仁"作为一切行为的最高准则、最高层次的道德风范。"仁，人心也；义，人路也。舍其路而弗有，放其心而不知求，哀哉！"（《孟子·离娄上》）这也是任何时代、任何社会都在追求的永恒的道德标准和价值取向之一。说到"义"，在现实生活中常常与"利"放在一起考虑。例如孔子的义利观，强调先义后利、以义制利，被孟子发展成为重义轻利的思想，更引导出后世儒家学者禁欲主义的倾向。这种义利关系是体用关系，所谓"体"就是孔子主张的"义以生利"。孔子认为，"义"是根本，是具有决定作用的，在道德上居于较高的层次，所谓"君子喻于义，小人喻于利"就是如此，其实质是用"义"规范君子，用"利"驱使小人。"义"与"利"的关系，也是当下直接反映人们思想道德水准的"试金石"。在"义""利"关系的基础上，引申出的"君子爱财，取之有道""见利思义"，切勿"见利忘义"，更升华为"杀身成仁""舍生取义"的崇高道德境界和"身任天下"的坚贞志向和浩然正气，这正是中华民族正义力量的源泉和灵魂。

"礼"作为等级王权的道德规范或典章制度源于祭祀神灵。据《说文解字》记载："礼，履也，所以事神致福也。"但是随着对"礼"的认识的不断深入，"礼"的本意就随之变化了。如《礼记》："子曰，礼也者，理也。乐也者，节也。君子无理不动，无节不作。"后来，"礼"成为见诸条文的规范的体系，而"义"则发展成为礼法制度的价值目的和礼法制度运行的基本原则。从法律的角度来看，"义"指人的行为应该是正义性的。礼法是人们行为的正义性参考坐标，合乎于礼法者即谓之为正义行为。古代在政治运行中对社会各个领域加以规范和约束的"礼"成为安定社会、维持等级专制的重要依据。"礼"的内容不仅涉及国家的根本问题，而且涉及社会生活的各个方面；不仅规范着诸如官制、官服、官等、官法、官箴的建设，而且指导着一切社会组织和个人的行为。实际上，"礼"是社会政治制度的集中表现，它渗透于社会生活的方方面面，维持着上层建筑以及与之相适应的人与人交往中的行为规范，成为传统的中国人权利义务的通行准则。从其内容构成要素来看，包括孝、慈、恭、顺、敬、和、仁、义等，"礼"的这一系列构成要素维系着古代封建等级社会，尽管某些内容在当下已经不合时宜，但仍然体现了传统中国社会的伦理文化精髓。把这些伦理道德观念转化为人们内在的行动准则，"按照规则行动"，从这方面来说，传统中国的礼治与西方历史上的法治具有相同的规制性，从一定意义上来讲，具有"宪典"的特质。

在儒家经典著述中，如《君子为礼》和《论语》中，其主旨议题把礼当成义，义可以当成礼，这种礼与义互用是普遍存在的现象。其实，理解起来也很容易，礼的本质就是真正的义，义即宜，就是合理遵从伦理性，义遵守礼便符合道义；而作为王权社会准则的礼，自然就会成为合理、适宜遵守者，礼即义。"礼""义"关系实际是合二而一的关系。礼法正义是以"礼""义"等传统伦理文化为主，融合"物"成为分配权利与义务的考量标准。因此，蕴含于"礼""义"等范畴之中的礼法正义，是一种以维护传统的等级社会秩序为参考依据和框定公民身份正义观的准则，这无疑是王权统治者宣扬的一种伦理价值观，框定包括个人、家庭、公共组织机构在内遵从的等级秩序。

（五）"选贤与能"的铨选制度

"天下为公，选贤与能"就是通过集体推举有才能、有威望的人来做首领，出于对有能力之人的认可。"大道之行也，天下为公，选贤与能，讲信修睦。"（《礼记·礼运》）古时，历代王朝都重视贤能之人的作用。早在尧舜禹时代，中国古书上就有"选贤举能"的记载，"舜年二十以孝闻。三十而帝尧问可用者，四岳咸荐虞舜，曰可。"《尚书·尧典》记载，尧年老时，通过部落联盟会议推举舜为继承人，舜年老时，又通过同样的方式推举禹为继承人。尧舜禹的"禅让"正是"天下为公，选贤与能"的生动体现。中国是很早就有辽阔疆域和广大民众而又实行中央集权制的国家，治理国家需要大批官员。为了有效维护古代君王的统治，摆在统治者面前的问题是首先解决什么人可用、哪些人能用、需要采用什么样的选拔方式使人才进入辅助君王统治的体制。这样，中国古代官吏的铨选和管理制度就应运而生了。在漫长的历史进程中，管理的铨选制度不断发展完善，出现了世袭制、纳赀制、军功制、荐举制、恩荫制、科举制等不同的铨选制度。苏轼在《论养士》中言道，"三代以上出于学，战国至秦出于客，汉以后出于郡县吏，魏晋以来出于九品中正，隋唐至今出于科举"。从这段话中可以看出，中国古代选官制度大致可划分为几个主要阶段。

进入夏、商、周时代，随着生产力的发展，物质上出现了剩余产品。在政治上，"天下为公，选贤与能"的禅让制很难适应变革社会的政治秩序，"大人世及以为礼"的世袭制便应运而生了，世卿世禄制的出现是以血缘关系确定政府官员的，根据血缘来确定官员的爵位、等级、俸禄等，凡定爵位与官职者都享有采邑和封地并世代享有。到春秋战国时，诸侯纷争，各国竞相引进人才，推行变法。在选官制度上，世卿世禄制被打破，以血缘为核心依据的选官制度被以才能为核心的选官制度逐渐替代，以学识和才能作为基本的标准，使得普通百姓以及游走于各区域的士阶层活跃起来，他们以"学而优则仕"为读书的主旨，都有机会参与到国家政务中来。

秦始皇在周王室礼崩乐坏的废墟中统一了六国，由原来多家治理的局面变成了统一王族，摆在王权面前的问题就是采用什么样的方式笼络人才，实现对国家的有效治理，特别是到汉武帝时期，开疆扩土致力于社会经济发展，人口规模不断扩大，国家求才若渴，在这样的背景下，察举、征辟制度应运而生。察举是由特定辖区地方长官根据特定要求考察、培养和选拔人才，并推荐给上级或中央，经过某种考核方式获取职位的一种任职过程。所谓"征辟"，就是征召名望显赫的人士出来做官，包括两种形式，一种是皇帝征聘，一种是公府、州郡辟除。这些自上而下或自下而上选拔官吏的方式，使下层有识之士有机会进入官制队伍，实现自己为国效忠的政治抱负。而后，为了在战争的废墟中解决暂时人才匮乏的问题，尤其为了拉拢士族，魏文帝曹丕命吏部尚书陈群创立九品中正制度，九品中正制度从创立之初就深深打着身世等级的烙印。接着，隋朝励精图治废除前朝选人之弊制，创建新型选拔人才体制——科举考试制度。科举制于隋朝创始、唐朝形成、宋朝完备、明朝强化、清朝没落，其优点是不分等级贵贱、长幼亲疏，所有人都可以平等参与考试，竞争相对公平。总之，古代"选贤与能"的用人思想是"有能则举之，无能则下之"，其最终目的是确保贤者在位，能者"陈力"。应该说，传统中国的统治者们都试图笼络人才，使其尽其用。以上所采取的选拔人才的方式，虽然有历史的局限性，但是有些对于现代的选拔干部、任用干部来说都带有政治智慧。

（六）"德主刑辅"的治国理念

古人现存的文献中，并没有将自己关于"德刑关系"的思想总结为"德主刑辅"。因而，"德主刑辅"应该是现代人对古人思想的一种概括总结。先秦时期，秉持"德主刑辅"思想的主要是儒家，是对西周"明德慎刑"思想的继承和发展而形成的具有独特内涵的政治文化模式，是基于当时的社会状态对未来社会政治运作的一种设计。西周统治者认为西周取代商朝是天命所属，因而提出了"以德配天""敬天保民"和"明德慎刑"的思想。《尚书康诰》中曰："惟乃不显考文王，克明德慎刑。"《尚书多方》又曰："罔不明德慎刑。"这是中国对"明德慎刑"思想最早的记述。"明德慎刑"思想也成为中国传统政治文化的重要组成部分和对为政治国的形式的重要论述，即究竟是用"德"还是用"法"来治国，如何用"德"和"法"来治国，其本质上是"德治"与"法治"的关系问题。儒家代表人物孔子发扬了周的治国理念"礼治"和"明德慎罚"思想，他以"仁爱"观念为逻辑起点，"以仁释礼"，用仁义来阐释礼仪制度，将"德"寓于"仁"，突出了"德"的政治价值，他极力提出"明德慎罚"，倡导"德治"，主张为政者应"为政以德"，实行"德治"，则"譬如北辰，居其所而众星共之"（《论语为政》），就能赢得百姓归顺，国泰民安。

古人关于"德主刑辅"思想最为接近的表述是董仲舒所说的"刑者，德之辅也"。（《春秋繁露·天辨在人》）。自此之后，"德主刑辅"思想反映在一些思想家、政治家关于"德""刑"的论述中。例如，汉王充的"文物张设"、唐李世民的"明刑弼教"、唐韩愈的"德礼为先而辅以政刑"、宋司马光的"振举朝纲，一遵正法"、清康熙的"以德化民，以刑弼教"等。

董仲舒"德主刑辅"的思想顺应了时代的需要，使儒家学说有了更为系统的政治话语权。春秋时期,各国以法家思想为指导推行变法,增强国力,诸侯争霸。尤其是秦国,经过商鞅变法之后国力大幅提升,最终一统六国,但秦王朝的旋即灭亡无疑证明了法家思想实践的失败。西汉初年,统治者转而采用"黄老之学"的无为而治的政策,但又造成了诸侯国势力的恶性膨胀,最终导致了"七国之乱"。到汉武帝时,董仲舒将先秦的阴阳家、法家、道家思想中有利于统治的成分进行了归纳整理,以儒家思想为基础,提出了德主刑辅的观念,不仅准确地论述了德刑的关系,而且弥补了儒家德刑思想空洞而无法实现的缺憾,成为一种有利于统治者的"实学"。从此以后,"德主刑辅"思想一直被历史思想家和统治者奉为圭臬,也对中国政治文化产生了深远而广泛的影响。

"德主刑辅"思想成为中国古代的一种治理理念,具有必然性。它概括了"德"和"法"的地位关系,构成了中国古代政治文化的核心,生动体现了中国作为文明古国的特色,也是中华文明延续五千年而未绝的重要原因。在当下,"以法为主"或"德法并举"也引起了学术界的关注,政学两界的辩驳或宣扬也是对"德主刑辅"之偏颇的反思。这种纠正和调整反映了中国当代政治家、思想家对"德"与"刑"关系的重新审视和思考,也是对中华文明的传承。但是,我们必须看到,"德主刑辅"从字面上理解,德治为主刑罚为辅,统治者试图用仁政来治理他的人民。实际上,在中国古代君主专制时期,往往采取"外儒内法",外示仁政而内施刑罚。我们还必须看到,正是"德主刑辅"的思想导致了中国一直未能形成行之有效的法律体系,阻碍着法律的执行和政治体系的健全。

(七)"清官贤人"的政治期盼

中国自古以来对"清官"和"侠客"就有一种偏好。所谓"清官"就是指那些在官僚体系中能为官清廉、公正严明、坚持操守、刚正不阿、执法如山的官员。面对黑暗,他们有敢于抗争的勇气并付诸行动;面对光明,他们给予表彰并将其发扬光大。在古代专制王朝里,芸芸众生只有向专制贵族缴粮纳税的义务,没有享受国家给予的权利，人们的命运往往都掌握在"替天行道"的等级官僚的手中，人们被压迫被剥削被欺凌被冤屈，只能寄希望于操守比较廉洁的清官来为他们做主，救他们于水火之中。从某种程度上来说，清官是百姓的希望和理想所在，为官者应该具有孟子所谓的"富贵不能淫，贫贱不能移，威武不能屈"的大丈夫气概。百姓熟悉这种大丈夫气概，而且希望为官者能够坚守这种大丈夫气概。他们希望为官者不仅对上有这种气概，而且对下和自身也能有这种气概；希望为官者不仅在顺境时能坚守这种气概，也希望为官者在逆境时也坚守这种气概。这实际上就构成了为官者的"守道"精神，这种"守道"精神深刻地体现在孟子的大丈夫气概中。

但是，儒家的这种"贤人政治"受到了现实的严峻挑战。儒家政治清明的理想是建立在道德完善的人的基础之上的，个人道德的自我完善和道德自律是仁政的前提。然而，现实的政治生活却对这种"贤人政治"提出了严峻的挑战：一方面，纵观中国古代历史，不论是在哪个朝代，贪官污吏都不曾断绝，暴君也间或出现；另一方面，所谓的圣君、名相、清官始终难得一见。虽然历代统治者无不推崇和极力宣扬这种清官圣人的政治期盼，但是，其主要目的是为了维护统治阶级的利益。而从政治文化的角度来讲，儒家提出的"贤人政治"始终是一个乌托邦，带有浓厚的理想主义色彩，它主要在于满足一般社会成员的心理需求而已。一般社会成员通过对圣君、清官的期盼，来化解自己内心的不满与抗争，表达和维护自己的利益需求。在儒家文化的滋养下，传统中国形成了这种寄托于道德完善和道德自律的统治者身上的"贤人政治"现象，而现代民主政治的一些基本元素，例如法治、平等、自由、公正等观念，则极度缺乏。

从政治文化运行的内在逻辑来看，贤人政治、清官情结的政治心理蕴含的一些合理性特质勾连着现代民主政治建设的核心问题，即民本思想。政治文化是现代行为主义科学发展的重要概念，也是政治系统重要的组成部分和其赖以存在的文化条件，充分反映了一个国家或民族在特定的历史时期内形成的整套政治价值观念、政治信仰和政治心理。而中国传统社会的政治理想就是圣君、贤相、清官、顺民，这充分反映了儒家政治文化的人文特征和道德特征。但是，"清官思想"也有积极的意义，毕竟清官在一定程度上代表和维护了劳动人民的利益。因而，中国古代出现了一些关于清官的名句。例如，"当官不为民做主，不如回家卖红薯""先天下之忧而忧，后天下之乐而乐"等。"清官思想"虽然是中国传统政治文化重要的组成部分，但是不能因为其是在专制王朝历史时期产生出来的就要否定其合理成分，尤其在当下全面从严治党的视野下，对于党员干部来说，不仅不敢、不能腐败，最主要的还是个人不想腐，这也是自古以来清官的优秀品质的集中表现，全心全意为人民服务，把人民的事情放在心上。在现代也是需要加大清官思想的宣扬力度和加强作风建设的。

三　中国传统政治文化的基本特质

凝结了几千年社会政治发展而积淀下来的中国传统政治文化，呈现多面性、复杂化的立体构架特征：从政治伦理上看，它是伦常式、君子式、农本式的政治文化；从政治哲学上看，它提倡民本思想、内圣外王之道、中和之治；从政治操作上看，它是重人治而轻法治、重治术而轻制度、重权力而轻民主、注重"大一统"的治理方式。对于当代中国的政治发展，尤其是政治文明的建构，某些思想具有重要参考价值。

（一）从政治伦理上看，它是伦常式、君子式、臣民式的政治文化

1. 伦常式政治文化

在中国长达几千年的封建社会的政治文化活动过程中，其中的一大特色就是政治伦理化。中国传统伦理有诸多道德规范，比如有仁、义、礼、智、信等。其中，以"仁"为最高道德境界，以"礼"为最高政治评价规范，上至国家社会，下至一般社会公众，无论是国家制度还是法律规定，乃至于各种政治行为，都必须以伦理道德作为最高的评判标准。"君子之事亲孝，故忠可移于君；事兄悌，故顺可移于长；居家理，故治可移于官。"（《孝经》）这充分说明中国伦理式

政治文化的本质内核。金字塔式等级结构必然形成一个以身份论英雄的等级社会，使得每一个社会成员按照血缘出身被框定在某一等级上。在法治尚未完善的封建时代，维持等级制度就需要严格的伦理规则，"君为臣纲、父为子纲、夫为妻纲"以及"仁、义、礼、智、信"的三纲五常也就出现了。家即国、国即家，家国同质，把家扩展到国之领域，便有了伦常与等级理论的结合，最终成为维护君主专制统治秩序的行为准则。

伦理纲常之道为中国传统政治文化的形成与发展奠定了思想基础；反过来，中国传统政治文化又以伦理纲常之道为君王专制制度服务，这突出的表现为儒家的"德政"思想。"为政以德，譬如北辰，居其所，而众星共之。"（《论语·为政》）以道德伦常来治理国家，就会像北极星那样，自己居于一定的位置，群星都会把它放在中间而环绕。其中，孔、孟儒家思想中的"仁政"学说，把"仁"义置于道德的最高境界，这种思想主要宣扬"民贵君轻""人性本善"的理论，使儒家思想带有明显的伦理化特征。首先，道德伦理被视为最高的政治行为准则。儒家学者认为，道德、法律、政策等都是用来调节政治关系、约束政治行为的政治规范，而在这些政治规范中，道德规范又居于首要地位。其次，以人伦秩序取代政治秩序。在家族秩序扩大为政治秩序后，用管理家庭的方式来管理政治。最后，用道德伦理匡扶和教化政治过程。"其身正，不令而行；其身不正，虽令不从。"（《论语·子路篇》）这些话语充分体现了道德说教在政治实施中和政治社会化中的主体功能。

2. 君子式政治文化

西周时期，"君子"一词已广为流传，但主要是对贵族或者执政者的专称，缺乏后世的道德意蕴。如《尚书》卷十三说："君子勤道，不作无害有益。"这里所说的"君子"就是指执政者或贵族，而没有道德意蕴。然而，从春秋末期开始，孔子不断对"君子"进行解说和阐发。经过诸多学者的努力，"君子"一词被不断赋予道德内涵，从而成为中国社会的一种理想人格模式的称谓。"君子"在《论语》中是道德德行的主体，全书两万多字，总共20篇，篇篇皆有如：

"君子不重，则不威，学则不固"（《论语·学而》）；"君子周而不比，小人比而不周"（《论语·为政》）；"君子无所争。必也射乎！揖让而升，下而饮。其争也君子"（《论语·八佾》）；"君子喻于义，小人喻于利"（《论语·里仁》）；"君子博学于文，约之以礼，亦可以弗畔矣夫"（《论语·雍也》）；"君子泰而不骄，小人骄而不泰"（《论语·子路》）；"君子上达，小人下达"（《论语·宪问》）；"君子求诸己，小人求诸人"（《论语·卫灵公》）；"君子不施其亲，不使大臣怨乎不以"（《论语·微子》）；等等。孔子等试图通过"君子"这一完美的形象来表达自己的政治思想诉求。

君子"谋道不谋食"、君子"忧道不忧贫"、君子"安贫乐道"，这些君子们往往成为把名节看得高于一切的"卫道士"，正是这种精神，使颜回居陋巷、持一瓢饮而安贫乐道。然则更重要的是，这能激发君子杀身成仁的精神，随时准备为国家舍生取义。但与此同时，"君子们"又绝不贪恋官位，因为他做官不是为了谋生，更不是为了发财。"君子喻于义，小人喻于利。"君子从不谈"利"，谈"利"非君子。孟子又进一步说："位卑而言高，罪也；立乎人之本朝，而道不行，耻也。"即为了利益而做官，同时又高谈所谓的理想，这是一种罪过。在君王身边、朝堂之上做大官，却又不谈政治理想，或者虽谈却无力实现，那是一种耻辱。"大丈夫"之"大"正在于他既要"位高"，又要"言高"或"道行"。这种政治文化所传递的信息是，政治是"大丈夫"的事情，"小人"普通民众无权过问。君子式政治文化的形成，老百姓们的政治有了"靠山"，使得他们不愿或不能参与其中而远离政治。

3. 臣民式政治文化

古代中国是典型的人治社会，只有臣民而没有所谓的公民。"臣"就是屈从顺服。《说文解字》中，许慎认为："臣，牵也。事君也。象屈服之形。凡臣之属皆从臣。"从这句话中我们可以看出，屈服是臣最显著的特征。《辞海》中给出了三种关于"臣民"的解释，分别为百姓的统称、谦卑的自称、役使。"臣民"实际上便是君主国家中的臣子及百姓。从现代意义的角度分析，"臣民"即人格无法独立且屈服于国家权力的人。中国传统社会建立于小农自然经济、君主专制制度、宗法纲常以及儒家学说的基础上，与此对应的，则是臣民政治文化，亦被称作依附型政治文化。对封建君主来说，任何人皆是其臣民，需要遵从"非礼勿视，非礼勿听，非礼勿言，非礼勿动"（《论语·颜渊》），正是这些封建礼教的长期作用决定了中国的国民性。《史记·秦始皇本纪》中指出，"天下事无大小，皆决于上"，而《春秋繁露·十指》则指出"大本小末，则君臣之分明矣"，这实际上体现了奴性的顺民文化。

在王权专制的社会里，君王成为权力唯一的合法继承人和拥有者，其余任何人皆为君王之奴仆，从而产生的最为常见的政治心态便是"尽人皆奴仆"。君臣之间体现为一种主仆关系。封建官吏虽然拥有政治权力，但这种权力是君臣权力分配的结果，是君王"赏赐"的结果，君王给则有，不给则无，并非法定的权力。因而，这种权力本质上来说是君权派生的权力，君王可以随时剥夺。于普通民众而言，君主可以主宰他们的一切。在封建时期，普通民众往往被称作"黔首"，无任何的政治等级，亦不具有任何的政治权利，只能屈从于君主的统治，天生便被视作君主个人的奴仆。民众在封建政治体系中是义务主体，而不是权利主体。所以，他们没有独立的人格，并不是独立的个体。正是由于长期处于被压迫、被奴役的境地，他们逐渐形成了依附心理和崇圣心理，即前文所言的，对"青天大老爷"有着强烈的期盼。同时，他们无意识地排斥政治，将自己自绝于政治系统之外，认为政治不过是官府的事情。他们既没有想过参与国家事务，更没有想过争取自身权利，除非是到了生存权面临严重威胁的时候。因此，在古代中国，没有公民，只有臣民，更不可能产生公民意识。

（二）从政治哲学上看，它提倡民本思想、内圣外王之道与中和之治

1. 倡导"民本"的政治文化

"民本"思想可追溯至先秦时期的重民思想。依据《尚书·盘庚》记载，远在商朝时便出现了"重我民"的思想。所谓"民"，在古代中国的不同历史时期，具体的内涵也不一样。但整体而言，是指与君臣相对的、处于社会最下层的庶民。"民"的主体在进入封建社会以后主要指农民。所谓"本"是指根本，是源头性的东西，中国的传统民本论认为民众是国家的根本，他们养育了统治者，而且他们也是统治者兴亡的决定性力量。正是因为统治者对民众的这种地位和作用有清醒的认识，才使统治者对自己的统治政策进行调整，无论其实际行为如何，至少在表面上或口号上，他们把谋求民众利益作为政治生活的根本。从民生思想的产生来看，至少在西周时期就已经产生了。西周灭商，周公认识到了民众的力量，从而提出了"人无于水监，当于民监"和"敬德保民"，逐渐加强了对民众力量的关注。春秋之后，天下失去了原有的秩序，变得混乱不堪，政治思想家们在细致观察的基础上深入分析，提出了"得民者昌，失民者亡"的观点。法家认为应依法治国，但亦指出执法应以民意为基础。如《管子·任法》指出："民不足，令乃辱；民苦殃，令不行。"即使是主张无为而治的道家，其出发点也是重民，所以其认为统治者应"去甚，去奢，去泰"（《老子·二十九章》），亦即注重减轻赋税、刑罚，不轻易发动战争，崇尚节俭精神，等等。儒家强调以仁政为根本，认为施政成功之关键在于得民心。

　　后来，儒学获得快速发展，不但成了官方哲学，而且是社会中最为普遍的意识形态，民本思想广受认同。孔子提倡施行"仁政"，极大地促进了民本思想的发展。而孟子提出的仁政学说等理论，构成了一种较为健全的民本思想体系，从而极大地推动了"民本"观念的发展。到了汉唐时期，一些政治家、思想家，吸取历史教训，在继承儒家民本主义思想的基础上，与道家无为而治的思想相结合，使原来处在较浅层次的民本思想逐渐发展成民本哲学思想。而在明清时期，杰出的思想家们更是有效地推动了民本哲学思想的系统化发展。张居正进一步强调了"民惟邦本，本固邦宁"的思想；王夫之对民众所具有的力量有了更为深入和全面的认识，他的民本哲学思想更是增添了民主因素，他主张"即民见天"，肯定"视听明威"的作用，他认为想要使社会进步，必须"尽君道以民为父母，是切身第一当修之天职""严以治吏,宽以养民",并提出"均田以安天下"的思想,从而形成了他个人先进而独特的历史观。

中国古代专制王朝"民本"的主旨在于"得民",使之为专制王权服务,以达到"治民"。"得天下有道,得其民,斯得天下矣。得其民有道,得其心,斯得民矣。得其心有道,所欲与之聚之,所恶勿施尔也。"(《孟子·离娄上》)得民心者得天下,没有谁比统治者更能理解其中的寓意了,尤其新王朝的统治者,往往更愿意讨论民本问题,对民本问题的认识和体验也更深刻。对民众的巨大力量,尤其是在旧王朝的覆灭和新王朝的建立过程中表现出的巨大力量的认识,以及对民众在国家治乱兴衰过程中的重要作用的承认是民本思想的认识起点,以重民来固民本、以固民本来实现国家的长治久安就成了历朝历代统治者的共识。而重民也是德治、仁政的基本内容,所以,民本思想和儒家的整个思想体系是高度一致的。一个包括对民的认识、伦理诉求、政策主张在内的复杂体系的民本思想,主要体现贵民、为民、利民、富民和安民等主要内容,实际上,是一种将民众视为治国安邦的根本和关注及重视人民利益的政治思想和作风。

2. 注重内圣外王之道的政治文化

"内圣外王"的思想观点,最早出现自道家典籍《庄子·天下篇》,"是故内圣外王之道,暗而不明,郁而不发,天下之人各为其所欲焉,以自为方"。随着儒道释三教合流,理学出现,"内圣外王"的观点被儒家继承,其含义指的是个人修养与政治主张。所谓"内圣"就是提高内在的自我修养,形成完善的道德人格;所谓"外王"就是将自身高尚的道德品质推而广之,成就外在事业,使王者之道泽及百姓。简而言之,就是内修圣人之道,外施王者之政,并将两者有机结合起来,前者是基础,后者为目的。在"内圣"方面,孔子主张"为仁由己"。子曰:"克己复礼为仁。一日克己复礼,天下归仁焉。为仁由己,而由人乎哉?"一个人是否可以养成较好的品德,主要取决于其个人的努力。为达到"外王",儒家理论指出应从"修己"出发,并把"治人"作为主要目的,如孔子提出的"修己以安人"等思想。儒家"内圣外王"的理论是政治和道德的直接统一。

儒家从不讲没有道德的政治，认为只有以道德为指导的政治，才有正确的方向，才能产生普遍的影响。倘若政治没有道德作为指导，就会变成霸道和暴政，不仅不得民心，也难以持久。"内圣外王"尽管无法全然实现，但此种思想的提出，鼓励了各个时期的知识群体，塑造出了众多勇于承担国家责任的仁人志士。在长期的政治社会化进程中，"内圣外王"思想广泛传播，并为中国人所接受，成为对理想政治人格的期望和追求。因此，它亦成为中国封建时期民众的皇权主义思想、君主崇拜，以及"人治"政治模式的思想基础之一。

3. 中和之治的政治文化

中和不仅是中华文化的精髓，也是中华政治文化的精髓，是中国古代治国理政智慧的灵魂。儒学经典《中庸》一书中曰："中也者，天下之大本；和也者，天下之达道也。致中和，天地位焉，万物育焉。"也就是说，中和是宇宙天地的大本达道，是世界万物生存发展的根本规律。"和"原本是指音乐上的众音协调，后来被引申为不同事物之间相互作用而协调统一的哲学范畴，更多地表现为一种方法论。在《周易·兑为泽》中，"和"即意味着吉利。《尚书》用"和"来表达各组织内部治理顺利、各组成部分协调一致的状态。"和"即矛盾各方的有机统一，存在矛盾的各方相互依存地处于共同体中便被视作一种"和"的状态。矛盾的有关各方实现有机统一且有所互动方可造就新的事物，正如"以他平他谓之和，故能丰长而物归之"。孔子曾提出"和而不同"的思想，"君子和而不同，小人同而不和"（《论语·子路》）。孔子所谓的"和"实际上是指在一个统一体中，存在诸多性质不同或对立的因素。这些不同或对立的因素又相互补充、相互协调，从而形成新的状态和事物。"同"则没有因素、声音、意见等差异的存在，是完全相同的，因而不能产生新的状态和事物。所以，"和"是在承认差异基础之上的统一，是多种存在差异的因素的协调统一，而不是简单的没有差异的统一。继孔子之后，儒家学者基本上都是从这个角度来论述"和"的内涵、意义与作用的。简而言之，"和"强调差异基础上的协调统一，事物之间不是一方消灭另一方，而是在承认差异的前提下实现万事万物之间的和谐相处。所以说，"和也者，天下之达道也"。

传统的中和思想除了以"和"的姿态出现外，后来还被儒学者融会贯通，予以升华，从而形成"中庸"范畴。中庸联结了儒学思想的各部分，孔子首创中庸，以表达自己的伦理思想和哲学方法。子曰："中庸之为德也，其至矣乎！民鲜久矣。"（《论语·雍也篇》）后来，宋人朱熹说："中者，无过无不及之名也；庸，平常也。"程颐进一步阐述："不偏之谓中；不易之为庸。中者，天下之正道；庸者，天下之定理。"中庸思想的实质就是以"天道尚中"作为标准，规范人们的行为，把中庸作为不偏不倚、恒常不变的天理。中庸之道对中国政治、文化、哲学等影响深远，儒家不仅把中庸之道作为最高的道德标准，而且还将其作为处理事物的基本原则和方法。

作为中国传统政治文化精髓的中和思想，以和为贵，求同存异，尚中庸之道，不仅被古代学者和思想家奉为圭臬，而且深入民众心中，成为国人政治人格的有机组成部分。这些思想不仅对于维护中国古代王朝大一统局面、维护社会稳定起到了重要的作用，而且对于维护今天国家的统一、社会的安定、政治的清明等也具有深远的意义。

（三）从政治操作上看，它是重人治而轻法治、重治术而轻制度、重权力而轻民主和注重"大一统"的治理方式

1. 重人治轻法治

与法治相比，中国传统政治文化中的人治具备更深厚的生长土壤和更深重的影响。中国传统法哲学实际以儒家法哲学思想为主干和正统，其基本特征就是伦理法，也就是以伦理关系来涵盖甚至代替法律关系，用道德准则来统率和引导法律。在规范民众行为上，伦理道德准则是最主要的，伦理价值就是法的价值。因而，中国传统法哲学的本位和价值取向就是伦理道德。这种伦理道德是一种内涵丰富的概念，既可以指思想和观念，也可以指实体和器物；既可以指规范个人行为的道德准则，也可以指治国理政的方略、国家的基本政治制度以及国家的逻辑架构，等等。所以，在传统的王治法哲学体系中，经常将礼拿来与法、德、刑等做比较，构成传统儒家政治文化的内在基因。虽然它们有着共同属性，但是前者仍包容、统摄甚至吞灭后者。所以，封建专制统治者视儒家伦理法为"礼法"，以礼代法，以礼为中心的伦理体系成为规约人们生活的依据，甚或礼即为法。

实际上，儒家的这种伦理法走向了泛道德主义的极端，而且在道德一元化的趋势中抹杀和消解了道德与法律的区别以及各自的特点。将法律视为伦理道德体系的一个次要组成部分，甚至认为在多数条件下，伦理道德可以代替法律，使伦理道德成为法的本体的同时，又成了法的价值所在，以伦理道德来构建社会规范体系，不仅抹杀了道德与法律的区别，而且不利于发挥各自的优势来规范民众的行为，反而会阻滞社会的发展。此外，张扬君王权力、崇尚权力和权威也是儒家伦理法的又一重要特征。在儒家伦理法中，权力是法律的根源，高踞法律之上，法只能依附于权力而存在，并且用来维护权力。更简单地说，法律只是统治民众的工具。这一切又都被归纳在符合伦理道德的框架内，形成以伦理统率政治和法的基本格局。这样，泛道德主义的封建伦理法、君权至上的国家主义、封建宗法思想制度结合在一起，就为人治提供了深厚的土壤，使官本位、权力本位合法化，最终导致了人治取代法治。因而，以儒家伦理法为准则的传统政治文化，从本质上来说是一种人治而非法治，这种人治强调统治者的利益和权力，忽视了普通民众的诉求与利益，与现代社会所倡导的民主、自由、平等、公正等价值相悖，不利于社会政治和经济的发展，这也是中国古代商品经济和民主政治一直未能兴起的原因之一。

2. 重治术而轻制度

中西方传统政治文化的研究侧重点不一，中国侧重于治国之道，西方侧重于对制度的研究。对于如何治理国家这一宏大而现实的命题，不同时期的政治家、思想家等都提出了不同的蓝图和答案。例如，在中国历史上广泛存在的人治与法治之争、无为与有为之争、仁政与暴政之争、王道与霸道之争，等等。比如，司马炎在《论六家要旨》一文中指出，"天下一致而百虑，同归而殊途。夫阴阳、儒、墨、名、法、道德，此务为治也"。即诸子百家虽然在具体治理国家的方式方法上存在不同意见，但其最终目的都是为了要提出一套治国安邦的方略。由此可见，对于治国之道的研究已经成为各个朝代政治文化的主旨所在。

中国侧重于治国之道，比如关于无为与有为、德治与法治、仁政与暴政、王道与霸道等问题的讨论，会在人们的生活或著述中不断得以强化。尤其人们在对于"政治"的理解上，体现着中国古人的道德价值观的倾向。例如，"政者，正也。子帅以正，孰敢不正""政者事也""治者理也""教不善则政治"。及至近代，虽然政治的实际内容已经发生了很大改变，然而对于政治这一古老的观念仍然没有改变。孙中山先生理解"政治两字的意思，浅而言之，政就是众人之事，治就是管理，管理众人之事便是政治"。对于造成中国传统政治文化务实性的原因，学者们给出了不同的答案。有的学者认为，中国传统的重农抑商的政策造成了中国古代工商业的相对落后，同时，又没有像西方那样发展自然哲学，故造成了中国传统政治文化的务实性；有的学者认为，中国从春秋战国时期确立封建制度开始，一直就实行君王专制制度，其政体在其后的 2000 余年没有变化，因而不存在所谓的政体问题，而西方历史上则存在不同的政体形式。这些解释固然都有一定的道理，但是并没有触及问题的实质。要想准确理解中国传统政治文化的务实性，必须从中国封建社会的社会结构、经济基础、血缘宗法关系入手。由中国封建社会的社会结构、经济基础、血缘宗法关系造成的官本位思想与制度的长期存在，导致官僚阶级无论在政治上还是在思想上都极为专制，而且具有相当的话语权。任何思想只有在为王权和封建秩序服务的时候，才能被统治者肯定、接受和推广。所以，中国古代学者更为看重对治理国家的"术"的研究。

3. 重权力而轻民主

如果"权力"成为全民唯一追求的社会价值，那么整个社会可能发生泛化，即社会成为铁板一块，固化成一个整体，国家将社会、市场甚至文化政治化。政治泛化的后果就是国家政治功能不断扩张，而社会空间不断缩小，社会经济功能不断衰微。在这种一切向权力看的环境下，社会的一切活动都离不开政治的身影，权力自然成为最活跃最有魔力的统治工具，比如，王权时代的皇权与民权、王权与土地、权力与商工、权利与教育等多种关系都反映了政治的泛化。在权力体系中,居于最高位置的是皇权,然后是不同层次的官僚权力,最后才是民权。在这种呈金字塔形的权力结构中,民众是被欺凌和被压迫的对象,几乎不享有任何权力。权力不同的官僚既是权力的主体,也是权力的客体,向上级权力负责直至皇权为止。官职决定了个人的俸禄、官府、车马、侍从等,从而形成了社会成员中根深蒂固的权力崇拜。这种权力崇拜是建立在皇权是最高权力、其生成方式是恩赐而非契约的基础之上的。

中国古代"官本位"的政治文化极为强调权力本身。"官本位"政治文化在中国社会中得以长期存在和发展,就是因为它以政治权力作为主要杠杆来统摄社会、调控社会文化运作和个人行为。首先,官僚权力体系是社会的核心和本质,决定着人在权力体系中的位置以及个人在其相应位置上的生活方式等;其次,对于文化运动而言,权力意志便是一种价值信号,社会则根据具体的权力指令进行运作,实际上乃是实现权力意志的有效工具;最后,人及其行为所具有的价值的主要判断标准是权力标准,评判各类社会行为的根据是其是否与权力体系及管理机制相适应。不同的权力意味着可以获得不同的资源。权力可在无形中调控民众的行为,民众对于权力欲的追求显然在客观上推动了传统政治文化的发展。

4. 注重"大一统"的治国模式

什么是"大一统"?顾名思义,"大"即极为重视,"一统"便是统治全国。"大一统"思想是儒家的政治文化思想,是历代封建统治者不懈的政治追求。《公羊传·隐公元年》首次提出了"大一统"的思想:"何言乎王正月?大一统也。"徐彦疏说:"王者受命,制正月以统天下,令万物无不一一皆奉之以为始,故言大一统也。"其实,"大一统"就是将整个天下纳为政治管理对象,如《诗·小雅·北山》指出,"普天之下,莫非王土。率土之滨,莫非王臣"。而《尚书·大禹谟》则指出,"奄有四海,为天下君"。5000多年来,中国虽然历经朝代更迭与疆土分裂,不断有旧王朝灭亡新王朝建立,但始终遵循分久必合的规律,相继产生了包括汉、唐等在内的众多"大一统"的封建王朝，中华民族也在这些"大一统"时代创造了光辉灿烂中华文明。"大一统"即国家高度集中统一，目的在于施行集中统一程度较大的君主政治，因而在国家结构形式上就是王权至上，无所不包。在全国范围内，君主权力展现出明显的单一性、至上性以及广延性，不允许存在任何形式的并行权力。

中国从奴隶社会时期开始，就形成了专制王权的政治局面，"国不堪贰"充分体现了专制王权的特征。地方权力与管理范围都来源于王权的授予，故地方必须依附于君王。为确保王权得以高度集中，古人将君主和天、神等结合在一起，利用"君权神授"的理论表明其合理性；借助宗法家长制思想将政治关系与血缘关系结合起来；借助封建礼法来规范人们的行为，形成权力崇拜；利用封建等级制度和政治体系来保证君权神授、王权至上。截至20世纪初，中国封建王朝的真正覆灭，才给中国专制王权以毁灭性的冲击。尽管春秋战国时被明显削弱，但也只是暂时的状态，秦帝国建立之后，空前地增强了专制王权，专制统治范围迅速扩大到包括文化等在内的社会的各个层面。

四 传统政治文化对现代公民文化的影响

发源于夏商周三代的中国传统政治文化，在历史的发展长河中不断完善，早已内化于中华民族的心理结构中，而且制约着中华民族的思维形式与行为模式。因而，研究中国政治文化就绝不能忽视中国传统的政治文化。况且，中国传统政治文化中蕴含着丰富的政治智慧资源，其对于封建社会的政治稳定与社会稳定起到了重要的作用。从某种程度上来说，封建统治延续2000余年的生命力即在于此。传统政治文化对于现代公民教育的影响存在着明显的双重性：一方面，中国传统政治文化是臣民型政治文化，与当前的民主等核心价值相违背；另一方面，中国传统政治文化中的民本、法治、德治等思想，与当代中国民主建设又存在某些契合的地方。这就需要在现代公民文化培育中对其有一个明确的认识。

（一）从正面影响来看

1. 中国传统中的"民本思想"构成现代民主精神相契合的因子

"民本"思想中"以民为本"的理念，在维护统治阶级长远利益的同时，肯定了民众的力量。在漫长的历史长河中，民本思想成为中国传统政治文化的重要组成部分。最先认识到民本力量的是周朝，周人认为周取代商是"民之所欲，天必从之"。《尚书》中的"民惟邦本，本固邦宁"治国理念更是突出了原始民主制的色彩。孟子云"得道者多助，失道者寡助"（《孟子·公孙丑下》）、"民为贵，社稷次之，君为轻"。（《孟子·尽心下》）管子说："政之所兴，在顺民心。政之所废，在逆民心。"（《管子·牧民》）荀子说："君者，舟也；庶人者，水也；水则载舟，水则覆舟。"（《荀子·王制》）及至春秋战国时期，诸子百家在学术争鸣中对"民"的思想有了更深的认识。民乃国家之主体，是国家存亡的根本因素，是不可改变的。到西汉时，刘安认为，"国主之有民也，犹城之有基，木之有根，根深则上固，基美则上宁"。（《淮南子泰族训》）将"民"视为国家的根本。唐太宗李世民："凡事皆须务本，国以人为本。"（《石介：宋文鉴·策》）表达以"民"为本的思想。到明末清初，民本思想发展至顶峰。明太祖朱元璋说："所惧者民，若所为有不当，上违天意，下失民心，驯致其极而天怒人怨，未有不危亡者矣！"（《明太祖实录》）统治者要顺从民众意愿，认为民意即天意。黄宗羲的《明夷待访录·原君》有言"以天下为主，君为客"的原则，要求限制君权，以承认和保护普通民众的私利。民本论虽然是君王用以维护专制的工具和学者理想的社会状态的描述，但其重民、贵民的思想内涵明显与民主因素相契合，在一定程度上提高了人民的地位、反映了民众的诉求、维护了民众的利益。

2. 中国传统中的"德治观"助推了公民道德意识的培育

德治思想贯穿于中国传统政治文化的始终，同时也是儒家经世思想的核心，它不仅主张通过道德来约束民众的行为，更力主以道德节制君王的权力，这种源于道德自发性的约束比外在制度的约束更持久。德治思想源于夏商周时期形成的"以德配天""敬天保民"等历史思想,到春秋战国时,吸收了诸子百家之精义,尤其是管仲的"礼义廉耻,国之四维,四维不张,国乃灭亡"的德治思想。在政治思想和治国主张上表现为德治传统,认为政府可以依赖道德教化,必须用道德来指导政治、规范政治,形成所谓的道德政治。

"德治"作为中国古代的治国理政中心思想,长期被封建君主专制者奉为正统方式,是儒家学说倡导和匡扶人们行为的一种行为准则和规范。究其构成要素,虽然包含着钳制人们思想的人治思想,但是如果我们用辩证的思维加以分析,就可以批判地继承。人类社会公平正义秩序的维持除了需要外在的强制手段外,还需要内省的软文化,所以德治在净化人的思想和规范人的行为方面具有重要意义。

3. 中国传统的"法治思想"丰富了现代"依法治国"的政治理论

中国法治思想不仅历史悠久,而且具有独特的民族特色。早在公元前 770 年左右,有历史记载的各诸侯小国中就有颁布成文法以统治辖区的案例,如历史上有名的子产改革"铸刑鼎"一事。公元前 536 年郑国执政子产将惩治罪犯的刑律铸在金属鼎上,向全社会公布,史称"铸刑书"。自此,中国正式进入成文法时代。《管子·任法》里说:"君臣上下贵贱皆从法,此之为大治。"以当时的观点,"法治"就是任法而治,君民皆遵法,这才叫大治的社会。法家代表人物韩非提出,"明言之道,一法而不求智",也就是说,贤明君王治国理政最好的办法是依法而非个人才智。在诸子百家中,法家所创立和推崇的法治思想为人们所宣扬和执行,他们认为法律是治国之利器,主张依法治国,"一断于法"。法是治国之根本,只有实行法治,才能保证国家安定。

与法家治国理念有着差异的儒家思想,崇尚教化,主张以礼治国,认为"礼之所兴,众之所治也;礼之所废,众之所乱也"。(《礼记·仲民燕居》)儒家代表人物孟子所述"仁者爱人",这种爱的基本原则,就是根据血缘亲疏远近,决定爱的程度、爱的方法,这也是儒家学说的最高道德观。礼法之争、德刑之辩由此形成,并最终演变成"治人"与"治法"的尖锐对立。如韩非子倡导"废先王之教"（《韩非子·问田》），主张"以法为教"（《韩非子·五蠹》）。尽管中国传统政治制度当中并不存在一部成文的《宪法》对国家社会方方面面加以规制和监督，但是"礼"始终成为传统社会运行和人们日常生活的重要参考依据。虽然封建法治是建立在人治的基础之上的，权、情、礼等皆大于法，但其赏罚的随意性太大。封建法治毕竟打破了"德治"的传统，在一定程度上限制了王权等特权。因而，封建法治的提出本身就是一种进步和突破，这对于今天实行依法治国战略具有重要的先导和借鉴意义。

实际上，若究其传统，政治文化发展不乏具有民主性思想精华，有崇尚"贵和尚中"的"贵和"思想；有"广开言路"君主善于"纳谏"的思想；有"亲贤臣，远小人""选贤与能"的选考思想；有"总领百官，上下相监临"的思想；有"天下为公""世界大同"的思想；有"小康社会"的思想；有"人皆可以为尧舜"的平等意识；有"全性保真""不以物累形"的尊重个性、追求自由发展的思想；等等。这些都可以借助现代法治结构推动中国民主政治的发展，并为当代中国公民教育提供重要的文化资源。

（二）从负面影响来看

作为现代化的人，拥有独立的政治人格应该具备主体意识、参与意识、平等意识、权利义务观念、法制意识、参政能力等民主素质。[①] 然而在中国传统政治文化中，经过数千年的文化沉淀，其中相当一部分因为时代的合理性已经失去了在现代政治中生存的土壤，严重阻碍着现代公民文化的培育，例如"家长制"作风、"官本位"意识、"厚德薄刑"做法、"三纲五常"等封建礼法等。

1. "家长制"作风阻碍公民主体意识的培育

深植于中国传统文化中的"家长制"思想，至今还影响着人们的

---

① 汪耀进：《社会主义民主政治建设论纲》，天津社会科学院出版社1990年版，第174—176页。

政治心理和政治价值倾向，成为公民主体意识培育的最大障碍。中国封建"民本"思想和西方民主思想存在本质的区别。西方民主思想认为社会个体生而平等，并通过"法律面前人人平等"来体现公民的平等性。而中国封建"民本"思想则认为"天子"奉行"君权神授"来主宰所谓的万民，"民"只有顺从"天意"俯首称臣。不管是民本主义下的"卑微"式顺从，还是封建等级的"家长"式命令，整个国家体系绑架于封建等级的魔咒中。家长制等级作风一旦形成，必然要有指令一方，而相对方必然无条件服从。所以"家长"这一方往往专横跋扈、独断专行，将个人私欲凌驾于社会规制之上，并由此形成人身依附网络体系。

这种消极封闭的思想观念，"强调的是一种服从，臣民服从皇帝，农民服从地主，被统治阶级服从统治阶级。少数人享有特权，而大多数人只享有少部分权利，甚至根本无权"。[①] 在中国传统政治中，个人是处于宗法关系中的个人，隶属于"君""父"，这是小农经济条件下为了维护社会秩序和政治进程的必然选择。但是，这种关系在某种程度上否定了公民作为个体存在的独立性，导致了中国传统政治中有臣民无公民。归根到底，是因为权力是利益的分配机制，在中国封建社会中对社会利益进行分配时，必然首先选择维护统治阶级的利益，而要想维护统治阶级的利益又必须以强大的政治权力作为后盾和支撑。所以，中国封建王朝的政治功能都会无限放大和膨胀，相对应的，就是社会自主资质空间的无限被压缩。

2. "官本位"意识阻碍公民民主意识的培育

"官本位"思想是建立在政治泛化的基础之上的，并以权力作为交换价值。权力是"官本位"政治文化存在并持续发展的驱动源泉，是加强国家建设、推动社会运行和促进个人行为的根本力量。中国封建社会的权力结构呈现金字塔形，个人在权力体系中的位置决定了个人的地位、生活等，因此"当官"成为人们的核心追求，这样就导

[①] 张光博、张文显：《以权利和义务为基本范畴重构法学理论》，《求是》1989年第10期。

致了大量的社会资源、无数的社会精英因权力的争夺、人际关系的处理而被浪费和消耗。中国几千年的专制社会里一定的"官阶"掌握着一定的社会权力,拥有一定权力资源的官员必然掌控着社会资源。无形中在社会成员中形成"崇官""官本位"意识。当下,官场上时常发作"帕金森综合征"、大肆卖官鬻爵、政治生态混乱,人们对拍马溜须小人得志的社会文化趋之若鹜。这些现象阻碍了人类政治民主化进程,扰乱了民众的正确权力观、价值观。

"官本位"导致了权力崇拜,权力崇拜导致"独尊"的政治思维模式和政治运行模式。在上位者,只有权力而无义务;在下位者,只有义务而无权力。下位者的义务就是对上位者的服从,而经过几千年的发展这已经成为中国民众的重要特质。有学者就深刻指出,中国人过于夸大权威的作用,无论心理还是行为上都需要权威。可以说,权威观念已经深入国人的人格之中。这种权威崇拜的特性对中国的政治形态产生了极大的影响。在封建社会,"官本位"思想是主流的政治文化,在其服务于专制政体的同时,又造成了权力崇拜、人身依附等,这不仅阻碍了社会的进程,抑制了公民权利意识、个体意识的觉醒,更阻碍着现代民主政治的发展,束缚公民责任和权利意识的培养。

3. "厚德薄刑"做法束缚公民法治意识的培育

"厚德薄刑"思想,重在道德教化。它是以德政、德教为基本内容,以修身为基本准则的治国方略。德治构成了中国传统政治文化的核心,反映了传统中国的基本治国方略,其理念最后形成于西周时期。西汉时,德治思想正式运用于治国理政实践,并在两千年的历史长河中不断完善,这集中体现在儒家的政治理想和政治思想中。孔子喻之于马,说:"以礼齐民,譬之于御,则辔也;以刑齐民,譬之于御,则鞭也。执辔于此而动于彼,御之良也;无辔而用策,则马失道矣。"固然,统治者要施行仁政,厚德薄刑,但要以教化为基础。古代英明的君主,十分重视醇厚教化对于长治久安的重要作用。在封建之世,统治者总是着眼于"道之以政,齐之以刑,民免而无耻;道之以德,齐之以礼,有耻且格",这是重礼轻法、重德轻刑的集中表现。

从西汉文帝、景帝至康熙皇帝，史不绝书。康熙曰："盖法令禁于一时，而教化惟于可久，若徒恃法令而教化不先，是舍本而务末也。"这是注重道德在社会生活中的感化作用。"厚德薄刑"是历代帝王统治者奉行的治国谋略，法律却是维持封建纲常的重要保障，它是礼教实施的辅助手段。

在德、刑关系的处理上，慎刑观主张"德礼为先""先德后刑"，而"刑非所先"，强调刑法运用的最后性。儒家强调道德对政治生活的决定作用，主张以德礼为治国的基本原则，反对严刑峻法。但由于德治礼教不是万能的，面对"乱臣"僭越、天下不平，不得已"纠之以猛"，即必须辅之以必要的刑罚措施。"大罪杀之，臧罪刑之，小罪罚之。"刑罚手段是在德治失效、无计可施的情况下的最后选择。"明德慎罚"思想的提出在中国传统政治文化发展中具有重要的里程碑意义。它标志着古代政治家对于治国理政的重点由"天"向"人"的转变，治国的方式由"罚"向"德"的转变。正是由于统治者、思想家等认识到了"民"的力量，才从政治制度上对民的地位和权利予以肯定和重视。儒家学者吸收了这些思想，并在西汉时期形成了延续封建社会 2000 余年的"德主刑辅"思想。从本质上说，"明德慎罚""德主刑辅"政治思想的提出，是统治者为维护其统治地位而实行的政治手段，其本质是为君而不是为民。过多地强调德、礼而忽视法的作用，或者说以"德"作为治国的主要策略，人为地降低法在调整社会矛盾中的作用，这样的结果是人治思想，君主专制的盛行。长期以来，厚德薄刑的人治思想一直是君主专制统治的核心手段，所谓法治只是依"德"而立。

4．"义务本位"观严重阻碍公民权利意识的培育

权利是在一定社会生活条件下人们行为的可能性，是个体的自主性、独立性的表现。培育权利意识需要清除消极的文化传统。长久以来，属于臣民文化的"义务本位"观集中体现在人们思想顺从、意识被动、心理依附等方面。强调个体对他人、对社会，特别是对皇帝国家的义务，而不考虑个人的权利。"天下事无大小，皆决于上。"（《史记·秦始皇本纪》）这种奴性十足的政治文化在相当一段时间

内，保持了一定程度的普遍性价值导向。"普天之下，莫非王土；率土之滨，莫非王臣"深刻地反映了中国2000多年封建社会专制的本质。专制制度限制了现代权利意识的产生，尤其是到了明清时期，理学力主"存天理，灭人欲"，更是严重压抑了人们的权利观念。"中国人在追求法治的过程中，尽管经历了一百年的民主启蒙，但主体意识、公民意识和权利意识仍显淡薄。实行依法治国，建设法治国家，就是要唤起人们的主体意识、公民意识和权利意识，就是要使权利本位在人们的法律观念中占据中心位置。"①

我们应该看到，封建社会时期的"义务本位"观念时至今日仍然影响着中国公民权利意识教育。在这种观念的影响下，古代封建王朝所奉行的等级伦理贯穿于人们平时的生活中。宗法制度不仅决定了个人在家国面前几乎毫无权利和地位可言，而且决定了个人对于上级只有服从的义务而无平等的权利——"君要臣死，臣不得不死"的奴性心理。所以，对普通民众来说，更熟悉的是履行何种义务和如何履行义务，而不清楚拥有何种权利和如何行使权利。这归根到底是因为在官本位文化的氛围中，官是主体，官要民做民不得不做，这样的义务本位文化价值消解了公民权利意识的生成和发展的基础。然而，现代法治的核心就是法律应该以多数人的意志为依据，规范全体社会成员的行为，以促进大多数人的幸福、实现大多数人的权利为目的，而不是限制多数人的权利与自由来维护少数人的特权。

5. "三纲五常"伦常观念阻碍公民平等意识的培育

中国古代封建王朝是家国一体、家国同构的集权政治结构，为维护这种集权政治结构，就必须建构一套严格的伦理规则，于是"君为臣纲、父为子纲、夫为妻纲"的三纲、"仁、义、礼、智、信"的五常之道应运而生。家国同构，把家庭伦理演绎到国家领域，即有了伦理观念与等级观念的结合，成为维护封建秩序的基本行为准则。自西汉之后，儒家成为中国社会的正统和主流思想，伦理法也就成为儒家

---

① 施滨海、董郁玉：《政治中国——面向新体制选择的时代》，今日中国出版社1998年版，第76页。

哲学的根基。儒家哲学的本质就是用伦理关系来取代法律关系，用道德准则来统率和引导法律，用伦理价值来取代律法的价值。这种伦理道德内涵广泛，包括个人行为准则、社会行为规范和国家结构规定等，既体现为观念，也外化为器物。总的来说，源于孔子的"三纲五常"思想对教化封建社会臣民、构建封建社会制度体系和维护封建社会稳定起到了重要的作用。

与之相对应的"三纲五常"的礼制宗法等级秩序，以"礼"的形式匡扶人们的行为，其核心围绕"三纲"提出。服从先行的制度规范谓之"有礼"，违反则谓之"无道"，"臣事君，子事父，妻事夫，三者顺，天下治；三者逆，天下乱。"(《韩非子·忠孝》)从而导致对上级、对长辈俯首帖耳的服从，缺乏必要的平等意识，只唯上、崇上。尊卑有别、长幼有序的政治生活原则通过宗法血缘关系得以确立。"君子之事亲孝，故忠可移于君；事兄悌，故顺可移于长；居家理，故治可移于官。"这段话比较典型地表现了中国的伦理式政治文化。封建社会的政治权力结构导致了对"身份"的重视。社会成员自出生起就有一定的身份，处于不同的等级，并按照符合该身份和等级的准则来行事，身份和等级几乎不可逾越。等级观点赖以生存的政治土壤虽然没有了，但是其流毒仍然会制约人们平等、法治和民主意识的培育。

由此可见，根植于传统政治文化内核的专制文化思想，在一定程度上制约和阻碍了现代公民意识的培育。当然，为了便于研究，我们会从整体中针对某一思想加以区分、探讨。但在现实社会中，中国传统文化中所蕴含的种种糟粕思想必然杂糅在一起发挥作用，因而我们在分析某一思想的消极作用时，要将其放在整体文化的背景中去考虑。

第四章 社会转型期中国政治文化的演进

经过30多年的社会变革，中国社会发生了翻天覆地的变化，这种变化渗透于社会生活中的各个角落，深刻改变着中国经济、政治、文化，改变着人们的思维方式和生活习惯。当我们在大学课堂手捧书本学习和谈论中国以前的"人民公社""大跃进"和"文化大革命"时，也许会对这段历史茫然不知和不可理解。正如李泽厚先生谈到"二十世纪仍然演出这种道德神学式的狂热，回顾起来，似乎是不可思议的愚蠢；然而，只要是过来人，便知道那是有其现实的、历史的甚至人性上的根由"。[①] 由此可见，改革开放不但引发了社会转型和变革，也使社会大众意识的历史发生了"断裂"。本章就试着根据当代中国社会成员政治心理的反映、变化，分析社会变革中中国政治文化演进的特征。

一 主导政治文化的形成

政治文化是由多种不同的政治文化因素构成的一个文化系统，在这个系统中各种政治文化因素的地位并不是完全对等的，其中有一种政治文化居于主导地位，其他政治文化居于从属地位或次要地位。我们将政治文化系统中居于主导或支配地位的政治文化称为主导政治文化，将居于次要或从属地位的政治文化称为政治亚文化。主导政治文

---

① 李泽厚：《中国现代思想史论》，天津社会科学院出版社2003年版，第249页。

化在整个文化体系中处于支配地位,为整个政治文化体系设定基本的政治价值观,使整个政治文化形成一种基本的政治文化倾向,并因此而影响整个政治文化的面貌。在主导政治文化的影响下,各种政治亚文化间的认同和共识得到了有效的发展,也有了协调的基础。

1. 中国主导政治文化的确立

新中国成立以后,在文化上,我们确立了以马克思主义为主导的政治文化。马克思主义适合时代的要求以及新中国政治文化转换的需要,在中国的革命和建设过程中发挥了巨大的思想凝聚和整合功能,主导着中国政治文化的前进方向。特别是以毛泽东为代表的中国共产党人,在革命和建设过程中,坚持马克思主义与中国革命的具体实践相结合,在不断探索、试验和总结的基础上形成的毛泽东思想,则是中国化的马克思主义。其所包含的集体主义观、民主观、法治观和爱国主义等构成了中国政治文化的重要内容。应当说,以毛泽东思想为核心的马克思主义政治文化是符合时代和历史要求的。但在社会主义现代化建设的过程中,由于受根深蒂固的封建传统政治文化的影响,加上新中国成立以后所建立起来的高度集中的经济政治体制、严重的个人崇拜,使得社会主义的政治文化蒙上了传统专制主义的阴影,等级观念、人治观、义务观等封建政治文化的观念大量沉积,造成了主导政治文化的严重扭曲,给社会政治生活带来了灾难性的损害。

自从十一届三中全会以来,中国共产党人在和平与发展成为时代主题的历史条件下,在中国改革开放和现代化建设的实践中,总结了新中国成立以来,特别是"文化大革命"以来正反两方面的经验教训,并在借鉴其他社会主义国家兴衰成败的经验的基础上,逐步创立和形成了与时俱进的邓小平理论、"三个代表"重要思想和科学发展观等。邓小平理论的形成使过去曾一度被扭曲的政治文化重新回到了马克思主义的正轨上,重新焕发出了生机和活力。在整个改革开放的过程中,邓小平理论成为人们解放思想的理论动力、凝聚人心的强大思想武器,成为全国人民的共同精神支柱。以江泽民为核心的党的第三代领导集体继续坚持、丰富和发展了邓小平理论,形成了"三个代表"重要思想。以胡锦涛为核心的领导集体"坚持以人为本,树立全面、协调、可持续的发展观,促进经济社会和人的全面发展",并在中共十八大上将科学发展观作为中国特色社会主义理论体系的最新成果写进了党章里。以习近平为核心的领导集体秉承中国共产党开拓创新的精神谈治国理政。这些理论成果不仅成为中国共产党的指导思想和行动指南,而且在中国新时期的政治文化建设中,充分发挥了其对于重大基本政治观点的导向作用。

2. 中国主导政治文化的基本内容

中国主导政治文化即有中国特色的社会主义政治文化,包含了十分丰富和广泛的内容。在其发展的不同历史阶段,因其所要解决的主要任务不同,它的主要内容和价值取向也会稍有差异。在当前社会转型期,中国主导政治文化建设主要应把握以下几方面的基本内容。

首先,坚持以马列主义、毛泽东思想为指导,用中国特色社会主义理论体系统领中国社会主义政治文化建设,批判地继承和吸收中国传统政治文化及西方政治文化中的有益成分,整合当前社会中出现的各种政治亚文化,保证中国主导政治文化建设的社会主义价值导向,促使社会主义政治制度的健康发展。在社会主义现代化建设的新时期,逐步形成了包括邓小平理论、"三个代表"重要思想以及科学发展观等重大战略思想在内的科学理论体系。这一理论体系,创造性地提出了一系列新的重大理论观点和战略思想,从而实现了马克思主义中国化的第二次历史性飞跃。进一步丰富和完善了社会主义价值取向体系,为社会主义政治文化建设提供了前进方向和判别标准。但是,由于当代中国政治文化的多元结构模式制约了人们对主导政治文化的政治认同,影响了人们对有中国特色的社会主义道路的政治情感和信念,所以,为了改善这种不利状况,在坚持马列主义、毛泽东思想和邓小平理论的指导地位的同时,还必须加强这方面的教育。

其次,建设有中国特色的社会主义政治文化,就必须坚定不移地推进政治体制改革,促进社会主义民主政治建设,使社会主义政治文化和政治制度协调发展。中国主导政治文化是一种新型的政治文化,在以往政治文化的基础上产生,但又与之相区别。与以往政治文化相比,有中国特色的社会主义政治文化应该具有两个主要特征:第一,有中国特色的社会主义政治文化应该是一种法治型政治文化。法治文化作为现代社会的一种最先进最文明的政治文化类型，它必须要体现与人文精神和人类终极关怀直接或间接相关的一系列基本原则和要求。有中国特色的社会主义政治文化把法律作为社会的最高权威，政府管理、社会运作都应以法律为依据，依法而行。公民在法律面前一律平等，任何人不得享有法律之上的特权。第二，有中国特色的社会主义政治文化是一种人民当家做主、公民自主参与型的政治文化。在中国，人民已经成为国家的主人，他们应该逐渐养成自主参与的意识，应该对于政治体系和政治活动有清醒的认识，对于自己在社会中的地位、政治作用及政治能力保持较好的信心，对自己的政治责任、政治义务和政治权利有明确的认识，从而能够自主地参与政治管理。随着社会主义市场经济和民主政治的发展，公民的自主意识、参政意识大大加强，特别是随着公民的受教育程度的不断提高，他们对民主的要求程度也越来越高，在社会政治活动中，他们会由过去的被动参与转向主动参与。通过以上对有中国特色的社会主义政治文化特征的分析，我们不难看出，建设有中国特色的社会主义政治文化，必须依靠社会主义的民主和法治建设，通过发展社会主义的民主政治来进行。

最后，建设有中国特色的社会主义政治文化，还必须完善政治社会化的渠道。政治社会化是指"人们在特定的政治关系中，通过社会政治生活和政治实践活动，逐步获得政治知识和能力，形成和改变自己的政治心理和政治思想的能动过程"。[1] 正是通过政治文化的社会化，社会成员才能形成独立的政治意识，明确自己的政治角色，完成由"自然人"向"政治人"转化的过程。完善政治社会化渠道和提高全民族政治文化素质，要从以下几方面做起：首先，要加强对大众传播媒介的引导和控制。大众传播媒介对于政治稳定、营造浓郁的政治氛围具有十分重要的作用。要通过这个媒介，牢固地确立统治者的政治文化，维护和保护主导政治文化，争取亚政治文化，抑制反主流

---

[1] 王浦劬：《政治学基础》，北京大学出版社1995年版，第357页。

政治文化的产生和传播，特别要坚决地打击邪教。其次，要疏通和健全民主参与渠道。主导政治文化要稳定地占据重要位置，必须依靠畅通无阻的传递通道，方能被公民所认同和吸收，没有畅通的民主参与渠道，公民参政的积极性就会受损，参政热情就会泯灭，主导政治文化就难以巩固地位，也就经受不了非主流政治文化的冲击。最后，扩大基层民主，完善社会民主参与渠道。通过各级政治组织，引导公民参与政治实践活动，拓展他们的政治知识，培养他们的民主意识，以推动社会主义政治文化的传播和发展。

二　政治文化的世俗化

在世界近现代化的进程中，政治文化的深刻变革综合表现为它的世俗化，它的世俗化又是在与民主政治、市场经济、科技革命的互动中凸显出来的。政治文化的世俗化一旦形成完整的"精神模块"，就会在政治现代化中占据着制高点的位置。随着改革开放和现代化建设的开展，中国的社会文化出现了一种显著的变化，即文化的世俗化，这也使得中国的政治文化趋向于世俗化。这一过程具有现世性、理性化、参与性、开放性的特征。现代化的推进以及市场经济体制的逐步建立和发展，为中国政治文化世俗化的发展提供了现实的基础；然而，中国社会转型时期的不稳定因素，造成了中国目前政治文化世俗化发展过程中的缺陷。

（一）世俗化与政治文化世俗化的含义

世俗化论（Theory of secularization）是社会学概念。世俗化在西方社会学中，是指文艺复兴以来用以说明使社会各个领域和集团摆脱宗教的过程，虽然对这一现象的解释各不相同，但是西方社会学家承认世俗化的事实。作为现代性重要历史品质的世俗化，是一个同宗教、神圣化、禁欲主义相对应的范畴，是现代市场经济社会的一个主要特征。在中国，有些人文知识分子以拜金主义、道德失衡、丧失精神家园等否定世俗化，忽视其在社会转型过程中不可替代的积极作用，这需要我们正确认识世俗化。

世俗化有两个基本意义："其一是随着科学的发展，普遍主义与理性原则取代神学教条；其二是指一种消费主义和享乐主义，注重现世的善的生活，而不是来世的生活方式，世俗化表明信仰力量的消解和宗教禁忌的瓦解。"① 因此，世俗化就是肯定现世生活，肯定官能享受，肯定大众在社会生活中的地位与作用。表现为以具体功利为追求、以感官为满足、以眼前利益为目标的价值取向。从社会学意义上看，世俗化完全是一个值得肯定的积极趋向，甚至被当成现代化的一个重要标志，是传统社会向现代化社会转变的尺度。世俗化同市场经济与民主政治的关系是非常贴近而融洽的。可以说，它是促进市场经济发展与民主建设的社会心理土壤。从这方面看，现代政治民主化过程正是政治文化世俗化的过程。

"政治文化世俗化"是什么？早在 1956 年，阿尔蒙德在《比较政治系统》中对政治文化的变化过程的研究，就提出了"政治文化世俗化"的说法，他明确地将政治文化的世俗化视为衡量政治文化发展的尺度，把世俗化主义视为政治发展的目标取向。他从系统分析的三个层次分别考察了政治文化世俗化的一般性意义。首先，在体系层面，"世俗化意味着以习惯和超凡魅力为基础的合法性标准的削弱，而政府绩效日益成为合法性的基础"②。其次，在过程层面，"世俗化指对于政治机会有较强的意识及利用这些可能改变个人命运的政治机会的意愿。总的说来，世俗化意味着政治参与人数的大幅度增加"③。最后，在政策层面，世俗化是人们对政策的观念，它包含着"把积极的政治干预作为达到个人和集团目标的途径这样一种意识"④。

一般地说，国内学者对政治文化的世俗化有狭义与广义的两种理解。狭义论者认为，"它是砸碎神学枷锁的精神解放，是政治文化的

---

① 吴忠民：《发展社会学》，高等教育出版社 2002 年版，第 157 页。
② [美] 阿尔蒙德等：《比较政治学》，曹沛霖等译，上海译文出版社 1987 年版，第 58 页。
③ 同上书，第 57 页。
④ 同上书，第 240 页。

非圣灵化和尘世化";广义论者则认为,"它是包括反神学精神在内的宽泛的概念,即它是在扬弃传统政治文化的基础上建构起来的民主化与法理化的政治文化"。[1] 基于对政治文化世俗化的一般解释,笔者认为界定政治文化世俗化必须遵循三个原则:一是必须结合现实的政治生活;二是从文化的视角来审视人们的政治行为和政治心理;三是特定性,即世俗化是指文艺复兴以来用以说明其同宗教、神圣化、禁欲主义相对应的范畴。为此可以将政治文化世俗化定义为人们冲破"圣灵社会"的宿命论,相信科学和理念在社会生活中的作用,对政治活动过程中的情感、价值取向采取开放的态度。在现代化的过程中,中国的社会文化出现了一种显著的变化,人们在市场经济的生活中,趋向于形成一种"世俗、理智型的态度"。文化的世俗化,也使得中国的政治文化倾向于世俗化。

(二) 当代中国政治文化世俗化的现实基础

任何一个单独的社会化动因都不可能促成范围如此广泛和意义如此深远的文化方式的变革,但是,促使社会主义过程朝着提高世俗化程度的方向发展的,主要取决于两个因素:"一是随着经济和非农业技术的发展以及人口迁移的变化,传统社会结构与生活方式解体;二是现代新闻媒介、新型产品、城市生活提供了基本物质前提。"[2] 中国共产党十一届三中全会确立了解放思想、实事求是的思想路线,实现了全国工作重心的转移,中国社会主义现代化事业和市场经济体制的建立发展从此进入一个崭新的历史时期。伴随着中国经济、政治和社会各方面的进一步深入,当代中国政治文化世俗化开始在中国社会中出现了。

首先,经济体制改革使社会利益格局呈现多元化。改革首先从农村开始,家庭联产承包责任制的实行使农民从原来的人民公社体制下解放出来,极大地调动了农民群众的积极性。利益主体明确,对切身

---

[1] 李元书:《政治发展导论》,商务印书馆2001年版,第240页。
[2] 王乐理:《政治文化导论》,中国人民大学出版社2000年版,第29页。

经济利益的关注必然导致对其他社会关系的注意。后来又开始了城市经济体制的改革，企业由原来政府的"依附型"逐步成为"自主型"的经济主体。与此同时，中国的经济所有制形式发生了变化，打破了传统单一的公有制格局，形成了国家、集体、个体、私营、外企等不同的经济主体在市场竞争中共同发展的局面。比如，1978年的非公有制经济在中国工业和商业产值所占的比重微不足道，如今其在中国经济建设中占据重要的地位。不同经济形式的发展会带来不同阶层利益主体的出现，利益主体的明晰化是市民社会形成的关键，而市民社会的发展则是摧毁传统社会结构的"核武器"，同时又催生现代公民文化的培育和加速中国政治文化世俗化的进程。

其次，人均经济收入迅速增长，人民物质生活水平提高。经济体制改革促成中国人民物质生活水平的提高，为中国公民政治文化世俗化的发展奠定了雄厚的物质基础。民主政治的建设是依赖一定的物质基础的。如果人们连最起码的温饱问题都难以解决，是不可能积极参政、参与其他社会活动的。1978年，中国的贫困人口2.5亿，占当时农村人口的1/3，经过20多年的发展，实现了社会发展的第二步战略目标，即2000年年底消除贫困，全国基本上达到"小康水平"；到2010年，实现国民生产总值比2000年翻一番，使人民的小康生活更宽裕，形成比较完善的社会主义市场经济体制。随着中国居民家庭人均收入的增加，人民消费生活变得丰富多彩。不仅如此，居民食品支出占总消费支出的比重，即恩格尔系数已大大下降。这就使得广大公民能拥有更多的经济能力去发展自己，从而为知政参政奠定了良好的基础，同时增强他们的政治自信心和理性化程度。

最后，教育科学文化及新闻出版事业的发展促进政治文化世俗化。公民政治知识和政治能力的培养和锻炼，离不开教育科学文化事业的发展。"文化大革命"结束后，在邓小平理论关于"科学技术是第一生产力"和教育要"三个面向"等重要论断的指引下，新时期中国的教育科学事业取得了显著的成绩，文化、新闻出版、大众传播事业也出现了繁荣景象，为中国政治文化世俗化的发展提供了难得的历史机遇。1998年以后，国家把科教兴国和扩大内需结合起来，中国科教事业的发展保持着良好的势头。2001年，全国通过"双基"（基本普及九年义务教育和基本扫除青壮年文盲）验收的县（市、区）和行政区划单位达2400多个。2001年，中国文化办公用品比上一年增长7.5%，书报杂志类增长了11%。① 改革开放加快了中国电子信息传媒产业的发展，2001年，城市彩电普及率以户为单位达100%，农村电视机普及率每百户达80台左右。1994年，开通了互联网，到目前，互联网成了人们文化生活的一部分。文化建设上的这些进展，增加了政治透明度，开阔了公民的眼界，加速了政治文化世俗化的进程。

（三）当代中国政治文化世俗化的主要特征

改革开放的深入、市场经济的发展，使人们的思维方式、价值观念和政治取向发生了深刻的变化，公平、民主、法制、竞争、参与、开放的观念深入人心，公民的主体意识日趋强烈。人们不再盲目崇拜、畏惧权威，而是能从自身利益的角度进行理性的思考，并能够关注国家政治生活和参与政治活动。一种新型的政治文化开始形成和创立，世俗化成为现阶段中国政治文化的趋向。伴随着政治现代化的发展和对传统政治文化的反思，中国政治文化世俗化的现世性、理性化、参与性、开放性等诸特征逐渐凸显出来。

第一，中国政治文化世俗化的现世性。随着现代化进程的逐步深入，世俗因素在当代社会的因素混合体中显得尤为重要。当代中国政治价值观实现了由"政治挂帅"向"政治为经济服务"的历史性转变，"满足需求""享受生活"这些基本的生活目标"回归"到人民群众之中。于是在政治文化层面上具有了一种极为实际和现世性的色彩。人们从注重提高自身的生活质量出发，不再超负荷的承诺精神上的某些责任和义务。在讨论、认识一项制度或规定的时候，从是否有利于自己或本阶层的利益出发，直截了当地表达自己的意志。这种极为实际的现世性政治文化特征反映了人民群众对"空洞政治""远大

---

① 马洪：《中国市场发展报告》，中国发展出版社2002年版，第25页。

目标"的拒绝。"办实事""解决实际问题"成为时尚。在转轨时期，这一变化的积极意义在于为中国进一步深化改革营造了良好的社会基础。

第二，中国政治文化世俗化的理性化。理性在其最初的形态上体现着科学和人文精神的统一，但是到了20世纪70年代以后，后现代主义和部分生态主义的西方思想家开始对理性进行反思。中国社会所面临的问题不是理性与反理性的论争，而是经济的发展和社会的进步，"发展才是硬道理"。从一定意义上说，中国目前的现代化进程实际上就是以理性化为特征的世俗化过程。改革开放以来，极端的理想主义和激进主义逐步受到制约，宽容、秩序、稳定、渐进的观念越来越得到人们的认同，人们开始变得更为理智，在探索中国政治发展道路的问题上更强调适合中国国情，而不再追求那种浮躁的、缺乏根基的所谓"民主制度"。在民主政治理念的引导下解放思想，打破了个人迷信和个人崇拜，人们也不再以某种想象中的超凡魅力来评价领导人，开始习惯从政府运作的效率和政治权威的领导能力来做评判。

第三，中国政治文化世俗化的参与性。市场经济体制所蕴含的平等与自主精神，现代知识的传播以及教育的普及容易使社会成员培育出一种自主参与社会事务的意愿与能力。公民对现实政治体系的认同和归属，有效地促进了公民民主意识和参与意识的觉醒，从而构筑起现代政治有效运行的政治文化基础。"政治发展的前提条件是公民参与的扩大。"[1] 从某种程度上说，公民政治参与的深度和广度可以成为衡量一个国家政治发展的重要标志。从中国社会发展的历史过程来看，传统政治文化中更多的是要求臣民"忠君""顺从"，从心理层面上束缚了人们参与民主意识的觉醒。而当代中国政治文化则提倡民主、法治、平等、权利、竞争等公民意识观念，鼓励公民通过合法正当的渠道积极参与国家政治生活，这样就会激发人民群众参政议政的热情，进一步推动中国政治发展的进程。

---

[1] ［美］塞缪尔·亨廷顿：《变革社会中的政治秩序》，华夏出版社1998年版，第5页。

第四，中国政治文化世俗化的开放性。世俗化政治文化与异质政治文化的关系主要表现为要素与信息的互动，以适当的方式吸收对方的各种进步因子，经改造变为自身的有机组成部分。从政治文化的基本格局来看，中国现实的政治文化存在三种类型，其中，以社会主义价值观为核心的政治文化，同时，传统封建主义政治文化和外来资本主义政治文化还占有一定的份额。这三种政治文化交织并存，决定了当代中国政治文化世俗化的开放性。江泽民指出："发展社会主义文化，必须继承和发扬一切优秀的文化，必须充分体现时代精神和创造性，必须具有世界眼光，增强感召力。"① 这充分显露了当代中国政治文化的包容性，"继承优良传统而又体现时代要求"。在这样大众政治观的前提下，人们的政治心理趋向多样化，社会生活中出现了比较盛行的政治调侃现象，反映了这一时期大众政治心态的开放性。

（四）当代中国政治文化世俗化的缺陷

改革开放30多年以来，中国进入有史以来最为全面而又深刻的社会转型时期。社会转型过程中的经济市场化，引起了经济增长方式、社会结构乃至社会生活方式的变化，同时也造成了中国目前政治文化世俗化发展过程的缺憾。

其一，理性化程度不高。现阶段，中国社会处在转型的过程中，意味着社会结构和外部环境的不断变化。置身于快节奏变化的社会中，社会成员对未来容易产生一种无所适从的心理。比如闵琦在20世纪80年代的公民调查中发现，中国公民有较高的政治责任感。但是在那个年代，无论是广大民众还是知识精英，大都没有真正从理性化的角度深入思考政治民主、自由、人权及中国具体的实际国情，而是把抽象的民主理论概念作为一种使祖国更强大的济世良方来热情地接受和拥护。② 这种情绪化的政治文化在今天仍然没有完全被更理性

---

① 江泽民：《论"三个代表"》，中央文献出版社2001年版，第160页。
② 闵琦：《中国政治文化——民主难产的社会心理因素》，云南人民出版社1989年版，第27页。

的政治态度所取代。比如,从用解说词叙述的《河殇》,到情绪激昂的《中国可以说不》,再到中国驻南使馆被轰炸后中国民众自发性反美反霸的游行示威,反映了极具情绪化的民族主义是当代中国政治文化的一个特点。这些相似相关的政治化情绪的连续性事件,其共通之处就是在某些方面还缺乏理性认识与判断。

其二,参与程度不足。由于理性化程度呈现出发育不足的特点,社会参与则缺乏必要的共识,很难真正形成和深入发展。在中国,人民已经成为国家的主人,他们应该会逐渐养成自主参与的意识,应该对于政治体系和政治活动有清醒的认识,相信自己是政治活动的积极成员,对自己的政治责任、政治义务和政治权利有正确的态度,因而能够自主地参与政治管理。但是在中国的历史和现实当中,公民参与的文化一直没有得到较为充分的发展。要么是表现为一种政治狂热,这种参与的主要特征是盲从的、无序的、极端的、空泛的和非民主的虚假参与;要么就是参与冷漠,在政治上不作为。从某种意义上看,这一点倒是中国式参与的本质特征。在那种虚假参与下,实际隐藏的是对家长式酷政的恐惧,是在"人情圈子共产主义"土壤里面养成的自私和对于公共事务的漠视。①

其三,政治认同感降低。伴随着现代化的推进以及市场经济体制的逐步建立,中国社会中的个性意识开始觉醒。由于过度的功利行为的存在,被扭曲的个性意识膨胀,在一定范围内、在某些方面滋生出一种轻视社会整体、无视社会秩序的现象;在政治生活中,则表现为公民政治认同感低,对政治统治的合法性构成了威胁。"如果公民的政治文化使得人们对推进政治变革的政府当局有着高度的政治认同感和信任感,如果政治变革的方向与民众的政治取向相一致,那么,这种政治文化就会促进政治变革,反之,就阻碍政治变革。"② 市场经济和工业化是一把双刃剑,它在给社会带来极大物质财富和社会进步的同时,也带来一些在所难免的"社会病"。这些"社会病"具有伴

---

① 马庆钰:《公民文化建设的价值尺度》,《文史哲》2003年第3期。
② 俞可平:《权利政治与公益政治》,社会科学文献出版社2003年版,第111页。

生性、潜伏性和阶段性。在没有正确的理论和实践进行引导和整合的情况下，人们在政治生活的具体实践中就会陷入迷惑徘徊的境域。所以，我们迫切需要先进的、科学的政治文化对之进行引导和匡正，从而维护中国政治主导文化的合法性。

总之，为了保证中国政治现代化进程顺利、有序地推进，必须克服目前政治生活中世俗化行为的缺陷。为此，在于使社会政治生活和提高公民政治参与程度，使世俗化行为在社会政治生活中的现世性、理性化、参与性、开放性这几个有机组成部分处于一种和谐的状态，以求相互促进、协调发展。

三 政治合法性的变迁

任何政党在掌握国家政权后，必须在国家和社会之间寻求自己执政的合理空间和基本资源，进而维护自己的统治，实现对国家的治理和对社会的整合。其中，政治合法性被普遍认为是执政的重要资源之一，中国共产党需要深化对执政合法性的时代认知，不断拓展和汲取新的政治合法性资源，巩固党的执政地位。因为这种资源已经成为既有政权巩固执政地位和实现有效执政的重要条件。由于合法性问题对于国家政权具有如此的重要性，所以它自然成为我们研究执政能力建设的一个重要目标。从理论层面看，合法性作为政治的价值判断，已不是学术界的困惑所在，而实践层面往往涉及法律制度的运用，需要健全法律来加强人们对政治统治的支持和认可。一般来说，一个法治健全的国家，其政治越稳定，政治统治的合法性地位就越巩固。本节试着探讨执政党在动员和配置各种社会资源时，规则和法律在执政过程中的合理运用，以增强其统治合法性的有效性。

（一）政治"合法性"的功能分析

合法性（legitimacy）是政治学的一个重要概念，但它不是某一专门学科的专有术语。哲学和法学、政治学、社会学近年来都十分关注合法性问题。英文"合法性"（legitimacy）一词含有"合法（法律）"

"正义"和"正当"之意。该词来源于拉丁文（legitimus）。"在罗马，当合法性（legitimus）这一概念初次出现时，行使权力只有与永恒的过去相一致时，才被认为是合理的，而过去的神圣法律程序则是从创建时的决议条款中产生的。"① 这意味着，政治权力要想持久并被人们自愿服从，就必须具有合法性的基础，否则，政权就会出现危机。正如美国政治社会学家利普塞特所说的："任一民主国家的稳定不仅取决于经济发展，也取决于它的政治制度的合法性与有效性。"② 那么，什么是政治的合法性？

合法性是一个内涵非常复杂的概念，即使有学者把它应用于现实政治现象的分析中，其评价标准也是莫衷一是。政治学意义的合法性观念指的不是法学意义上的符合法律规范或法律原则，而是政治上实行有效统治的必要基础，是治者与民众之间的一种公认的理念。实际上，就是广大民众对政治支持和认可的价值判断。统治者要巩固和加强其政治的合法性基础，就必须使自己的政治价值得以提升，并得到公众的认可。当统治者与公众对政治形成了广泛的价值共识，那么政治的合法性基础就得以确立；反之，当统治者与公众之间对于政治的价值评价不同，甚至截然对立，那么就会产生所谓的政治合法性危机。尽管合法性不应简化为法律性，但人们不应该忽视法律在追求和实行合法性中的重要作用。政治合法性是被统治者对政治权力发挥作用的政治体系的认可，被统治者之所以认可这种政治秩序：一是认可既存的政治权力及其政治秩序符合他们认同的价值观念；二是认可现存的政治权力及其政治秩序在事实上履行强制的法律规范，而此法律既有价值合理性，又有程序合理性。

就政治合法性的基础来说，是什么因素促使民众自愿服从治者的统治。对这个问题最有权威的解释还应归于马克斯·韦伯。他认为，任何有效的政治秩序都由两个方面的因素构成：主观因素包括民众形

---

① ［英］约翰·基恩：《公共生活与晚期资本主义》，社会科学文献出版社1999年版，第288页。
② ［美］利普塞特：《政治人：政治的社会基础》，商务印书馆1993年版，第56页。

成了对治者的服从义务心理；客观因素包括服从的习惯以及强制性的法律的存在。以此为标准，马克斯·韦伯构建了三种理想的模型来阐述复杂政治统治和政治服从的基础，这三种模型是传统权威型、个人魅力型和法理型。每个模型都有其自己的合法性资源。其中，法理型的合法性就是针对法律而提出的，他将这种合法性类型解释为"建立在相信统治者的章程所规定的制度和指令权利的合法性基础之上"①，遵循规则和法律条款之有效性和客观性功能的信仰而实行的支配。合法性，是指政治体系权威的形成和运行必须有一定的法律依据，且这种法律属于"良法"的范畴。亚里士多德早就指出，"已成立的法律获得普遍的服从，而大家所服从的法律又应该本身是制订得良好的法律"②。"恶法"是不能作为合法性依据的。"良法"与"恶法"的划分来自于对法律价值取向的追问。对现代社会而言，"良法"在内容上应具备三个特征：第一，科学性，良法应合乎自然规律、社会规律以及法律自身的发展规律；第二，正义性，良法应体现和反映一个社会基本的价值取向，以维护和实现社会的正义；第三，民主性，良法应充分体现人民的意志，代表最大多数人的最大利益，以确保基本人权和自由为依归。在程序上，"良法"的制定必须严格履行立法程序、体现程序正义。因此，只有内容和形式均具合理性的法律才能称得上是"良法"。③ 从中我们可以看出，"法律——包括宪法在内——本身既是合法化的对象，又是合法化的依据"④。马克斯·韦伯从价值中立的立场强调一种现代类型的政治秩序的事实上的合乎法律程序性，同时也蕴含了对政治合法性的价值意义的理解。

王浦劬也认为，"政治合法性是一种特性，这种特性不仅来自正式的法律或命令，而更主要的是来自根据有关价值体系所判定的由社

---

① [德]马克斯·韦伯：《经济与社会》上卷，商务印书馆1997年版，第241页。
② [古希腊]亚里士多德：《政治学》，吴寿彭译，商务印书馆1965年版，第199页。
③ 李元书：《政治发展导论》，商务印书馆2001年版，第146—152页。
④ 虞维华、张洪根：《社会转型时期的合法性研究》，中国科学技术大学2004年版，第34页。

会成员给予积极的支持与认可的政治统治的可能性或正当性"[①]。这就表示政府或政权怎样及能否——在某一社区或社会范围内，以价值观念或以建立在价值观念的基础上达到规范所认可的方式——有效运行。政治体系符合价值规范的"有效运行"，即"绩效合法性"。政治权力的合法性的获得，离不开一定的有效性基础，"即认为政治合法性的依据是政治产品满足社会需要的程度，也称之为政府政绩"[②]。只要政治统治能够满足社会一定的需要，就会得到社会的认可。因此，当权者一般都会去谋求社会经济发展，以此来普遍提高民众的物质文化生活水平，从而延长其统治时间。政府绩效是一个复杂的概念，并非单项经济指标所能衡量，暂时可以为权威体制提供合法性，甚至也为政治民主化的合法性需要提供保障。但是它的作用是有限的，政治权力并不是在任何时候都能将有效性这个问题保持在比较高的水平上，一旦这种有效性出现下降的趋势，甚至出现负的有效性，如国家权力进行政治管理时的经济增长缓慢或者经济负增长，就会导致政治统治者合法性的降低，甚至面临着政治合法性的丧失。

概而言之，合法性一方面取决于政府的活动，包括国家政权为强化自己的统治地位而运用意识形态的、法律的和道德伦理的力量为自身所做的种种论证；另一方面，其更为实质的内容即国家政权在大众当中赢得了广泛信任和忠诚，从而使人自觉地把对政府的服从当作自己的义务。因此，一个政权成功的合法性诉求必然包括良好执政绩效的实现与合宜的意识形态的建构以及二者的良性互动。

（二）中国政治合法性变迁的轨迹

中国政治合法性经过了一个由传统到现代的发展过程，其合法性类型的更替大致经过了封建社会身份趋向的传统合法性到新中国成立后我们党第一代领导集体时期的共产主义意识形态和领袖魅力型合法性基础，再到党的第二代领导集体时期的以经济增长和意识形态为基

[①] 王浦劬：《政治学基础》，北京大学出版社1995年版，第162页。
[②] 燕继荣：《发展政治学：研究的概念与理论》，北京大学出版社2006年版，第177页。

础的合法性类型，最后到第三代领导集体时代中国领导层一方面继续巩固邓小平时代的合法性基础，另一方面随着社会的发展而不断探索新的合法性基础等几个不同的阶段。

几千年来，中国封建政权都是建筑在传统合法性基础上的。在20世纪初，辛亥革命推翻了清政府，建立了中华民国。自此，帝制传统不再成为中国政治的合法性基础，但民主的权威并没有因中华民国的建立而在事实上得以真正的确立。具有个人魅力权威的孙中山就任中华民国临时大总统44天就下野了，继任的袁世凯一心复辟帝制，不足以担当统治中国的大任。于是，中国政治的权威陷入了真空状态。在这种情况下，武力便成了唯一的合法性基础，有枪便是王，各路军阀轮流坐庄。1949年，中国共产党通过武装斗争统一了中国，才彻底结束了这一权威真空状态。中国共产党政权之所以能够持久，之所以能够由强力的统治变成权力的统治，除了强大的国家机器之外，还在于其他几个因素：一是长期武装斗争中产生的党和国家领导人的个人魅力，尤其是毛泽东的魅力；二是意识形态的魅力，马克思列宁主义、毛泽东思想作为指导武装斗争、解放全国人民、消灭剥削和压迫等行动获胜的指导思想，获得了绝大多数民众的拥护；三是中国共产党在长期的武装斗争中积累了巨大的组织资源，这些组织资源包括完整的组织机构、成千上万的党员、大批忠心耿耿的干部、统一的战线等。

政党是现代社会和政治生活的神经中枢，其作用和影响力不言而喻。政党权威在中国的确立与巩固对于当代中国政治发展而言具有重要的现实意义。但是政党权威不是自然形成的，它的特点在于合法性，它的强弱取决于权威施加对象对合法性的认同。具体来说，要获得权威的合法性乃至强大的合法性，一要靠表意理性，二要靠工具理性。所谓表意理性，就是要靠合适的价值体系，建立价值系统程序化保证，表达出符合社会发展规律的，符合基本国情、党情、民情的信仰追求。中国共产党的创始人在建党之前就开始了马克思主义的传播，用马克思主义价值观解决了儒家思想破产后的价值危机。在传播马克思主义的过程中，共产党注意把马克思主义价值体系与中国的具体实际结合起来，用新民主主义和社会主义解释现实社会和政治以及它们的历史走向。这样的价值体系充分发挥了如戴维·伊斯顿所说的意识形态的"表达功能"。在民众聚居的地方,尤其在乡村,是非常有效的。它可以整合社会资源,并使党的乡村的政治活动得到组织的支持。共产党的价值体系还通过领导得到了更为广泛的认同。在现代变迁和社会转型时期,人民群众的政治要求和利益表达具体化、世俗化,由理想主义者向实用主义者转变。执政党的意识形态要在社会各个方面发挥积极的影响,就要反映这种客观事实,应当在意识形态上进行创新,特别要反映社会全面发展的基本规律,需要在指导思想上不断创新,必须代表先进文化的前进方向,充分发挥意识形态对民众的教育、灌输和引导作用。执政党既不能放弃原有意识形态的精神实质,也要照顾到新兴社会阶层的精神需要。否则,执政党在民众中就很难产生足够的影响力、凝聚力和号召力。

当然,中国共产党权威地位的确立绝不是仅仅依靠价值体系的合理性的。其确立最终决定于党的先进性,它代表了中华民族的最高利益,满足了生产关系变革的迫切要求,这种与人民利益一致的政策的执行,取得了良好的政策绩效,转而又成为政党权威合法性的"特定支持",进一步巩固了共产党的权威地位。"文化大革命"结束后,随着传统合法性的消失,"两个凡是"失去了存在的基础,形势的发展表明执政党的合法性面临新的挑战。作为第二代领导核心的邓小平深切地感受到了经济发展对共产党合法性的重要意义。早在1979年至1980年的一系列讲话中,他就强调了经济成就对于政治稳定的关键作用:"经济工作是当前最大的政治,经济问题是压倒一切的政治问题"[①];"政治工作要落实到经济上面,政治问题要从经济的角度来解决"[②];"我们革命的目的就是解放生产力,发展生产力"[③];"生产力方面的革命也是革命,而且是很重要的革命,从历史的发展来讲是最根本的革命"[④]。在1992年的南方谈话中,邓小平坚决指出,"不

[①] 《邓小平文选》第2卷,人民出版社1994年版,第194页。
[②] 同上书,第195页。
[③] 同上书,第231页。
[④] 同上书,第311页。

改革开放，不发展经济，不改善人民生活，只能是死路一条"①。显然，经济增长作为"体现社会主义优越性"和"满足人民群众日益增长的物质文化需要"的途径，被邓小平视为新时期我们党统治合法性的来源。第三代核心领导人江泽民沿承了这一思想，他说：一个社会政治权力是否具有合法性，也就是看它是不是代表先进生产力的发展要求，代表先进文化的前进方向，代表最广大人民的根本利益。这是重建中国政治权力合法性的基础。

随着中国经济的发展和社会主义市场经济体制的确立，自由、民主、契约、公正等价值观正在上升为人们的普遍追求。加之政治世俗化对人精神的解放，"人民已习惯于根据公民的经常性利益来评价政治"。② 可以断言，经济增长与合法性之间的关系只是一种政治上的关系。由于经济增长而带来的政绩，确实给执政党带来了强有力的支持，特别是在意识形态的感召力下降、法理资源也不足的情况下，政绩的获得对于执政党具有特殊的重要作用。如果把执政的合法性完全建立在经济绩效上，是很脆弱的。一些国家，当它的社会经济还在发展时，合法性好像不存在什么问题，而经济一旦出现一点滞后，政权就面临危机，甚至倒台，拉美国家、马来西亚、印度尼西亚就是很好的例子。在伊斯顿看来，政治体系的合法性更主要是来自散布性支持而非特定支持，"如果不得不或主要依靠输出，指望用人们对特定的和可见的利益的回报来生成支持的话，那么，没有任何一个政体或共同体能够获得普遍认同，也没有任何一组当局人物可以把握权力"③。因此，经济增长所能提供的特定合法性资源可以说在逐渐削弱。20世纪90年代以来，一方面，要保持经济快速增长继续维持合法性现状；另一方面，则要继续推进政治体制改革，加快社会主义民主与法制建设进程。在现代社会，合法统治应以法理型的统治为归宿。掌握权力的不是统治者，而是法律。中国共产党的十八届四中全会审议通

---

① 《邓小平文选》第3卷，人民出版社1993年版，第370页。
② ［日］山口定：《政治体制》，韩铁英译，经济日报出版社1991年版，第216页。
③ ［美］戴维·伊斯顿：《政治生活的系统分析》，华夏出版社1989年版，第19页。

过了《中共中央关于全面推进依法治国若干重大问题的决定》，全面推进落实"依法治国"的方略是中国共产党适应时代要求、探索建立现代法理型合法性的一项重要举措。

（三）政党执政实质合法性与形式合法性的良性互为

政党是近代政治的产物，是政治文明的重要成果。政党政治已成为当代各国政治体制的主流。虽然各国政党政治呈现出不同的形式和特征，但却有一个共同的发展趋向，就是将政党政治纳入国家的法制轨道中。一般来说，依法执政，"是指一个政党依照法律进入国家政权并在其中占据主导地位，且依照法律从事对全体社会成员发生约束性影响的国家政务活动"①。这是从形式上追求依法执政的合法性。当然，由于各国社会的经济结构、政治结构以及文化结构的差异，执政党具体怎样获得其资格，在法律的具体规定上有很大的不同。

西方国家的执政党是通过每几年一次大选的方式产生的，凡在竞选中获胜的政党也就取得了法律上确认的执政党资格。西方实行议会制的国家，在议会的大选中获得多数议席的政党或政治联盟，有权组阁、占有多数阁员或主要阁员职位的就成为执政党。西方实行总统制的国家，情况就不同，凡在总统大选中当选的总统所属的政党或政治联盟，就是执政党或执政联盟。由于中国的政党体制不同于西方社会，所以中国共产党执政的合法性无法通过选民的选举来实现。因为，中国共产党是中国唯一的执政党，不存在执政的选举问题。它的执政虽然无法通过选举来体现，但它执政的合法性还是要通过民众的认同程度来表现，通过政党的先进性来表现。同时，中国共产党既是执政党又是领导党，它执政的合法性又要通过政党领导的有效性和价值取向的合理性来体现。只有它的执政代表了社会发展的方向、符合了最广大人民的利益、得到了社会和人民最大程度的认同，它执政的合法性观念才体现出来。中国共产党既注重形式上的合法，又强调实质上的合法。按照自然法学的思想，实质合法性是指符合理性、正

---

① 石泰峰、张恒山：《论中国共产党依法执政》，《中国社会科学》2003年第1期。

义、自然法的属性。功利主义原理则认为,实质合法性是指"符合最大多数人的最大幸福"的原则。形式合法性是指符合宪法、法律等规范性文件所规定的程序、规则和方式。中国共产党这个执政党地位的确定是以中国新民主主义革命到社会主义建设的历史发展为根据,是"历史的选择,人民的选择",并由宪法和法律加以确认。现行《中华人民共和国宪法》在"序言"中肯定了中国共产党的领导地位,1993年第八届全国人民代表大会第一次会议通过的宪法修正案第四条明确规定"中国共产党领导的多党合作和政治协商制度将长期存在和发展";中国共产党的十五大将"依法治国,建设社会主义法治国家"作为其治国方略,并在其建议下写入了《中华人民共和国宪法》中,宏观上完成了"合法律性"的形式要求;十八届四中全会又把"依法治国基本方略得到全面落实"作为社会主义民主政治建设的基本要求,所有这些都从形式上不断地完善了中国共产党执政的合法性。

寻求形式上的合性法,对一个执政党当然很重要,但宪政之主旨却在于从制度上强化"人民主权""遵从公意"和"正当程序"等公共权力选择规则。在依法治国和走向宪政的新历史背景下,作为领导党的中国共产党的执政合法性问题,同样需要认真思考和慎重对待。在一个法治的社会,它强调的是良法之治。良法的含义在于该法律包含了符合法治理想的种种理性化因素,能够发挥作为社会正义载体的独特功能,能够体现与社会发展客观要求的一致性以及良好的民意基础。因此,广大民众从内心对执政党的执政予以确认和支持,使执政党的执政获得人们的拥护,这是具有特别重要的意义的。

在现代民主宪政规则下,任何政党只有同时具备实质合法和形式合法的条件,以实质合法为基础,经由形式合法的规则选择,才能获得执政的真实合法性。但实质合法和形式合法的宪政意义和价值又有所不同。实质合法依赖于实践和实证,形式合法则强调规范和效力。一般而言,实质合法性决定着政党执政的可能,形式合法则直接关乎政党执政的现实和正当性。不经由民主选举和宪法确认,任何权力博弈都只是潜在的和可能的,都只是"规则游戏"的前奏。换个角度说，实质合法性要素可以当然地决定一个政党成为政治领导力量，但却不必然地使政党成为国家权力的执掌者，即获得执政地位。实质合法性作为政治参与的基础和资本，可以在实践中积累，可以通过多种途径获得。而获得执政的合法资格或通向权力王国的规范路径却只有一个——宪法主导下的民主选举将最后决定谁来执掌公共权力。对执政党或其他任何执政力量合法性的确认，其实质就是对民主选举的过程和结果的宪法认可，是通过民主抉择过程对政党实质合法性的验证。对依法执政而言，形式合法性具有独立的和更重要的宪政意义，它是执政合法的制度化规则和显性标志。

四　政治文化的分化

中国社会转型期，必然产生利益分化，这种现象表现得越来越清楚，成为研究社会转型时不可忽略的重要社会问题。社会转型造成利益的分化，必然深刻影响人们的社会意识，这种在社会转型过程中的利益分化也必然影响社会意识形态。作为社会意识的重要表现的政治文化，不可避免地会产生某种功能上的离心性和异质性，这便是政治文化的分化。

经济利益的分化引起社会的重新分化，必然也引起政治、文化上的分化和冲突，我们可以在中国现阶段清楚地看到这一点。随着经济利益的调整和分化，人们的价值观和道德观也开始发生巨大的变化。因此，随着改革开放的深化，在中国社会转型中，各种思想流派、学说观点开始浮出水面，最终表现为社会转型期中的政治文化的冲突。

（一）主导政治文化面临亚政治文化的冲击

毫无疑问，凝聚于中国特色社会主义的一系列新的重大理论观点和战略思想是我们当前的主导政治文化。由于社会变革引起的社会利益格局的大变化，主导政治文化的整合作用受到了极大的冲击，存在一些非主导的政治文化因素，在国家权力权威性地配置社会利益这一特殊社会现象的基本态度、信仰和感情等方面，明显同主导政治文化取向有异质性和离心性倾向。有的公开鼓吹全盘西化，在政治上宣扬、削弱甚至取消共产党的领导，主张西方式的"议会民主和多党制"；在经济上宣扬私有化，主张取消公有制的主体地位和以按劳分配为主的原则；在思想文化领域上否定马克思主义的主导地位，主张搞指导思想的多元化；在价值观上主张极端个人主义。此外，有的歪曲党和人民的奋斗历史，诋毁马列主义、毛泽东思想、中国特色社会主义理论体系，煽动对党和政府的不满；有的发表和出版格调低下、宣扬色情暴力、迷信颓废的作品与书籍；有的怀疑和否定改革开放，歪曲、攻击我们党的路线方针政策，等等。还有些具有明显自由化和封建残余因素的思想意识和价值取向，在对待国家权力权威性地配置社会利益这一特殊社会现象的问题上，倾向于自由主义、个人主义、崇圣意识、清官意识、宗法宗族观念等。

（二）政治文化内容复杂多样

中国的传统政治文化和外来的现代西方的政治思想、政治意识，影响着中国社会政治文化内容的构成要素。从中国政治文化的传统方面看，存在于完整的封建社会中的中国传统政治文化，在自给自足的封建宗法式农业经济、集权专制的社会利益配置机制、家国混一的宗法制度和特定的自然地理条件等基础上生成和演进，形成了糟粕与精华并存的独特内容，如德法兼重的治国方略、民本理念、大一统观念、"海纳百川"的包容意识、共处观念、宗法宗族观念、纲常意识、圣主期盼和清官意识等。从外来的现代西方政治思想和政治意识方面看，改革开放以来，中国社会在大量引进西方的先进科学技术、设备和资金的同时，也引入了大量西方的哲学社会科学著作，使现代西方政治思想和政治意识流入中国，就其对中国社会政治文化内容构成的影响而言，主要有自由主义、保守主义、社会民主主义、民族主义等思想和思潮。这些传统的政治文化内容和现代西方的政治思想意识与改革开放后的中国社会基础相契合，在当前中国社会政治文化内容中均占有一定的比重，无论是精华还是糟粕，很多都作为一种文化传统和文化交融传承沉淀下来，或融入主流，或汇入非主流，在现实的社会生活中为自己寻找继续存在的合法形式,这就使得当前中国社会政治文化的内容显得更加复杂多样。

(三) 政治心理的多样化

社会主义市场经济发展的一个重要结果就是社会利益结构的分化。在社会变革过程中所进行的对通过国家权力配置社会利益群体利益机制的调整,在不同社会利益群体中的影响作用是不一样的,尤其是作为个人而存在的利益群体,更因其利益的千差万别而有各种各样的心理反应。伴随着政治心理的复杂多样的是人们政治心理的失衡和矛盾状态。社会变革深刻地影响着不同利益群体在社会利益格局中的定位。在变革完成之前,不同利益群体既有对以往利益配置机制的留恋,又有对新的利益机制的期望。即便是同一利益群体,也往往出于自身利益的要求而对同一利益配置机制的利弊表现出不同的认同倾向。比如,一项关于腐败问题的调查显示,绝大多数人对腐败现象表示"痛心疾首"或"比较痛恨",但当问及"如果行贿能够解决你目前急需解决的问题,您是否会行贿"时,竟有不少人表示"肯定会"或"依情况而定"。

(四) 政治价值取向不一

政治价值取向的多样化是改革过程中政治文化分化的又一重要特点。在对自我价值取向上,倾向于自我实现和绝对自由。传统的"完全贡献型"和"偏重于贡献型"在减少,"交换型"和"索取型"在增多,注重集体行为规则约束的在减少,主张个人绝对自由的在增多。在对政权的价值取向上,也各异。除了一部分肯定现行体制外,还有的留恋中国20世纪50年代的体制,有的主张效仿亚洲新兴国家的政治制度,也有的明确主张西方的政治制度,如"西方的政治民主""多党制""分权与制衡"制度在不少人中,特别是在年轻人中还有一定的市场。在意识形态政治价值方面,表现为对理想主义追求的淡化,对金钱和个人名利的追求有所增强。由于片面的利益驱动,"人生信仰是金钱""最高理想是金钱"等成为愈来愈多人的价值追求。又如，由于价值观念的淡漠，一些领导干部，理想信念动摇，贪污腐化，行贿受贿，跑官要官，为达到个人目的而不择手段。

政治文化的分化是社会变革进程中的一种伴生物，具有其必然性。不可否认，政治文化的分化在某些方面对政治发展具有某种正功能，但就其主要方面而言，其负面的影响是主要的，它阻碍了政治文化的凝聚和整合功能的发挥，尤其是阻碍了主导政治文化的形成和发展。在中国改革开放的过程中，出现了某种程度上的政治文化的分化，这种分化是在主导政治文化的指导和支配下进行的，是主导政治文化之下的政治亚文化，因此它必然处于次要和从属的地位。整体来说，对政治发展的影响也必然是次要的和局部的。

第五章　公民文化
——新型政治文化路径选择

公民教育作为政治文明的重要内容，是近几年在中国引起教育决策者、教育理论研究者和实践工作者的重视并开始探讨的问题。公民意识是指公民个人对自己在国家中地位的自我认识，以公民政治身份积极主动参与社会事务、享受权利并承担义务的意识。尤其党的十七大报告指出，"加强公民意识教育，树立社会主义民主法治、自由平等、公平正义理念"，表明增强公民意识已经从知识界的呼吁变成党和国家的意志。然而纵观中国的历史进程，传统文化的土壤中并不能生长出公民文化资源，因为封建等级、家长制作风等长期左右着民众的思维。在现实生活中，中国公民意识教育也并未得到足够的重视，人们的民主与法制意识仍然很薄弱，未能形成完整的教育体系，社会文化中缺少"公民文化"的氛围，这些问题直接关系到民众民主意识的形成，急需解决。诚如李慎之所说的，"中国现在与先进国家的最大差距，我看就在人民的公民意识方面。……如有再活一次的可能，我愿意将自己的第二次人生全部奉献给中国的公民教育"。

一　公民文化的概述

民主政治的推进重在制度建设，但是民主制度的建立和运行片刻也离不开公民文化的支持。没有公民文化，不可能真正建立和推动民主制度的运行；即使有好的制度安排和设计，没有公民文化，也不可能有效地实行。因此，研究和关注公民文化理论的渊源和发展进程，尤其显得重要。

（一）公民文化理论溯源

1. 公民身份认同

公民文化作为研究范式得以确立，首先是从公民身份的确立开始的。"公民"一词源自古希腊文城邦（Polis），其原意是过着"属于城邦生活的人"才是真正意义上的公民。在古罗马文化中最初出现的"公民"一词，与古希腊所谓"自由民"的称谓不同，但是两者含义大体相当，不仅享有"参加议事和审判职能"的权利，而且要履行"执干戈以卫城邦"的义务。在人们的生活观念中，公民属于城邦，城邦也属于公民，人们只有过着城邦生活才有意义，城邦的正义就是保证公民自由。"公民"作为一个人身份地位的象征，意味着他天然享有参与城邦政治生活的权利，而奴隶、妇女、儿童和外邦人没有这个身份，被排斥在城邦政治之外，当然也就不能享有这项权利。显然，当时"公民"的含义和现代对"公民"的理解大相径庭。在希腊，对公民身份的定位还是与血缘关系紧密联系在一起的，"在早期的共和政治中，所有公民都认为，凡是他们作为其成员之一的集团，都是建筑于共同血统上的"。[①] 但此种关系往往只体现在家庭和经济生活中，在公共生活领域里，并未见其踪影。尽管罗马法明确规定了亲属权，承认了在家庭里父亲所拥有的统治地位，但另外亦明确"家庭权不涉及公法"[②]，如此便把人的身份划分成"家人"与"公民"，这是西方社会承认公民身份的前提条件。实际上在此规定的基础上明确区分了个人的"私"身份与"公"身份。

在欧洲中世纪，公民概念被体现不平等的臣民概念所替代。随着资产阶级革命和民主政治制度的确立和发展，公民作为社会政治生活的基本角色扩展到整个欧洲社会，并在各国宪法中明确确认了公民身

---

① ［英］梅因：《古代法》，商务印书馆1987年版，第74页。
② 同上书，第146页。

份，规定了公民的基本权利。这说明，近代西方社会的公民身份并非产生于血缘关系，也并非来源于身份，而是依据法律进行确定的，和希腊、罗马有较大的区别。从这种角度而言，在历史长河中，公民角色的演变，实质上乃是从"身份到契约"的转变。在人治法里，涉及的所有形成的身份皆产生于古代由家庭或家族所挟持的特权（家父权），而社会契约则是由具有充分独立性的个人"自由同意"形成的。在西方社会的整个发展历程里，公民身份与公民政治权利的根据在不同的历史发展阶段尽管有所差别，但是，公民在公共政治中占据着主体地位以及公民是组成国家的基本单位，这一点从古代到近代从未发生根本上的变化。

直到近代资产阶级革命胜利、资产阶级的民主制度确立之后，西方社会"公民"概念的适用范围才不断增大，涵盖了国家的全部居民，尤其是那些地位得到提高的隶民以及妇女等。且利用宪法与法律，明确规定国籍是获得公民资格的前提，进而使公民资格摆脱了财产等外在因素的作用。也就是说，公民成为居于社会主体地位、自由追求幸福、平等享有权利和履行义务的个人的总称。

2. 自由主义政治价值取向

西方社会的演变进程决定了"公民"身份所具有的地位，且使其公民逐渐形成了较为独特的政治心理与政治价值观。在他们的思想中，不管是城邦国家，抑或是近代民主共和国，皆是公民自由同意构建的公民联合体、共同体。自由涉及价值取向、政治体制、民众的日常生活以及民族的整体精神面貌等内容，充分展现了西方公民所具有的政治心理和政治价值观。在古代西方社会，自由被视作最为重要的公民基本权利，而自由权则被看作在公共政治领域中各个公民自主、自治、政治参与的权利。例如，当波斯派使者来劝降时，雅典人答道："因为我们向往自由，所以我们必定会竭尽全力保卫自己。"[①] 他们将自由视作最为重要的价值，普遍认为"唯有自由方可感到幸福"。正如亚里士多德曾言的："人应是自由的，他为自

----

① ［古希腊］希罗多德：《历史》，商务印书馆1959年版，第135页。

己而活,而并非是为了其余的任何事物。"① 因此,人们可以为了自由而抛弃一切。

古希腊人所具有的自由观念,不但对罗马、欧洲中世纪产生影响,并且极大地影响了近代西方社会广泛传播的自由观。虽然时间交错转移,人们对自由权利的认识与古希腊所主张的观点有所不同,但皆把自由看作一种与人的本性相符的权利。近代的天赋人权论指出,在还未进入文明社会的历史发展阶段,人类社会的运作以自然法则为基础,人人皆具有基本的自然权利,如生命权、自由权以及财产权。由于人们同时具有自私自利等缺点,会对他人的权利构成侵害,所以,为防止无谓争斗、两败俱伤,人们便联合起来,订立契约,组成国家,制定法律,而国家和法律的基本目的就是要保护个人自然拥有的这些权利。由此逻辑,国家权力来自人民的委托或授予,而国家权力机关设置的最终目的也是维护和保护人民的权利,因此,人民民主政治的实施和主张便是天赋"人权"的应有之义。

长期以来,西方人把自由视作最高层次的价值,"不自由,毋宁死"是西方社会中极为普及的思想观念,是西方人永不放弃的理想追求。西方人在积极追求自由的同时,不断加深对法律、法制的认识,从而逐渐形成一种严格遵守法规、尊重法律权威的社会风气。例如,柏拉图在其晚年已意识到"贤人政治"在现实中可行性极低,因此在撰写《法律篇》的过程中,他表达了"正因为人总是自私的,因此相比于人治,法治便是优先考虑"的主张。亚里士多德则把法律看作较高权威地位,"是摆脱了所有情感影响的理性",它充分体现了城邦的最大正义。随着文艺复兴的深入以及针对君主专制的资产阶级民主运动的推进,在法国等欧洲国家里出现了主张平等、自由、法治、民主的革命斗士,他们一方面要求废除君主专制,另一方面主张法治思想。当时,民主启蒙者孟德斯鸠指出,法律便是"形成于事物实质的必然联系",是所有人都不能违背的行为准则。卢梭指出,"我乐意生活在一个法律体系健全的国度中,我希望自由地活着,自

---

① 徐大同等:《中西政治文化比较研究》,天津人民出版社1998年版,第188页。

由地逝去，我想如此遵守法律：不管是我还是其他人，皆无法摆脱法律无上的制约。"① 这些都充分说明了西方人尊崇规制、法治的思想以及严格遵守法律的政治心理。

3. 公民权利义务观和民主观

公民是指具有某一国国籍、在一定的法律规定范围内享有权利和承担义务的人，是具有权利与义务的综合体。公民权利是为公民所拥有、为宪法和法律所保障的合法权利；公民义务是公民依法应当履行的职责，它表现为公民必须做出一定的行为或禁止做出一定的行为。公民权利义务观念是以公民个体的权利主体地位为基础的，在权利义务关系上，是以权利为主位的。在西方的政治文化传统中，公民权利义务统一始终是人们坚守的原则，并始终以权利为本位，在个人与国家的关系上，以个体为本位。一方面，公民权利义务观与西方启蒙运动以来洛克等人所倡导的社会契约观紧密联系在一起。随着契约关系由经济领域拓展到政治领域后，契约由此上升为社会契约，国家被认为是公民基于共同的愿望自主通过契约让渡部分权力而结成的社会共同体。人们在签订契约的时候会放弃这一部分权力，据此相应地承担服从国家公共权力的义务。从这个意义上而言，契约使公民权利和义务有机统一起来。而国家进行公共管理的权力来自人们基于信任而让渡的权力，所以国家理所当然的有保证社会成员权利的天然义务，从而使得公民在公共政治生活中的主体地位得以确立。另一方面，公民权利义务观同法治密切联系。法律本质上是统治阶级为了实现政治统治并管理国家的目的而设置的，法律是国家的产物，体现国家意志。为了统一公民权利和义务，公民的权利需要国家制定法律来加以保障。因此，公民权利义务观反映了自由与责任的内在平衡以及权利和义务的对等性，它能为民主政治过程提供牢固的合法性和权威性支持，从而有效地维护民主政治的稳定。

"民主"一词从古希腊流传而来，原意是"多数人的统治""人民的统治""民治"等。民主观念的发展同其他理论一样，由许多有

---

① [法]卢梭：《论人类不平等起源和基础》，商务印书馆1982年版，第51页。

机衔接的要素组成，其中包含自然权利论、社会契约论、平等参与论、人民主权论、有限政府论、分权制衡论、代议制论，等等。在西方数千年的政治文明演绎的过程中，我们发现西方政治文化的流变始终以"公民"本位观为中轴线展开。其中，公民权利、义务观成为人民民主理念的基本内核，公民权利义务观的内在本质决定了它不是权利和义务的简单叠加，而是遵从公民中规中矩的规制政治生活"与政治国家双重组织生活中权利义务关系的价值判断及规范化认同"①的融通，公民凭借合法性构建的力量进入国家政治通道，也凭借法定的权利架起通向与其他社会成员沟通联系的桥梁。"权利是民主政治制度不可缺少的组成部分，因此，民主体制内在的就是一种权利体制。"② 因此，公民不仅拥有平等参与政治、表达自己利益诉求的权利，同时，也要有遵从契约精神、达成规制和自我约束的义务。公民这些诉求需要达成意向签订契约以便治国，国家则以"公共"名义来保护、实现公民的权利，公民委托政府代理国家事务和社会事务。由于人性会因盲目的趋利避害变得邪恶而不可理喻，在一定条件下，邪念幽思经过非理性的推动，逐步使人变得唯利是图与嗜好权力。为了防止这一魔咒肆无忌惮而达成对权力设防的制约机制，民主监督意识成为公民意识和公民民主观念中的主要理性力量。

（二）公民文化理论内涵

公民观念在西方传统政治文化演绎中源远流长，而公民文化作为概念的提出，或者能够从理论上把它纳入特定研究范畴系统地进行介绍，是伴随行为主义科学的发展而不断发展起来的。

1. 西方公民文化的界定

早在20世纪初，查尔斯·E. 梅里安和他带动下的"芝加哥学派"注重跨学科的研究，较早将社会学、心理学等引入政治学进行具体的经验研究，这一量化分析工具极大地拓展了研究视域。这一

---

① 马长山：《公民意识：中国法治进程的内驱力》，《法学研究》1996年第6期。
② [美] 罗伯特·达尔：《论民主》，李柏光等译，商务印书馆1999年版，第56页。

时期的研究者们已经自觉不自觉地将行为主义研究方法运用于研究过程中。比如，英国的格雷厄姆·沃拉（1858—1932）在《政治中的人性》中，运用了心理学的分析法，通过大量时事政治、欧洲相关历史，对人的行为进行考察。行为主义继任者——哈罗德·拉斯韦尔（1902—1978）将科学主义方法贯穿始终，为政治心理学的创立和发展奠定了良好的学术基础，他后来主张研究政治权力和权力主体应为政治学主题，成为政治学权力学派的主要代表人物。在"二战"及战后初期，出于战略考量，美国迫切需要了解苏联、东欧、亚太地区乃至拉、非等地区的社会文化状况，尤其是这些区域里人们的政治心理诉求状况，于是在美国联邦政府政策和资金的支持下，一批跨学科、跨领域的研究专家包括从事政治学、社会学、人类学、心理学、文化学等方面的专家，他们以搜集大量的文献资料为基础，结合行为主义科学研究方法，极大地拓展了文化人类学和心理学研究的范围，积累了大量的关于人们政治心理变化的文献。其中《菊与刀》就是这一问题的集中代表，美国学者本尼迪克特运用文化人类学等方法揭示日本人性格特征具有两面性。另一方面，行为主义革命的兴起和变革，突破了原先传统政治理论的规范研究，将一批自然科学和社会科学的理论方法引入政治学研究领域，使得实证主义研究范式成为主题，新的思维方式与科学分析方法的结合和运用，推动了跨学科研究的范式。因此，当代"政治文化"理论范式，基于"科际整合"的基础，集中体现了跨学科、跨领域的综合特性。

在借鉴"科际整合"这种跨学科研究范式的基础上，效仿韦伯"理想型"（Ideal Type）和帕森斯"模式变量"（Pattern Variables）的方式，阿尔蒙德等人将文化简约为"针对社会对象的心理取向"，从认知、情感、态度和评价等方面，界定在一定时空内人们的政治取向，进而提出具有参与政治精神的"公民文化"（Civic Culture）的概念。自从这一学术理论提出以来，就在西方政治学研究中得到了极为广泛的关注。所谓公民文化是"一种有关民主制度稳定的心理分析理论"，在此基础上"民主制度的有效实行，一方面，要求负责创制和执行的领导人权力要相互协调，使政府能够治理；另一方面，要求公民参与政治过程"。① 经典政治心理指向的公民文化概念，"它包括一国居民中当时所盛行的态度、信仰价值观和技能"。② 并进一步认为一个有效运行的政府，不仅需要稳定科学的政治架构，还需要持续不断的民众对政治体系的民主认同，否则政府的有效治理将会大打折扣。因此，阿氏等人的经典政治文化研究观从体系、过程和政策三个方面来分析人们态度变化的情况。发展到当代，罗伯特·科德等人基本上也沿用了"政治文化就是一个民族关于政治生活的心理学"③ 的主张。从这一角度可以看出，政治文化就是一定范围内公民政治心理的变化问题，政治文化即公民文化。

阿尔蒙德等人率先提出并研究"公民文化"理论，其逻辑出发点在于明确政治文化的概念。这是运用定量的方式研究政治文化的前提。在明确概念的过程中，利用逐层辨析及分解的方法，建构了一种能利用问卷的方式实施调查和研究的政治文化内涵。从文化的方向分析了人们的政治活动以及相关的生活，亦即政治体系中有关各方对此体系的态度取向，涵盖对整个体系和其中具体的各项内容的认识和评估。依据一个国家中的公民所持有的关于政治的态度取向状况，可将政治文化分为地域型、依附型、参与型三种。从逻辑层面而言，上述这些政治文化为基础的类型，皆属于极为纯粹的形式。而实际上，无一种政治文化不是混合的形式。依据阿尔蒙德等人给出的概念，"公民文化"便是由此三类政治文化融合形成的一种混合政治文化，而其主体是参与型政治文化。"在此类文化里，很多个人的表现是积极的，但也有不少人扮演着消极的臣民角色，更为关键的是，在那些充当公民角色的人里，也没有排除臣民角色和村民角色。参与者角色往往是

---

① ［英］戴维·米勒等：《布莱克维尔政治学百科全书》，邓正来等译，中国政法大学出版社1992年版，第119页。
② ［美］阿尔蒙德、小鲍威尔：《比较政治学——体系、过程和政策》，曹沛霖等译，上海译文出版社1989年版，第15页。
③ ［美］迈克尔·罗斯金等：《政治科学》，林震译，华夏出版社2001年版，第130页。

此两种角色的叠加。"①

公民文化是一种混合文化,这是公民文化最显著的特征。此类混合特征"适合于维持一种稳定性好且效率较高的民主政治过程"。②要确保政治的稳定性和高效率,最为重要的是要确保各种相关态度与行为之间的平衡关系,如政府决策者和执行者之间的关系、政府权力和职责之间的关系以及公民集体利益和个体诉求之间的关系,等等。所以,一方面有必要强化公民教育,另一方面有必要充分发挥家庭、学校和自愿社团等组织的作用,以使公民文化不断向前发展。

此外,在当代,尽管鲜有像阿尔蒙德这样系统地阐述公民文化理论的学者,但也有很多学者从不同的方向研究了公民文化理论。英格尔哈特在深入分析公民文化理论后,给出了"文化特征群"理论;维尔达夫斯基发展了玛丽·道格拉丝的网群理论,使网群理论成为"道格拉丝—维尔达夫斯基网群理论",进一步推动了公民文化理论的研究;托马斯·雅诺斯基则从权利和责任等不同的角度,对公民文化理论实施了研究;哈贝马斯主张公民文化和民主参与紧密联系,不但为国家制度及其运作提供了合法性来源,而且为社会契约及法律制度提供了坚实的基础;帕特南等深入研究"价值中立"思想,并指出社会资本理论应涵盖美德以及合作等方面的内容,进而使公民文化理论的内容变得更为丰富。尽管呈现出基于不同知识结构和价值立场的诸多流派的观点,但当代西方公民文化研究的核心价值仍存在于自由、民主、平等、法治等理念。

2. 中国公民文化的阐释

公民文化是以公民社会精神为根基并超越公民社会之上的现代文化,近代民主就是不断地以公民社会为基础形成的公民文化而发展起来的。鸦片战争以来,清朝政府被迫洞开国门,先是学习西方的技术,进行洋务运动;甲午战败后,发现是制度问题,戊戌变法试图改

---

① [美]加布里埃尔·A. 阿尔蒙德、西德尼·维巴:《公民文化——五国的政治制度和民主》,马殿君等译,浙江人民出版社1989年版,第519页。

② 同上书,第439页。

变际遇，结果变法失败；辛亥革命从制度上打破了专制枷锁，建立起以西方政治制度为蓝本的共和政体，但没有形成与之对应的公民文化土壤，传统的臣民文化依然规范和制约着人们的政治生活和政治行为。于是，新文化运动的兴起，旨在抛弃臣民意识、建立主权在民的公民文化。可见，一种新制度的有效性，一定要有相应的政治文化与之相配套，否则，社会就会畸形发展。也正是基于此，当下我们在设计民主制度时，需要对传统的臣民文化进行清理，大力培育以民主观念、权利意识和参与竞争为主要内容的公民文化。现代民主型国家都重视公民文化的培育和发展，公民文化就成了民主政治发展的一个重要切入口。公民在文化体制改革中的主体地位，是落实以科学发展观为指导，构建和谐社会，推动经济、政治、文化和社会协调发展的必然结果。探讨如何以科学发展观来统一依法执政的指导思想，凝聚社会公众的力量，把对科学发展观的践行成果转化为民主政治发展的动力和机制，转化为制度创新的跨越和实力，转化为提高公民文化素质的能力和水平，对增强中国国民的公民文化素质起着决定性作用。在新时期，加快公民文化建设是建设创新型国家、构建和谐社会、实现小康社会的一项基础性工程，显得十分紧迫。公民文化作为与市场经济相适应的文化形态，是构建社会政治文明的文化支撑。它的发展和建设，对于正处于转型变革时期的中国来说，既是社会主义和谐社会建设的内在诉求，更是实现政治文明的重要途径。因此，在中国，公民文化建设的意义重大。

公民作为一个法律概念，指具有一国国籍并根据该国法律规定享有权利和承担义务的人。从其产生来看，是与民主政治紧密相连的，强调的是法定的基本权利与义务。公民文化，则是一个政治学的概念，更准确地说，是一个政治心理学的概念。它所描述的是从认识、认知和心理上看，民众在多大程度上可以作为既能实现自己的权利又能履行自己义务的合格公民。政治文化的核心是公民文化，或称公民意识。公民意识是民众在民主政治生活中所具有的一种社会价值取向，是在现代法治下形成的民主意识，它表现为人们对"公民"作为国家政治、经济、法律等活动主体的一种心理认同与理性自觉，又体现为保障与促进公民权利、合理配置国家权力资源的各种思想体系。作为社会政治文化的重要组成部分，公民意识集中体现了公民对于社会政治系统以及各种政治行为的认知、情感、评价和态度。公民教育则是通过学校课堂等正面途径，提高民众的公民意识，使人民意识到自己的权利和义务、意识到自己在国家中的主人翁地位，并积极主动地参与到国家和民生事务的讨论和行动中去。公民文化，是一种建立在市场经济和民主政治基础上的现代文化，它标志着人由自在自发的自然状态走向自由自觉的主体存在状态，在本质上，必须呈现为与民主政治和市场经济相适应的主体自由追求和理性自律精神，并表现为合理性意识、合法性意识和积极守法精神，从而构筑社会成员对国家制度和法律制度选择的价值原则和基准。在经济上，它以市场经济为土壤进行主体价值的创造和占有，不断提高人自身的全面素质和主体能力，不断走向自为的主体活动，逐渐实现人对自身及对象世界的把握。在政治上，它强调公民通过公共领域积极参与社会政治生活，行使民主表决的权力。在思想上，它主张个人价值和国家社会价值的统一，表现出高度的角色意识、社会责任感和公共精神。那么，社会主义法治秩序构建需要的是什么样的公民文化呢？我们认为，这个公民文化不同于资本主义的公民文化，而是建筑在社会主义市场经济和民主政治基础上的政治文化，以社会主义核心价值体系为引领，正确对待中国传统政治文化和西方政治文化。因此，在价值取向上，它表现为自主自律、自由自觉的主体价值要求，强调权利本位、主体价值和主人翁精神；在行为方式上，它表现为积极参与、与时俱进和开拓创新精神；在共同体生活中，它表现为高度的角色意识、社会责任感和社会主义公共精神。

公民文化的建设既是现代化社会建设的必然逻辑，也是中国积极顺应全球化发展的时代要求。由于受到社会历史条件等方面的限制，中国公民文化建设呈现一致性与差异性、先进性与滞后性、协调性与冲突性等态势。在这种形势下，确立社会主义核心价值观、加强公民文化建设，有利于促进人们在关系国家核心利益和自身根本利益的重大问题上形成共同的价值观，同时，引导人们不断增强公民意识，在享受合法权益的基础上切实履行应尽的义务，从而更好地贯彻落实科学发展观，促进社会和谐的发展。公民文化建设与社会的经济、政治和文化的发展密不可分，社会经济、政治和文化是否良性发展关系着公民文化建设的成败。因此，必须解放和发展社会生产力，促进最广大人民群众的利益，为公民文化建设奠定坚实的物质基础；积极稳妥推进政治体制改革，全面落实依法治国的基本方略，为公民文化的建设提供制度和法律的保障；大力发展社会主义先进文化，积极开展各项公民教育活动，为公民文化营造良好的社会环境。由此，才能形成合力，共同推进公民文化的进步。

由上述可知，在社会中形成主导地位的公民文化氛围，人们自然会主动从个体和社会相结合的角度看问题，并以积极姿态表达对社会的关注，也会积极进行自我设计，从而实现个人的政治诉求。另外，人在体现主体性的过程中，还需严格遵循相关利益者原则。个人的主体性和其对其余事物的责任密切相关。一个尊重个人主体性的公民，必定不会随意侵害他人之利益。故而，公民文化属于一种现代文化，市场经济以及民主政治是其形成的重要前提，它的产生即意味着人的主体性明显增强。对此，我们认为，公民文化是指一国公民在特定的历史、文化和社会环境中形成的具有相对稳定和独立的社会文化价值的体系，它包括公民认知、情感、评价、态度、信仰、价值观等多方面的内容。

总之，推进中国特色社会主义现代化建设、树立中国特色的社会主义公民文化观念，是一项复杂艰巨的任务，它需要中国社会各个方面的共同努力。我们必须坚持以社会主义核心价值体系为引领，注重社会主义政治思想在公民文化中占主导作用；必须坚持党的领导、人民当家做主和依法治国的有机统一，在政治体制设计中赋予公共利益以实质性内容，让公民的社会活动与国家的共同利益发生必然的联系，以此增强社会信任感，推进公民的有序政治参与，使公民习得政治文化。

（三）公民文化基本特征

从 20 世纪 80 年代公民文化被引进国内之后，就备受国内政治学者的关注。依据目前的相关著作可知，国内大部分学者皆是从政治思想和政治心理的角度来确定公民文化的含义的，具体情况如下。

1. 公民文化是一种民主型的政治文化

中西方学者一致认为民主文化是主导政治文化发展的核心问题。国内学者丛日云先生明确提出了"民主型公民文化"的概念，认为"公民文化就是民主文化，是与民主制度相耦合的公民的政治态度、情感、信仰和价值取向，属于民主制度的隐结构"。[①] 而学者王忠武则认为，"所谓民主文化主要是指人类所创造的精神形态的积极的民主成果的总和"[②]。这种民主型复合物的界定，袁聚录博士表示认同，他也提出"民主文化主要是指人们的民主取向、民主行为和民主效能的总和"[③]，并认为民主文化的各构成要素，由于构成这些要素的样态组合方式不同，会形成诸多的民主文化类型。

2. 公民文化是一种参与型的政治文化

它是公民社会里的公民观念以及确保公民权不受侵害等相关的制度的总称。在民主化的社会里，它主要展现出一种以权利为核心的、不封闭的、民主化的理性文化。公民个体积极的政治态度以及表达政治的意愿，会通过政治输入这个通道发挥作用。在此类政治文化中，公民对政府所产生的影响愈大，便会对自身扮演的角色愈加感到满意。认为自己可对决策产生一定影响的人与那些觉得个人无发言权的人不同的是，他们更可能会倾向于支持决策输出。因此，公民会积极表达政治诉求和积极参与愿望、需求。公民依据实际需要自行组织政治团体，积极参加政治竞选活动，以及参与到具体的政治实践中去，不但能让政府及时了解公民的实际需求，而且可在此过程中提升公民自身的综合素质水平。如今，在美国，此类参与

[①] 丛日云：《民主制度的公民教育功能》，《中共天津市委党校学报》2001年第1期。

[②] 王忠武：《论民主政治的社会功能及其建设方略》，《山东师范大学学报》（社科版）2000年第5期。

[③] 袁聚录：《政治文化、民主文化、公民文化：概念及关系》，《通化师范学院学报》（人文社会科学版）2007年第1期。

型政治文化极为盛行。

3. 公民文化是一种平衡型的政治文化

张华青概括说:"公民文化是一种平衡的政治取向,维权以守法为要旨,议政以认同为基础,参与以有序为前提,纷争以节制为条件,批评以宽容为原则,其特质是理性处世论争。"① 绝大部分人参与政治的目的在于使个人获得成功或获取一定的利益,为实现某种政治理想而进行的政治革命最后都会在利益再次分配的过程中转变成新的政治混乱。公民在利益格局无法维持平衡的情况下,不断分化和整合各方面利益,以求有效平衡有关各方的利益。并且在这一过程里,往复妥协、折中和容忍,从而形成公民的一种宽容态度。这便表明了每个人皆具有谋求个人利益的权利,但唯有在不损害他人正当利益的条件下,自己的利益需求方会被他人尊重、方有机会真正实现个人的价值。所以,阿尔蒙德告诫人们,唯有充分结合村民、臣民与公民,方可实现政治平衡。

4. 公民文化是一种整合型的政治文化

任何国家的公民文化都是整合的政治文化。从某种角度看,它的存在依赖于一种有文化理性的价值。公民文化即一种社会文化价值体系,其主体是现代的社会契约关系,实质上是现代公民理应具有的情感以及态度等的集合,涵盖了平等、自由等多种不同的因素。它是公民社会里的公民观念以及确保公民权不受侵害等相关的制度的总称。在民主化的社会里,它主要展现成一种以权利为核心的、不封闭的、民主化的理性文化。此外,从本质上而言,公民文化是一种与公民观念和行为模式有关的文化形态,是一种自然形成的主体价值取向,是一种强调创新和民主的生活图式,而且是一种强调理性和责任观念的公共精神。国内公民文化的价值取向为民主法治、自由平等和公平正义,结合了思维模式以及行为准则等。从实质上而言,其亦是建构社会主义核心价值体系的重要内容。

---

① 张华青:《论社会转型期的公民文化培育》,《当代世界社会主义问题》2004年第4期。

二 公民认同需求构成公民文化的心理基础

在马斯洛看来,人们都潜藏着次序高低不同的需求,并且自身在不同发展阶段表现出来的对各种需求的期盼感也是不同的。只有当有需求迫切感时,才可能产生激励人们立刻行动起来的动力。马斯洛所说的生理需求、安全需求和感情需求属较低层次的需求,而社会归属感、自我认同感等则属于较高层次需求。公民作为现代文明国家的主体,对政治架构、政治制度以及政治运行机制采取什么样的认知、情感、评价和判断,这是测评公民认同程度的重要价值。习近平指出,"加强中华民族大团结,长远和根本的是增强文化认同,建设各民族共有精神家园,积极培养中华民族共同体意识"[①]。公民认同是实现政治统治合法性的重要基础,只有充分了解了公民认同需求层次感,才能因势利导地促进和实现公民政治认同。理清现代公民认同需求是加强公民认同问题研究的重要理论准备,且对于公民认同现状的分析与中国式公民文化的建构具有重要的现实意义。

(一)公民认同需求特征

认同(identity)一词的英文起源于 idem,是相同的意思(the same),其英文解释包括"同一性""等同于""身份""个性"等。认同在现在汉语中被理解为"承认""认可"等意思。公民认同则是一个社会政治特性的表现,从宏观上看,是社会政治、经济、文化在公民身上的集中反映,从微观上看,则是公民自我矛盾发生、发展的结果。公民认同需求主要指对自我身份的感知和认证,对本民族的情感依附和文化认同,以及对国家、社会规范、制度等的赞同和遵守。在当代中国,公民认同需求的形成、发展、变化具有自身的规律,不

---

① 新华网:《中央民族工作会议暨国务院第六次全国民族团结进步表彰大会在京举行》[EB/OL],(2014-09-29)[2015-10-29],http://news.xinhuanet.com/politics/2014-09/29/c_1112683008.htm。

同认同需求呈梯度状排列，主要表现为自我认同、族群认同、社会认同、国家认同4个梯度，并具有独特的发展特征。

1. 可塑性

公民认同需求作为一个因变量，其内容随着社会环境的变化而不断改变，有些认同内容相对稳定，如民族认同需求具有深刻性、久远性，有些内容则较易改变，如社会认同需求、国家认同需求则易受外部环境的影响。当前，随着全球化和网络化时代的到来，特别是青年学生正处于国家观、民族观、公民观定型的关键阶段，其公民认同需求较易受到自身非理性因素的干扰以及社会环境因素的影响，容易产生波动甚至偏离。在青年学生公民认同的形成中，有效地去除不良的外部环境因素，创造促使其自觉形成公民认知的积极因素，有助于青年学生公民认同需求层次的不断提升。可见，青年学生的公民认同需求是不断变化的，在实践中具有较强的可塑性。

2. 社会性

公民认同需求是在实践基础上主客体相互作用的结果，离开公民认同实践就无法真正理解公民认同的本质。公民认同作为一种思想意识，是群体行为的集中体现，根源于个人与他人、社会、国家的相互关系，在社会活动中产生并不断发展。公民认同需求的社会性指其基于自我学习、族际交往等具体社会实践而存在，建构于自我能动性和社会制约性的反复较量中，达成于人们的社会关系中，并在其社会交往中获得实现。每一次需求梯度的提升也都取决于社会对其认同需要的满足程度和认同实践的效度。

3. 长期性

公民认同需求处于不断的变动之中，是一个长期、反复的形成过程，始终表现出一种交叉互融的趋势。公民认同需求变化往往沿着"自我认同—本民族认同—社会认同—国家认同"的梯度式认知路线前进，但认同需求变化过程并非一帆风顺的，多是在曲折中达到一个新的层次。人们的公民认同过程也是一种由外及内的内化过程，即将外在的对于国家和社会的规定性需要内化为自身的内在需要，实现公民认知、价值共鸣、行为一致的有机整合，进而上升到公民认同需求中的国家认同这一较高层次,达到作为合格公民应具有的公民认同需求标准。

4. 复杂性

公民认同需求是较为复杂的认同意识变化过程,这种复杂性主要由认同主体的主观性因素、认同需求内容的梯度性变化、认同手段的多样化决定。在青年学生公民认同的形成中,认同主体的主观需要比较多样,其理论知识、价值观、思维方式、民族文化心理、非理性因素等时刻影响着公民认知水平的提高和公民认同需求层次的上升。由于公民认同需求涵盖了自我认同、本民族认同、社会认同、国家认同等不同需求层次,其梯度性变化增加了人们对公民认同价值判断的难度,造成了公民认同需求层次的应然排列与实然选择之间的矛盾。作为实现公民认同需求的重要媒介,认同手段的多元化、信息化为公民认同需求的满足提供了有效动力,但其负面作用也阻碍着公民认同需求层次的正确划分。

(二) 公民认同需求梯度

当今世界,民族凝聚力已成为综合国力的重要组成部分。关注公民认同需求,积极创造条件满足公民认同需求,有利于培养其成为具有独立人格的现代公民。青年学生的公民认同需求不同于其他社会群体的公民认同需求,其公民认同需求的实现需以自我认同、族群认同需求的满足为前提,在此基础上呈梯度状上升,不同需求之间联系紧密,如下图所示。

1. 第一梯度为自我认同需求

这是满足其他认同需求的基础。自我认同(self-identity),也称"自我同一性",是由美国学者埃里克森(Erikson)在弗洛伊德"认同"概念的基础上提出的,是一个与自我、人格的发展有密切关系的多层次、多维度的心理学概念。[①] 自我认同包括自我同一性(ego-i-

---

① 张建平、刘强:《论大学生自我同一性的危机及其解除》,《当代教育论坛》2008年第11期。

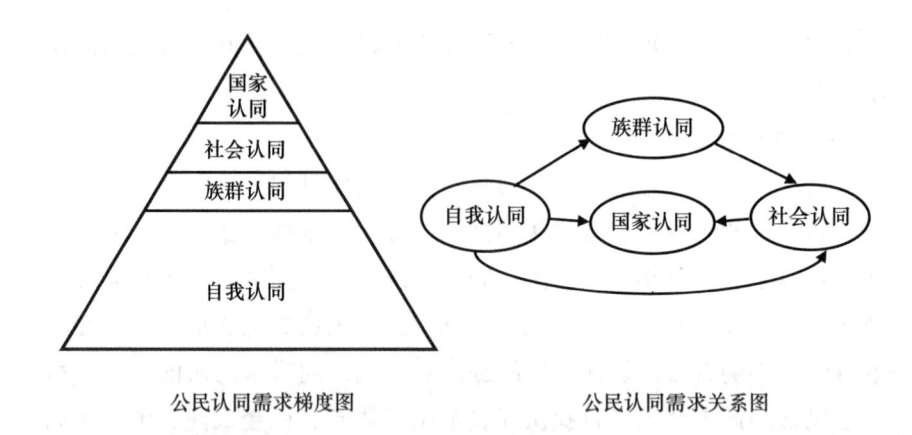

公民认同需求梯度图　　　　　公民认同需求关系图

dentity)、个人同一性（personal identity）、社会同一性（social identity）三个层面。其中，自我同一性是个体对内在自我的认可，表现出较强的内在性；个人同一性即与外部环境相互作用的同一性，外部性特点突出；社会同一性即对自身群体身份和文化的认可和接受，尤其是青年学生，正处于公民认同形成和公民人格发展的关键时期，其公民认同形成的初步阶段表现为逐渐形成较强的主体意识和自我认同感，具有独立的个体感、唯一感、完整感以及对过去和未来的持续性认知。随着全球化和现代化带来的不确定性、流动性的增强，人们极易出现"我是谁"的认知错位、角色混乱、焦虑程度高等自我认同危机。

2. 第二梯度是族群认同需求

建构于自我认同需求之上，是满足社会认同需求和国家认同需求的重要环节。族群认同是建立在血缘和文化基础上，对自己所属族群的认知和情感依附。族群成员对民族群体与民族文化的认同需求有差异性，这个秩序层次主要包括三个方面：其一是族属认同需求，即民族成员通过对自己族属的认知，自觉地进行族属选择，并主动地将民族记忆、文化、价值观等进行内化与维持；其二是族体认同需求，指对同族成员的相似性进行确认和情感接纳，形成"同族"集体观念；其三为族界认知需求，指各民族对民族差异乃至民族边界的觉察和判断。人们从小受本民族社会因素影响较多，身上必然根植着民族意识和传统的民族思想，对本民族的母体文化有着天然的认同感和归属感。在自我认同形成后，人们的认同需求层次会逐渐提升，更大范围的民族群体认同和民族文化认同较易成为其首选的认同追求目标。人们往往通过与本民族进行交往、同情本民族弱势群体、关注本民族热点事件等行动实现其民族认同需求的满足。

3. 第三梯度为社会认同需求

其实现是达到国家认同需求层次的关键环节。个人在自我认同需求满足后，从对族群共同体的认同过渡到对社会共同体的认同，这是公民认同需求层次提升的关键阶段。公民社会认同需求是公民在认识、情感和实践的基础上，与社会之间达成的同一状态。公民社会认同的核心品质是公共精神，它要求公民在公共生活中处处彰显公民美德，以公共性为价值依归，努力成为公民社会共同体的重要组成单元。公民社会认同需求建构于公民自我认同需求和民族认同需求之上，其满足要求公民自觉养成公共精神，形成较强的社会责任意识，能积极营造与其他民族和谐的人际关系，消除原子式个人主体性，承认和接纳现行社会的基本运行规则，并在社会变化过程中形成新的社会认同理念。

4. 最高梯度为国家认同需求

公民的国家认同需求是指一个国家的公民对自己祖国的历史文化传统、道德价值观、理想信念、国家主权等的认同渴望，在公民认同需求梯度中处于最高层。国家认同需求体现着公民认同需求的最终目标，表现为渴望国家主人身份被承认和融入国族之中。其中，国家主人身份认可渴望指公民渴望国家承认其合法公民资格，能够通过国家机器保护其自由和权利，也要求公民始终认同和忠诚于国家，时刻将国家利益置于个人利益、本民族利益之上；国族融入渴望则主要指公民希望将自己的民族自觉归属于国家，能够协调好民族身份与国族身份之间的角色冲突，并以国族身份为荣。国家认同需求处于公民认同需求梯度中的最高层次，是公民认同需求中的核心部分。国家认同需求的实现，建立在公民自我认同、族群认同以及社会认同需求之上，以三者的满足为前提，同时也是对自我认同需求、种族认同需求和社会认同需求层次的质的超越。

(三) 满足公民认同需求梯度的条件

任何需求实际上都是由缺乏状态引发的，当缺乏状态出现时，个体或族群都需要借助它们所属的群体、国家以及自身努力来实现缺乏状态的平衡。就少数民族大学生而言，无论其存在状态是个体还是群体，其维持自身生存、发展、平衡的一系列公民认同需求都一直存在，且这一系列公民认同需求的满足需要特定的条件。当这些条件得到相应的满足时，就能够促进公民认同观的正确塑造。

1. 满足自我认同需求的条件

第一，主体需要应得到满足。自我认同是一个经过内在参照系统演化了的自我追思、探究并由此而形成的自觉过程。只有比较充分地满足公民自我认同感，才能有效建立信心和自尊。而这种主体需求主要包括物质需要和精神需要，二者能否得到有效满足直接影响着自我认同的形成。其中，公民的物质需要主要指维持其生存和发展的自然需要、社会需要，公民的精神需要则是指公民为满足精神生活追求而产生的审美、情感、信仰需要。第二，需养成积极的主体意识。主体意识对于人自身的主体地位、主体能力和主体价值是一种自觉意识，在观念上表现出自主性、能动性和创造性的特征。培养公民积极的主体意识应尊重个体的多选择性，充分发挥个体的创造性，使其养成国家主人翁精神和参与意识，消除"我是谁"的认识困惑。第三，公民认同能力的培养极其重要。公民自我认同需求的满足需以其认同能力的提高为基础，要求人们具有系统化的知识和经验，能够以理性、科学的思维方式看待事物，不断排除一些负面的非理性感情因素，在认知实践中养成较强的价值评判能力。

2. 满足种族认同需求的条件

第一，达到满足自我认同需求的基本条件，人们只有实现了自我认同需求，才能建构起本民族认同的心理图式。第二，注重对少数优秀民族文化的保护与弘扬。民族文化作为少数民族继承和发展的沉淀物，是少数民族气质、精神的集中体现。族群成员对本民族文化的认同是满足其民族认同需求的价值前提，注重区域民族文化的保护，就应采取有效方式将少数民族的优秀文化传承下来，并促使高校教育中的中华文明传播和少数民族优秀文化的弘扬有机结合起来。第三，增强青年少数民族公民教育政策的实效性。自新中国成立以来，党和政府都非常重视对少数民族人才的培养，尤其在少数民族青年学生高等教育上，给予了较多的政策照顾，但当前，针对青年学生的一些教育照顾政策出现了"内卷化"、地域差异过大等问题，造成了部分少数民族公民族群认同需求过分增长、民族主义意识日益膨胀、民族认同极端化现象的不断出现。

3. 满足社会认同需求的条件

社会认同需求一般建构于自我认同需求、本民族认同需求满足之上，但有时在满足其自我认同需求后也可实现（如公民认同需求关系图所示）。当前，公民社会认同需求满足的条件有以下三个。第一，对社会核心文化达成共识。戴维·米勒指出，共识指"在一定的时代生活，一定的地理环境中的个人所共享的一系列信念、价值观念和规范"。[①] 当今中国社会中居于主导地位、起支配作用的核心价值理念是社会主义核心价值体系，它也是促使全民族奋发向上、团结和睦的精神力量。人们只有对社会主义核心价值体系认可和接受，将其作为内化于心、外化于行的精神追求，才能有效地实现社会认同需求。第二，遵守社会规则和社会道德。公民社会的建设离不开公民社会认同需求的满足，这一满足建立在基本的社会规则和社会道德规范等人文基础之上。人们在达成自我认同、民族认同以后，实现社会认同需求就必须自觉遵守社会文明规则，形成较强的社会公德意识。第三，自觉尊重其他种族群体。本民族或种族在满足其民族认同需求时，较易产生排斥其他民族或种族群体的狭隘的群体认同倾向，阻碍与其他社会群体的正常交往。而要实现社会认同需求的愿景，就必须学会尊重其他民族群体，做到与其他民族群体的和谐共处。

[①] ［英］戴维·米勒、韦农·波格丹诺编：《布莱尔维尔政治学百科全书》（修订版），邓正来译，中国政法大学出版社2003年版，第106页。

4. 满足国家认同需求的条件

国家是当前人类社会发展中最重要的政治共同体形式，公民国家认同需求处于公民认同需求梯度的最高层，建构于公民的自我认同、本族认同、社会认同需求之上。公民国家认同需求的满足需具备以下两个条件。第一，形成较强的公民意识。公民意识作为公民对自己的国家主人地位、应享受的权利与应履行义务的自觉认识，是人们国家认同的思想基础。人们只有形成了较强的公民意识，才能具有强烈的政治参与兴趣和权利维护意识，从而更好地扮演好国家主人翁的角色，达到公民身份认同和国家主人身份认同的统一。第二，养成中华民族共同体意识。中华民族是由56个民族组成的"你中有我，我中有你"的统一民族。中华民族共同体意识的形成是实现中华民族团结和伟大复兴的保障。每个民族都根植于本民族的民族意识，容易产生对其他民族群体的排斥，导致自我认同与本民族认同需求不断强化、社会认同与国家认同需求的弱化，因此，满足国家认同需求应以增强公民特别是青年学生的历史认同和文化认同为手段，以培育其中华民族精神和国族认同意识为最终目标，如此，才能激发和满足公民的国家认同需求。

可以看出，公民认同需求呈梯度状排列，其内容是多样的，也是多变的，形成于长期的公民认知实践过程中。满足公民认同梯度需求必须关注其必要的实现条件，积极创造有利条件，促使公民认同需求由低层向高层逐步实现。这对于国民整体素质的提高和中国公民社会的建设都具有重要的推动作用。

三 公民文化与政治民主发展

政治文明是社会文明的重要组成部分，是社会政治建设和发展的重要目标。人类社会自进入阶级社会以来，便在特定时期是一定的经济、政治与文化的有机整体，它的发展变化更替正是经济、政治与文化互动的过程。政治文明是人类政治上所取得的进步成果。从静态的角度看，是人类政治社会进程中取得的全部成果；从动态的角度看，是人类政治社会进化发展的具体过程。而政治文化是人类政治生活重要的组成部分。因此，构建进步的政治文化是政治文明建设的应有之义。那么，究竟什么样的政治文化才称得上是进步的政治文化呢？综观上文的分析，在中国社会主义初级阶段，新型的政治文化就是具有民主底蕴的公民文化。

（一）民主文化为何是最好的选择

在不同的时空下，不同的人对"民主"的理解歧义丛生，它往往"意味着不同的事物"，但它还是存在着得到当今世界普遍认同的某些标准的。这些标准包括官员由选举产生，自由、公正、定期地选举，担任公职的权利，政治领袖为取得支持和选票而进行竞争的权利，表达意见的自由，可以选择的信息来源，允许群众性社团的存在，包容广泛的公民身份等。这些基本的民主要求已构成了政治现代化的主要内容。30多年来的改革使中国民主政治步入了转型期，也就是说，由不完善的民主转向现代的民主，这里所说的"不完善"主要不在于缺乏一套制度和法规（尽管某些配套的制度有待出台，但宪法的最高法律地位、普选制、人民代表大会制、公民的政治自由权利等制度构架已经确立），而在于形式上的民主制度还没有完全实现向效能的转变，已有的法律条文还没有完全成为支配政治生活的权威。笔者在此不想赘述民主概念，因为"没有一个公认的民主定义，对于那些和民主、民主化关联的问题就不可能达成一致的意见；而没有可靠的测量标准和概念，也就无法有效地控制民主和民主化的进程"。[①] 它的繁杂足以使你望而叹之。

民众知晓政治生活与国家的目的并非是"至善"，而是有效避免人类之恶时，民众方可更为客观地评价民主的意义。即便是在民主社会中，也并不是所有的层面都能使人信服，但它为事情得到改善提供了必要的前提条件。"在民主社会中，人们不会过分追求享乐主义，

---

① ［美］约翰·基恩等编：《变动中的民主》，林猛等译，吉林人民出版社1999年版，第3页。

而福利的普及范围将明显增大；科学的进步也许不会很大，但无知必定会明显减少；情感偏激的情况将鲜有发生，而行为会变得更为稳健。"① 因此，亚伯拉罕·林肯认为，民主依旧是人类"最具价值的希望"，它可有效增大公共权利的范围，而又能充分保护个人的尊严与自由。② 正如丘吉尔所言，民主并非最优的制度，但与其余制度相比，则是最优的选择。

截至 20 世纪 70 年代，民主的发展前景依旧不容乐观。长期以来，民众皆怀疑民主在各种文化区域所能发挥的作用。然而在 20 世纪后期，世界出现了第三次民主化浪潮。亨廷顿指出，此次民主化浪潮是人类历史上的"第三波"民主化浪潮。③ 1974 年，欧洲南部民主化得以兴起，南欧包括葡萄牙在内的三个权威主义政权先后被民主政权替代；然后，拉丁美洲亦开始出现民主化浪潮，截至 20 世纪 80 年代末，拉美各个军政权皆为民主政权所取代，完成了新一波的民主化；在 80 年代末至 90 年代初，东欧民主化浪潮突然而起，东欧各个国家从此开始实行议会民主制与多党制，东亚及东南亚的许多国家亦出现了相类似的情况，诸多权威主义政权垮台，逐渐转化成民主政权；90 年代，非洲大陆的很多国家也开始了民主化进程，各类多党制民主制度得以建立。此外，原来便存在的民主体制纷纷开展了深化民主的改革，依旧采用权威主义的政权垮台的可能性不断增大，这如同表明了"第三波"民主化浪潮仍在继续进行一样。总而言之，"基本上一切的政治变动都以民主为主要方向，各个权威主义国家最终的归宿都是民主"。④ 上述种种皆充分展现了民主政治文化所具有的价值。

为什么中国难于实现使民主制度由形式到效能的跨越？除了受到

---

① ［法］托克维尔：《论美国的民主》（上卷），董果良译，商务印书馆1993年版，第11页。
② ［英］戴维·米勒、韦农·波格丹诺编：《布莱克维尔政治学百科全书》，邓正来等译，中国政法大学出版社1992年版，第192页。
③ ［美］塞缪尔·亨廷顿：《第三波：20世纪后期民主化浪潮》，刘军宁译，上海三联书店1998年版，第1页。
④ 丛日云：《当代世界的民主化浪潮》，天津人民出版社1999年版，第201页。

经济发展水平的制约外，几千年的深厚文化很难为现代民主政治提供信仰体系和政治文化的支持。制度离不开人的运作，在缺乏民主意识和参政能力的人群中，民主制度的运行是艰难的。国内外学术界已逐渐认识到民主政治文化对于民主制度的决定性影响。如丛日云教授认为，"公民文化是民主制度的重要前提和基础，如果没有公民文化的支持，民主制度便不能健康地运作，也难以巩固和维持"[1]。美国的民主理论家罗伯特·达尔把"民主的信念和政治文化"作为一个国家实现民主的三个关键性条件之一。[2] 政治学结构—功能主义学派的创始人阿尔蒙德也曾指出，"一种参与制政治制度的民主形式同时需要一种与之相符合的政治文化"[3]。卡尔·科恩也强调，"民主的机器是由其成员的风格来润滑的"[4]。可见，民主政治制度无非是通过民主理念而形成的制度模式，是由民主价值铸成的事实，没有民主政治文化的民主制度不过是空中楼阁而已。

（二）公民文化合理性特质折射政治文明的发展程度

政治文明，通常是指人们改造社会所获得的政治成果的总和。具体来说，政治文明是指每一种社会形态由生产关系所决定的政治发展的程度或水平，因为一定社会形态的生产关系决定了一定社会的政治文明的性质和发展水平。而"政治文明的性质和发展水平的具体体现，就是政治理念指导下的政治制度的设置和管理（统治）方法的运用。"[5] 这种"政治理念"是科学的，具有合理的普遍性，在现实的政治生活中为民众所接受。"只有社会上多数人的行为都具有合理性时，才能构成一种文明，因而政治文明应该是在社会文化中体现出的社会上多数人对待政治生活的合理性倾向。"[6] 于是我们可以看出，

---

[1] 丛日云：《民主制度的公民教育功能》，《中共天津市委党校学报》2001年第1期。
[2] [美] 罗伯特·达尔：《论民主》，李柏光等译，商务印书馆1999年版，第155页。
[3] [美] 加布里埃尔·A. 阿尔蒙德、西德尼·维巴：《公民文化——五国的政治制度和民主》，马殿君等译，浙江人民出版社1989年版，第5页。
[4] [美] 科恩：《论民主》，聂崇信等译，商务印书馆1988年版，第173页。
[5] 王惠岩：《建设社会主义政治文明》，《政治学研究》2002年第3期。
[6] 李景鹏：《政治发展与政治文明》，《学习时报》2002年第10期。

文明的政治必须是理性的政治。无论是政治制度的设计、法律的制定还是对政治参与的宽容，都需要理性的力量。文明政治的实现是需要理性的，统治者与被统治者双方都需要理性，通过缓和社会矛盾、抑制社会冲突，建立起双方能忍受、接受的社会秩序。

政治文明是政治主体通过民主制度和民主生活积淀表现出来的"合理性倾向"，而这些合理的特质是在公民政治文化的氛围中孕育而生的。一般而言，现代意义上的政治文明存在着四个维度：社会制度维度、公民权利维度、公民义务维度、公民文化维度。在这四维结构中，公民文化占据着现代文明的制高点。现代政治文明的精华部分主要保留在公民文化之中。公民文化一旦发育成熟，就为社会所接受，将成为公民政治与道德行为的规范，并且在某种程度上限定了其思想视野，公民也就自觉不自觉地把自己置身于这种民主文化殿堂之中。在公民意识中培养出的公民权利和公民义务是公民文化的主要内容。"权利与义务的统一是带有核心性质的理念，与其他关系相比，它或是处于原发地位，或是处于主导地位。"① 社会制度依靠自身的力量将公共权力的产生、更换和制约，公共权力机构和公职人员的决策，公民的参与活动，以法律的形式规定下来。

实际上，公民文化的形成过程，也是公民对社会政治生活的感受过程，公民自身与政治的"合理性"还存在一定的距离，而社会制度恰恰充当了沟通的桥梁。如果说社会制度架构是政治文明的一种外在规范、一种必要前提，那么，公民权利、义务和公民意识所表征的公民在法律规定范围内表达个人的态度、情感和行为，即公民政治文化的程度问题，则是衡量政治文明程度的内在标准。美国政治学者英格尔斯提出，那些完善的现代制度以及伴随而来的指导大纲、管理守则，本身是一些空的躯壳。如果一个国家的人民缺乏一种能赋予这些制度以真实生命力的广泛的现代心理基础，如果执行和运用这现代制度的人自身还没有从心理、思想、态度和行为方式上经历一个向现代化的转变，那么失败和畸形发展的悲剧结局是不可避免的。再完善的

---

① 马庆钰：《公民文化建设的价值尺度》，《文史哲》2003年第3期。

现代制度和管理方式，再先进的技术工艺，也会在一群传统人的手中变成一堆废纸。因此，由政治参与取向所构成的公民文化，无疑是政治文明建设的重要基础，没有公民文化的发育和支撑，政治文明的发展和巩固难免会遇到障碍。

政治文明进步状态和积极成果的标志和实质是什么呢？确切地说，就是在政治领域内实行民主，或者简洁地说，就是民主政治。这是马克思主义的一个基本观点。民主政治文明成果的展开是需要民主制度来保护的，而这一保障活动的过程就会形成民主文化。一个社会的公民文化不仅源于民族的历史传统和文化遗产，孕育于现代化的社会诸种条件和氛围，还由民主制度和民主生活锻造和再生产出来。世界范围的民主文化历史告诉我们，成熟的公民文化不是民主制度建立的必要前提，而民主制度以及公民的民主生活经历却构成了民主化成熟的必要前提。也就是说，在没有成熟的公民文化的情况下，可以建立并在一定程度上维持民主制度，但没有民主制度的经历，公民文化不会真正成熟。正是在民主制度下公民的经历、生活经常性的行为和所受到的教育使公民习得民主的规范和政治游戏规则，接受民主的信念、养成民主的行为习惯，并将民主制度内化为自己的价值体系，从而使公民文化发育成熟。与此同时，民主文化的发育和成熟，又巩固和推动着民主制度，进而促进政治文明的发展。

可见，政治文化是政治文明的灵魂，心理层面的政治文化对某种政治文明的存在和发展具有重要意义。公民文化则是判定现代政治文明是否具有合法性与合理性的重要标尺。忽视甚至离开了公民文化的现代政治文明，必然在实践中萎缩、退化，直至被人类社会发展进程淘汰。同理，在现代政治文明摇篮中孕育的公民文化也会不断发展成熟。

第六章　中国式公民文化建构的基本路径

经济建设、政治建设、文化建设、社会建设和生态文明建设——着眼于全面建成小康社会、实现社会主义现代化和中华民族伟大复兴，党的十八大报告对推进中国特色社会主义事业做出"五位一体"的总体布局，从而实现了从"四维治理"模式到"五维治理"意识的华丽转身。"五位一体"治理模式是一个有机整体，其中，经济建设是根本，政治建设是保证，文化建设是灵魂，社会建设是条件，生态文明建设是基础。处于转型期的中国，面临当前中国政治文化发展的境况，只有坚持"多元治理"意识，全面协调、整体推进发展战略，充分利用各个方面的有利条件，才能培育适应中国现代政治发展需要的新型政治文化——公民文化。

一　完善社会主义市场经济，夯实公民文化的物质基础

随着社会发展进程的加快，越来越多的学者认为，经济发展和政治民主化之间具有内在的正相关性。"一个国家越富裕，它准许民主的可能性就越多。从亚里士多德到现在，人们一直认为，只有在富裕社会，即生活在现实贫困线上的公民相对较少的社会，才能出现这样一种局面：大批民众理智地参与政治，培养必需的自我约

束，以避免盲从不负责任煽动的呼吁。"① 美国政治学者科恩也认为，"严重贫困的群众，根本无法获知参加公共事务的足够信息，对公共事务进行有效的讨论，进行有效率的组织，并接触他们的代表……只有丰衣足食的人，才有时间和精力去做一个热心公益的公民"②。当人们连基本的温饱问题都难以解决时，是不可能积极关注政治生活的，更不可能拥有较高的参政水平。国内学者丛日云也指出，如果"一个国家的 GNP 在 1000 美元—3000 美元间是开始向民主转变的阈值；当它达到 3000 美元—6000 美元时，则是完成转变的阈值。这个阈值上下，是其他因素起作用的领域。如在这个水平以下实现了民主或超出这个水平仍未实现民主的情况，应考虑是其他因素超过了经济因素在发挥作用。不过，对这种说法必须做出一定的限制。所谓 GNP 水平必须是标志着一个国家经济正常发展的综合指标，即必须是一个国家的工业化、城市化、大众传媒以及识字率等指标的同步发展。仅仅财富的片面增长则不在此列"③。但他同时又认为，发展中国家人均国民收入达到 1000 美元—3000 美元，就初步具备了向民主政治体制过渡的条件，公民文化开始生成。④

一国政治文化的形成与发展，最终都要受到一定社会经济发展水平的限制，认知、情感和评价需要建立在一定的物质基础之上。要实现中国政治文化的现代化转型，就必须建立和完善社会主义市场经济，大力发展生产力，充实中国特色社会主义政治文化的物质基础。生产力型政治文化强调"解放和发展生产力是当代中国最大的政治"这一价值认知，其中，特别强调"共享与和谐"的发展理念。"发展生产力型政治文化，有利于马克思主义意识形态的生产力促进功能，

---

① ［美］西摩·马丁·李普塞特：《政治人——政治的社会基础》，张绍宗译，上海人民出版社 1997 年版，第 416 页。
② ［美］科恩：《论民主》，聂崇信、朱秀贤译，商务印书馆 1988 年版，第 111 页。
③ 丛日云：《当代发展中国家民主化前提的再思考》，《天津社会科学》1998 年第 6 期。
④ 丛日云：《构建公民文化：面向 21 世纪的政治学研究主题》，《理论与现代化》1999 年第 12 期。

支撑马克思主义意识形态的合法性，奠定物质基础"。① 改革开放以来，中国市场经济的发展取得了显著的成绩，这就为中国政治文化的发展奠定了一定的经济基础。

1. 市场经济为民主政治文化发展奠定了物质基础

在一切影响社会发展的因素中，马克思主义认为，经济因素是支配、控制社会意识形态的核心因素。经济因素是所有社会意识形态的最终决定力量。以市场作为配置资源基础的经济运行方式，是测评生产力发展的重要尺度，并且极大地促进了社会物质财富的累积。因此，在新时期中国全方位治理的进程中，经济体制改革对中国社会结构影响最深、最持久。30多年来，中国政治文化的变迁是随着经济体制改革，特别是社会主义市场经济体制的逐步确立而不断发展变化的。要发展市场经济、积淀民主政治文化的基础，必须建立与完善社会主义市场经济体制，深化国企改革，加快基础领域的股份制改革，健全现代企业制度，引入竞争机制，加强国家与社会立体化监督。同时，还要推进集体企业改革，发展多种形式的集体经济、股份合作经济，推进融资平台的公平性，突破体制障碍，积极发展个体私营经济，让民营资本有序地进入各个领域、各个行业，充分发挥市场对资源配置的决定性作用，加快培育和发展统一开放、竞争有序的市场体系。只有这样，才能促使人们观念的转变，多元治理主体参与市场竞争的意识才会形成，公民政治文化的萌发也才有现实的动力和基础。

2. 市场经济凸显了多元的利益主体从而促成了公民文化的发育

市场经济的自主与竞争性，会不断促使治理参与者主体性和独立性的萌生，从而使得人们的治理意识开始摆脱身份、地域、门第和血缘传统政治观念的束缚。因此，市场经济作为一种理性化的经济行为，其本质上体现着自由、平等、权利和契约精神，客观上正是公民政治文化所必需的。在计划经济体制下，由于公有制一统天下，国家

---

① 李春明：《全球化与当代中国政治文化发展》，山东大学出版社2009年版，第91页。

是唯一的正规的利益主体，企业和个人是从属于国家的，没有自己独立的利益空间。而在市场经济体制下，各种生产要素都参与收入分配，形成了多元的利益分配机制以及多元的利益主体和结构。当前，伴随着社会的全面深化改革，公民的主体意识逐渐增强。利益主体明朗化，基于切身经济利益的关注必然引起人们对各项方针政策制定的重视。企业劳动用工制度的颁布与执行，工人由原来吃企业"大锅饭"的"寄生者"演变为依赖社会保障的"自由人"。与此同时，经济所有制结构的深刻变化，使以单一公有制为主导的传统计划经济体制被打破，形成了由国有、集体、个人、私营、外资等不同经济成分在市场中竞争、共同发展的新局面。在政治法律上具有平等地位的多种利益主体，都会想方设法通过正当途径维护自身利益，相互制约，从而促成独立、自由和法治的公民意识的形式。

3. 市场经济为培育公民政治文化提供了肥沃的土壤

伴随着社会主义市场经济的发展，市场在资源配置中起的决定性地位逐渐彰显，劳动、资本、技术、知识和管理作为生产性要素在参与市场竞争过程中都有不同程度的迸发。市场经济运行的理念通过坚实的物质力量渗透到人们的言行之中，逐渐演化成一种相沿成习的规则。"那些发展着自己的物质生产和物质交往的人们，在改变自己的这个现实的同时也改变着自己的思维和思维的产物。"[1] 可以说，在商品经济和市场经济模式中蕴含着"以其开放、交往的社会化性质为逻辑起点，到经济人格的独立，到平等的交往关系，到自由的活动空间，到对公正中介角色的欲求，到社会参与政治，最后到法治代替人治"。[2] 催生一个由依附走向参与、由独断走向治理、由人治走向法治的社会，就是在这样一个环环相因的逻辑链条中实现的。在商品交换中，个体的存在必须是自由的、平等的，能够独立交易，在必要劳动价值的基础上实行的是等价交换。走市场经济发展之路，必然会促

---

[1] 《马克思恩格斯选集》第1卷，人民出版社1972年版，第31页。
[2] 马庆钰：《告别西西弗斯：中国政治文化分析与展望》，中国社会科学出版社2002年版，第408页。

使以自然血缘的维系为基础的原始伦理化政治精神的解体，与此同时，加速以民主、自由、平等、法制和科学理性精神为核心的新的政治观念的崛起。这也就为政治文化的传播与发展创造了一个良好的内在环境。

当前，我们在建设社会主义政治文化现代化的过程中，要立足于中国现实的基本国情，坚持以经济建设为中心，坚持发展先进社会生产力，大力发展社会主义市场经济，深入落实科学发展观，为中国的新型的政治文化建构奠定坚实的经济基础。

二 推进政治体制改革，提供公民文化的制度保障

一个社会的公民政治文化不仅源于民族的历史传统和文化遗产，还源于民主制度和民主生活。民主是人民当家做主的简称，而民主政治是指政权的构成形式，一般有公民权者通过一定的方式按自己的意志行使权力和履行义务。这可充分体现自由、平等、公平与正义的治理理念，无疑是人类文明史上最为优秀和最为重要的政治成果，而且是判断政治统治是否达到公平与正义最大化的主要标准。从此方面来看，民主政治不但是一种能有效保证公民自由、平等的制度设计，而且是一种政治共同体中全部公民始终坚持追求的价值理念，因此改革开放一开始，邓小平就指出，"必须使民主制度化、法律化，使这种制度和法律不因领导人的改变而改变，不因领导人的看法和注意力的改变而改变"[①]。近些年来，伴随着政治法制的建设，国家制度建设取得了很大进步，同时，政治体制改革的深入推进，也为新时期发展中国政治文化提供了更加可靠的制度保障。

（一）创新政治文化要与政治制度相结合

制度与文化的关系从来都是人们争论的焦点，是制度选择文化还

[①] 《邓小平文选》第2卷，人民出版社1994年版，第146页。

是文化产生制度？实际上，制度与文化不是简单的谁决定谁的问题，而是一个在不同的历史和现实场景中具有不同性质的双向互动关系，其本质属性却是内在统一的。可以这么说，一个国家的政治制度都是在一定的政治文化基础上发展起来的，而业已建构的政治制度具有规约政治文化发展方向的功能。为了方便分析可以从不同角度介入，当我们还原时，它们在本质上是同一的，既没有脱离文化的制度，也没有脱离制度的文化。

1. 政治文化与政治制度的同一性

"由于制度与文化的历史性发展过程已经使得是先有文化还是先有制度变得不再重要，于是制度与文化的互动过程也使得是文化决定制度，还是制度决定文化失去争论的意义。"[1] 制度建设离不开文化建设，同样，公民文化建设也离不开现代政治制度建设，制度与文化永远处于一个互动的状态。正如阿尔蒙德等在《公民文化》一书中指出，"当我们提到一个社会的政治文化时，我们所指的是在其国民的认知、情感和评价中被内化了的政治制度"。[2] 这便表明了政治文化和政治制度之间存在的联系。任何政治形态皆是特定的政治制度和政治文化的相互结合。特定的政治价值及政治制度是政治形态必不可少的构成要素，而政治形态则是前两者的有机统一。它不仅是政治价值制度化之后的产物，而且是政治制度产生政治价值期间的产物。包括制度等在内的外在物化形态是政治行为主体在特定的政治价值观的指导下逐步设计形成的，同时，这些外在物化形态在其形成和具体运作的过程中会对政治文化产生较大的影响。可以这样比喻，制度是骨骼，文化是血肉，二者难以分割。但是从现实国情看，我们的政治制度建设先天不足，邓小平指出，"旧中国留给我们的，封建专制传统比较多，民主法制传统很少。解放以后，我们也没有自觉地、系统地建立保障人民民主权利的各项制度，法制

---

[1] 许和隆：《冲突与互动：转型社会政治发展中的制度与文化》，中山大学出版社2007年版，第103页。

[2] [美] 加布里埃尔·A. 阿尔蒙德、西德尼·维巴：《公民文化——五国的政治态度和民主》，马殿君等译，浙江人民出版社1989年版，第15页。

很不完备，也很不受重视"①。所以在中国，制度建设非常重要，对于政治共同体来说，要通过先进制度的建设铲除封建主义残余，为构建公民文化奠定必要的基础并确定合理的框架，从而使传统政治文化顺利转变成现代政治文化。在不可阻挡的全球性现代化浪潮下，政治主体的意志唯有顺应时势，不断根据实际情况优化自身的结构及运作，符合现代化发展的要求，在执政体制、执政方略、执政方式等方面进行制度创新，才能更科学、更有效地影响政权和政治的运作，也才能促进现代化政治文化的生长、发育。

因此，要使核心政治理念体现于具体的行动中，要确保此种政治理念在民众的政治行动中持续地发挥相应的作用，则必定需要具有来自政治制度层面的保障。同质的政治文化及政治制度相辅相成、共同发展，而在不同质的情况下，两者明显冲突，相互制约，无法实现共同发展。在政治体系中，国家机关发布和实施一系列法规制度，执政党确定某个发展阶段的路线、方针及政策等，且通过相关的程序将之确立为国家意志，进而构建出一种可有效约束所有公民及组织的规范体系。该体系具有明显的强制性及权威性，向整个社会展示统治者所持有的政治文化价值观，同时，迫使主导政治文化渐渐与其趋同，并且强有力地削弱敌对政治文化的影响力。

2. 发展公民文化，需要制度的创新

发展新型公民政治文化，需要制度的创新。制度建设理当成为当前政治体制改革的目标，因为一个以民主方式治理的现代化国家，"它至少必须具备某些政治的安排、惯例或制度，尽管这些东西也许还不足以使国家达到理想的民主标准，但会使它大大接近这一标准"②。作为人类制度中枢的政治制度及其所产生的政治文化，"它是对于一组特定的社会目标和程序的取向""因此政治文化一词代表着特定的政治取向——对于政治制度及其各个部分的态度，对于自己

---

① 《邓小平文选》第 2 卷，人民出版社 1994 年版，第 332 页。
② [美] 罗伯特·达尔：《论民主》，李柏光、林猛译，商务印书馆 1999 年版，第 91—92 页。

在这种政治制度中作用的态度"。① 在这里，文化是制度的内化，表现为没有制度就没有文化。但是在现实的制度建设中，特别需要强调的是制度创新。所谓"制度创新就是社会政治、经济和文化等方面制度的变革过程，是支配人们行为及其相互关系的规则、规范和惯例的进步，并改善个人、组织与其外部环境，其直接结果是激发人们的创造性和积极性，促使各种社会资源配置更加合理，经济效率和社会效率有更大提高。"② 在总结"文化大革命"的经验教训时，邓小平曾说过："斯大林严重破坏社会主义法制，毛泽东同志就说过，这样的事件在英、法、美这样的西方国家不可能发生。他虽然认识到这一点，但是由于没有在实际上解决领导制度问题以及其他一些原因，仍然导致了'文化大革命'的十年浩劫。这个教训是极其深刻的。"③

邓小平从中国政治发展的实际出发，突出强调了制度设计和创新的重要性，并进一步指出"领导制度、组织制度问题更带有根本性、全局性、稳定性和长期性"。社会主义制度"应该吸收我们可以从世界各国吸收的进步因素，成为世界上最好的制度""社会主义要赢得与资本主义相比较的优势，就必须大胆吸收和借鉴人类社会创造的一切文明成果，吸收和借鉴当今世界各国包括资本主义发达国家的一切反映现代社会化生产规律的先进经营方式、管理方法。"④ 但是要充分认识到中国现有的政治形态与西方发达的主要资本主义国家有着本质的区别，这就需要从中国的实际出发，需要制度上的创新。新的时期要有与时俱进的理论品质，正如十七大指出要"坚持社会主义政治制度的特点和优势，推进社会主义民主政治制度化、规范化、程序化，为党和国家长治久安提供政治和法律制度保障"。

---

① ［美］加布里埃尔·A. 阿尔蒙德、西德尼·维巴：《公民文化——五国的政治态度和民主》，马殿君等译，浙江人民出版社1989年版，第15页。
② 李景治：《当代中国政治发展中的制度创新》，《社会科学研究》2007年第3期。
③ 《邓小平文选》第2卷，人民出版社1994年版，第333页。
④ 《邓小平文选》第3卷，人民出版社1993年版，第373页。

（二）按照社会主义先进政治文化建设要求，积极推进社会主义政治制度创新

公民文化是与民主制度相耦合的公民政治认知、情感、评价、态度以及政治价值取向，是政治制度得以形成的深层文化内核。我们应当看到国家在制度建设方面取得了可喜成绩，为新时期发展中国政治文化提供了一定的制度保障。制度与文化是内在统一的，不改革制度，不从制度创新着眼，墨守成规，今天的民主政治文化气氛是不可能形成的。所以，可以从以下几个方面努力。

1. 催生制度观念的培育

一般来说，制度是要求人们共同遵守的办事规程或行动准则。而制度由人来制定，这就说明制度本身与制定政策者的观念系统、价值指向是密不可分的，其中包含着制度制定的主体对制度的认知、情感和判断。所谓制度观念，无非是制度优先观，尤其是在政治领域，需要通过制度的权威来代替个人的权威。现代社会只有通过制度的权威才能树立个人的权威。正基于此，我们国家一向重视制度建设。改革开放以来，党中央制定政策都是为了人民群众的根本利益，但是下级在执行中经常会出现"歪嘴和尚念歪了经"的情况。制度执行人由于出于利益考虑或无法理解与接受而产生了心理上的排斥或对抗，使制度执行效率大打折扣。目前，面对人们制度观念和法律意识的淡薄，国家更应该把制度观念的建设当成制度设计、创新的核心问题来对待。规制意识和观念的培育是现代社会多元治理的关键，也是社会主义公民文化建设的实现条件。

2. 促成社会主义制度文化建设

制度的创新需要落实在制度文化的创新上，如果制度文化的内容没有得到根本变化，制度创新只能流于形式。制度建设从根本上说就是制度文化的培养与建设，没有以人们内心的主观感受、价值判断和认知标准等作为外在制度的支持，这一制度本身就不能发挥作用。作为政治体系的重要组成部分，政治制度同样会由于政治文化的内化作用而显现出特有的制度"基本倾向"，这种基本倾向通常被称作"制

度文化"。① 社会主义制度文化是社会主义政治发展的隐性基础，是决定社会主义政治形态的内在特征。在培育人们的制度观念和意识的过程中，既要强调人类制度文化的普世性因素，又要重视社会主义制度文化的特殊性品质。要建立中国特色社会主义制度文化，需要培育尊重法治的精神，保障公民基本权利，确立成本意识，提高产品效益，体现各种制度的设计和创新具有时代性和科学性。

3. 通过政治体制改革推进各项制度的创新和发展

公民文化是民主制度得以运行的重要前提与保障，若没有公民文化的培育，民主制度就不会健康地运行。同时，没有民主生活实践和制度的框约，公民文化的发育就会先天不足。在现实生活中，一个国家的任何制度都不是孤立的，基本性的制度总是由一系列具体的制度来完成，而"人们在实践过程中对制度这种强制性的客观存在的主观反映则首先体现在对这些具体的制度上，从具体的制度上产生心理感受和心理取向，在进行物质生产的同时生产着精神文化"。② 目前，中国政治体制改革正处于关键阶段，同保障人民民主权利、维护社会公平正义的新情况相比，还会遇到一些困境，需要进一步加以改善。要健全民主制度，保证人民依法行使民主选举、民主决策、民主管理和民主监督的权利，扩大公民有序的政治参与，就必须丰富民主形式，巩固政治体制改革的创新机制。随着经济和社会的进一步发展，中国治理的制度安排具有了更大的参与性，变得更加"民主"，能够为公民提供更多的表达渠道，能够容纳更加多元的意见、态度和观点。

三 扬弃臣民文化，培植公民文化的内在基因

扬弃臣民文化，培植公民文化的内在基因，需要公民教育真切地开展。公民教育（citizenship education）诞生于西方文明的历史背景

---

① 曹沛霖等：《比较政治制度》，高等教育出版社2005年版，第62页。
② 许和隆：《转型社会政治发展中的制度与文化》，中山大学出版社2007年版，第95页。

中，在人类教育史上有自身的发展规律，根植于特定历史传统和文化遗产，特别需要民主政治的实践与倡导。中共党的十七大报告首次提出"加强公民意识教育，树立社会主义民主法治、自由平等、公平正义理念"的重要论断，将公民意识教育纳入社会主义文化体系建设之中，为中国公民教育发展铺垫了道路。

（一）从公民教育角度看公民文化培育

公民文化不但是一种结合了现代和传统、东方和西方的文化，而且是一种同时涉及公民、臣民以及村民的新型政治文化。实际上，此类混合型的公民文化，便是以"参与型"为主、以其余两种类型为辅的复合型政治文化。从实质上来看，它属于一种民主的政治文化，是评估政治现代化及政治发展的重要标准。公民文化往往以公民意识为核心。公民意识形成于近代宪政时期，是一种强调理性的政治意识，"在人们直面政府权力运行时，它是人们对此权力所具有的性质的认可和监督；而在人们间接面对公共领域时，它实际上便是人们对公共利益的努力维护"。详细而言，公民意识乃是现代社会的组成成员对自身的公民角色及价值观念的自觉展现。它涵盖对公民角色，科学的国家制度、法规等的自觉维护和遵守。在西方较为普遍的观念中，一个有着较强公民意识的人，不但是一个传统的"好公民"，即热爱祖国、绝对忠诚并坚决服从国家意志的人；并且是一个勇于评判国家的人，一个有实力且乐意参加国家发展和建设的人。公民教育，即"社会投入资源进行培养，使公民真正成为依法具有特定权利并严格履行相应义务的责任主体，成为能在国家发展过程中发挥一定作用的成员的过程"。这便意味着要使公民文化最终转化成所有公民的共识，就需要开展一次长期的大规模的民主思想启蒙运动，所以应该充分运用政治社会化这一极为有效的方法。政治社会化包含两个不同的层面，分别为个体习得及社会传播。国内在个体习得方面具有非常丰富的经验，例如儒家所提倡的"修身齐家治国平天下"的观念，直至如今仍可对民众的行为和思想产生不容忽视的积极影响；社会传播是构建公民文化的主要方法，在国内具体体现为思想政治教育,中国虽然是世界上最注重实施政治教育的国家,但现行的公民教育远远未能满足实际的需求。一个国家想要不断完善现代理念,首先便需要想方设法地使国民具有独立的政治人格。正如列宁所言:"唯有在人民知晓一切,有能力评判一切,而且能够自觉地从事一切的前提下,国家方能具有强大的力量。"此处谈及的独立政治人格,其实便是公民意识。1999年,李慎之曾在《改革》中明确指出,中国和西方先进国家之间还存在着很大的差距,而其中最为明显的差距莫过于在公民意识方面的差距。他还在杂志中表明,如果有下辈子,他愿意将自己的全部人生贡献于中国的公民教育。他有一个未能实现的愿望,即编出整套的中学公民课本,共计12册,恰好与中学的12个学期对应。显然,只有大力开展公民教育,培养人们的公民意识,且逐渐使之转化成理性的公民行为,方可促使全社会公民崇尚民主、自由及法制,在严格遵循各项法规制度的基础上,积极参加社会公共事务,尊重社会多样化,具有宽容、合作等精神,自觉地维护自身权益,履行自身负有的责任,对国家产生认同感,以及具有较为开阔的国际视野,等等。因此,公民教育是构建先进公民文化的关键前提。

毫无疑问,上述公民教育具有长期性,涉及公民个人全部的生命历程,与家庭、社会等各个方面的教育密切相关,属于一种终身教育的过程。但实际上,综合考虑各类相关因素,"公民教育一般是指在学校实施的公民教育,特别是指基础教育过程中的公民教育"。学校是开展思想政治教育最为关键的途径,它可在公民教育方面发挥出巨大的作用。这便要求中国积极变革当前落后的教育观念及教育制度,抛弃以前所采用的政治动员式的教育,转而采用符合当下需求的国民教育及公民教育模式。教育之首要及最终目的皆是使学生懂得怎样做人,此处的"人",并非指"臣民"或"顺民",而是指现代意义上的"公民"。唯有全面强化中国民众的公民意识及宪法意识,方能促使中国成为现代化的政治文明国家。在教育目的方面,应着重强调塑造与民主政治需求相符合的社会主义公民,确保公民具有健康的政治心理,协助公民确立良好的政治态度,使广大公民具有坚定不移的社会主义政治思想观念；在教育内容方面，则注重实施系统化的公民教育，努力培养和强化公民意识。道德层面，涵盖集体主义观念以及公德观念，等等；法律层面，则涵盖权利观念以及法治意识，等等；在教育途径方面，不但要继续努力发挥理论宣传的作用，而且要更为注重从实践出发，科学引导公民参加各项政治活动，使其民主实践更为合理，并加深公民对政治体系及相关程序的认识，使公民获得更多的政治知识，进一步提升公民政治参与的水平，逐步引导公民确定可行性较强的关乎自身利益的政治参与方式，从而使新背景下的政治社会化更为贴近实际，且具有更大的效用；在教育方法上，不仅要努力优化以往的教育方法，而且应积极利用新的技术方法使教育形式愈加多样化，不断增大受教育的范围，提升教育水平，强化教育整体的效果。

（二）主导政治文化视野下公民教育建设

1. 采取参与、开放教育方式

公民自觉的、持续的政治参与是民主制度得以发展的前提基础，一旦社会民众丧失了自治的参与性品质、一切公共事务甘愿或被动地被包办时，民主便消失殆尽了。对此，卢梭强调"参与"具有教育、民主训练、正当化和共同体整合等几个方面的功能。[①] 公民充分知情作为民主过程的基本准则，是社会通过培育方式使公民成为依法享有权利和履行义务的责权主体的过程。而公民教育则成为不断地构建和培养民主这一公民性格的最有效形式。真正意义的民主教育必须以人为核心，注重发挥公民个人独立处理事务的潜能。"在合理的时间范围内，所有成员（公民）都应该具有同等的、有效的机会，以了解各种相关的替代政策及其可能的结果。"[②] 教育只能采取积极开放和平等对话的形式，任何单方面的知识的灌输都不能培养出公民的民主

[①] 卡罗尔·佩特曼：《参与和民主理论》，陈尧译，上海人民出版社2006年版，第22—23页。

[②] 罗伯特·达尔：《论民主》，李柏光译，商务印书馆1999年版，第193页。

气质。只有公民接受开放和平等的教育,以自身的经验和理性为基础,积极地参与其中,为他人和社会做出应有的贡献,才能说是成功的教育。

2. 提高公民文化素质,增强公民理性能力

具体的社会环境和社会面临的问题的性质与复杂性,决定了公民接受多少教育才能满足民主正常运行的需要。公民"作为民主社会生活中的一员,在与国家、社会和其他公民的关系中理解自身的权利与义务,独立做出判断与选择并付诸行动的知识、意识和技能"。[①] 这是与公民资格相适应的素质。社会问题的复杂性超不出公民个人的理解范围,民主就能正常运行。这也是在原始社会存在原始民主的动因所在。但是,随着社会的向前发展,社会问题不断增多,复杂程度不断提高,这就意味着民主运行所需的最低文化和智力水平在不断提高。因而,在人类文明不断发展的今天,公民只有具有更高的文化和治理水平,才有可能自觉或不自觉地参与到民主过程中去,这就要求公民要不断地提高理性能力。同时,随着社会的不断进步,各类社会组织纷纷出现,公民在组织中可以更好地参与民主过程。

3. 普及公民教育

普及大众教育是有效表达民意的前提,对政府进行监督批评是其他政治参与的基础。所以,在民主政治机制日益复杂的今天,必须普及公民教育,才能不断地提高公民素质,促进公民政治参与,促使公民参与文化的建设,最终推动民主进程。然而,目前我们的教育还存在一些困惑。其一,教育资金投入不足,教育质量有待于进一步提高。其二,教育对国家的影响可以是立竿见影的,也可以是潜移默化的。我们当前只重视那些立竿见影的能迅速创造价值、参与分配的教育,而忽视了那些潜移默化、对国家长期发展有益的教育,从而使教育出现了两极分化:鼓励少数知识精英学习更多的知识,忽视了对多

---

① 李芳:《大学生公民素质教育理论探讨与实证研究》,中国社会科学出版社 2008 年版,第 33 页。

数知识少的人的普及教育。而实践已经证明，对民主最大的威胁恰恰是少数获得过良好教育的人，因为他们对国家、社会有更多的发言权，掌握了更多的分配社会资源的权力。所以，在民主国家中，教育工作最关键的不是让少数精英学习和了解到更多的知识，而是让大多数人在民主运行过程中接受普适的大众教育，这就要求我们普及公民教育。

　　实证研究表明，教育是政治态度的最重要决定因素。教育的优点是能够使需要数年甚至更长时间才得以完善的技巧很容易地就被传授给受教育者。教育可能发展公民文化的重要成分，它可以训练个人的政治参与技巧，教给人们获取政治知识的方法去接触大众传播媒介，了解政治的正式结构以及政府和政治制度的重要性。民主的参与和责任的明确准则均可以通过教育而得以传播。不过，教育不可能完成建设公民文化的全部重任。阿尔蒙德认为，"正规教育不能在时间上完全替代公民文化的其他一些成分的创造，补充正规教育的一种方法，可能是发展政治社会化的其他渠道"①。开发其他政治社会化途径，是补充教育不足的替代办法。中国的公民文化建设和民主制建设必须从我们的历史错误中吸取经验和教训。首先，中国的公民教育还没有在我们的学校政治思想教育中占有充分的份额。其次，中国的公民教育不能只停留于书本、概念和口号，在向我们的青少年解释公民参与政治活动的重要意义之后，还必须向他们具体介绍政治参与的渠道和途径，并进一步解释如果这种积极参与受到了打击和挫折，又有什么渠道和途径可以向政府提出，如何合法地要求得到应有的保护和严惩这种阻碍势力。最后，我们的公民文化建设不能仅仅关注学校教育和单位的思想教育工作，公民文化的建设与我们国家政治经济发展中对人性的认识、对法治的认识和对制度设计的认识紧密相连，我们必须共同努力，让我们的政治体制和社会结构真正为人民的参政议政留出广泛的、自由的、合法的场所和空间。

---

① ［美］加布里埃尔·A.阿尔蒙德、西德尼·维巴：《公民文化——五国的政治态度和民主》，马殿君等译，浙江人民出版社1989年版，第550页。

四 构建公民社会,营造公民文化的社会氛围

虽然在 20 世纪 60 年代,美国便有学者开始实施与公民文化相关的研究,但直至 20 世纪 80 年代之后,"公民社会"一词才广受学界关注。这就说明,某些发达国家,虽然早已发展成为公民社会,但却迟迟未开展对公民社会的研究。相关研究的开展主要受如下两种因素的影响:其一是某些后发国家迫切需要构建公民社会,以提升国家应对风险的能力,确保转型期社会的和谐与稳定。为满足此种需求,学者们就需要从整体上归纳和梳理与公民社会有关的理论;其二是公民社会本身需要不断向前发展。人们为实现此目的而开始积极探讨公民社会将来的发展前景、可能遭遇到的各种问题以及有效的应对方法,从而使公民社会概念的内涵更加丰富与深化。中国的公民社会理论研究兴起于 20 世纪 90 年代初,其中,邓正来在市民社会理论的引入上做出了很大的贡献,他与景跃进合著的《建构中国的市民社会》一书是该理论的先声。该书对公民社会问题的研究旨趣主要集中在两个问题上:一是认为有必要在既定社会政治理论框架中引入中国特色的公民社会概念;二是指出公民社会是当代新型政治文化孕育的原生点。

(一) 公民社会概念的辨析[①]

自 20 世纪 80 年代之后,"公民社会"(civil society)理论再次广受西方社会各界人士的关注。实际上在西方,社会与国家分离的相关思想形成已久,谈及思想起源,可一直追溯至古希腊、罗马时期,然而基于此类思想的近代公民社会理论直到 17 世纪至 19 世纪才得以产生。在近代,西方资产阶级普遍将公民社会理论作为维护个人权利及自由的重要工具,进而卓有成效地反对专制主义及重商主义。自 20

---

① 由于学者对"civil society"理解的差异,主要产生了"公民社会"与"市民社会"两种译名,为了尊重学者们观点的不同倾向,本书交相使用"公民社会"与"市民社会"。

世纪70年代之后，公民社会概念重现历史舞台。开始，它一般是被一些西方左翼学者以及东欧激进学者用以表达对现实社会的不满，并阐述理想社会的概况。而在80年代之后，公民社会概念被西方多数学者认同，且与之有关的探讨不断增多。1989年东欧剧变以来，西方和东欧的学者纷纷开始探讨公民社会，众多公民社会研究团体得以建立，一时间，"公民社会"成为学术界关注的焦点。进入20世纪90年代后，越来越多国家和地区的学者开始研究公民社会，他们相继利用此概念探讨本国的历史与现实，或深入分析与本国建立和发展公民社会相关的问题。

1. 西方公民社会观的检视

西方语境下，对公民社会理论的理解有着厚重的历史背景，在不同的时代，其实质内涵与表现形式都在不断改变。在古希腊时代，城邦既是国家又是社会，当时还不存在政治国家与公民社会的区分。二者是一种融合为一体的模式，即"人是城邦的动物"，人们过着城邦的生活是最高的善。在亚里士多德那里，理解公民社会是"自由与平等的公民在一个合法界定的法律体系之下结成的伦理——政治共同体"。[1] 公元1世纪，西塞罗最早提出公民社会这个概念，"它不仅指单个国家，而且也指业已发达到出现城市的文明政治共同体的生活状况。这些共同体有自己的法典（民法），有一定程度的礼仪和都市特性（野蛮人和前城市文化不属于公民社会）、公民合作及依据民法生活并受其调整的'城市生活'和'商业艺术'的优雅情致"。[2] 公元476年，随着日耳曼民族的入侵，西罗马帝国的统治被推翻，原有的繁荣也被打破，西方历史进入了"中世纪"时代。总之，"5世纪开始一直到封建组织全面完成，市镇的形势真是江河日下"。[3] 此时的市民社会呈现出一片萧条的景象，直到14世纪后，欧洲的政治哲学中越来越多地使用此种用法来表示当时从封建体制外生长出来的商业

---

[1] 何增科：《市民社会概念的历史演变》，《中国社会科学》1994年第5期。

[2] ［英］戴维·米勒等：《布莱克维尔政治学百科全书》，邓正来主编译，中国政法大学出版社1992年版，第125—126页。

[3] ［法］基佐：《欧洲文明史》，积洪逵、沅芷译，商务印书馆2005年版，第136页。

城市文明。

　　基督教在罗马帝国的传播，不仅有助于宗教迷信的破除，也有益于民智的开启。人们的"注意力逐渐从研究作为一种文明社会的城邦或共和国转向研究教会与国家的关系，试图解决这二者各自的权限问题。教会理论家和帝国理论家分别为教会和王国所应拥有的权力进行论证，原来用于描述城邦或共和国生活状况的市民社会概念就被弃而不用了。"① 直到公元13世纪，这种状况才发生了变化。为了维护教会的神权统治，神学大师托马斯·阿奎那开始求助于亚里士多德的有关思想。那时，亚里士多德全集的拉丁文刚好问世，神学家和哲学家们（如阿尔伯特）都开始从亚里士多德的市民社会思想中寻找理论武器。托马斯·阿奎那沿承亚氏的观点，认为"人天然是个社会的或政治的动物"②，天然地要过社会生活，但同时又认为人和国家都是上帝的产物，因此上帝才是国家权威的真正来源。阿奎那也承认国家或政治社会的目的是引导公民实现最美好的生活，但他接着指出，最美好的生活不仅包括物质上的丰裕、和平与安宁，而且也包括与上帝共享天伦之乐，而这一点只有通过神权的高扬才能做到。阿奎那就是这样把亚里士多德的思想加以改造来为教会高于国家、教皇高于世俗的观点辩护的。公元14世纪，一些为政权辩护的思想家，如帕多亚的马西略在其《和平的保卫者》的思想来源上，主要继承了亚里士多德的政治理论，也将"国家的产生看作是源于家庭、村落的自然发展过程"，并认为"宗教在国家生活中是必要的"，但是他"反对教会贬低人的物质生活的价值和崇尚精神生活的思想"③，认为国家的权力不需要教会批准，单凭它在道德上的利益就能证明其正当性。他们据此坚持国家对世俗事务的全权，反对教会拥有强制性权力和侵犯世俗权力。总之，14世纪的人们所重新使用的市民社会一词，主要是指政治社会或城邦国家，其内容并没有超出亚里士多德以及西塞罗

---

　　① 何增科：《市民社会概念的历史演变》，《中国社会科学》1994年第5期。
　　② ［意］托马斯·阿奎那：《阿奎那政治著作选》，马清槐译，商务印书馆1982年版，第44页。
　　③ 徐大同主编：《西方政治思想史》，天津教育出版社2000年版，第86页。

赋予此词的含义。

17世纪至18世纪,契约论者洛克率先将公民社会视作逻辑推演里的一种分析概念,且构建了"公民社会先于或独立于国家"的理论框架。他所提出的公民社会即其政治哲学理论中处于自然状态的社会因订立契约而转变成的政治社会,这属于人类发展逻辑中的某个时期,即存在政治的时期。[①]洛克尽管对社会中政治领域和非政治领域之间的差别已有所认识,但在其理念中,公民社会与政治社会是同义词,与此相适应的是自然状态或自然社会。契约论者摧毁了君权神授说,把政治权威的来源由上帝转到了民众那里。从洛克开始,卢梭、潘恩、康德等人,皆在政治社会层面应用"市民社会"这一概念,涵盖了政治社会的各个方面。但鉴于近代市民社会的形成和发展以及其中具有的特征,他们已较为明确地指出,在整个政治社会中,社会乃是政治国家的最终目的及发展的基础,它先于政治国家而存在。

社会在向资本主义社会过渡阶段,公民社会与政治国家之间的边界仍然模糊不清,社会一元化特征极为显著:国家从公民社会中夺取了所有的权力,整个社会日益政治化,政治权力的影响力覆盖社会的各个角落。公民社会与政治国家在现实中是重合的。在近代西方思想界,黑格尔最早明确地将市民社会和政治国家区别开来。在其出版的《法哲学原理》(1821年)一书中,他指出市民社会是人类不断向前发展的过程中的产物,是在现代世界中逐渐形成的一种社会,它的产生意味着现代世界的到来。他认为市民社会"是各个成员作为独立的单个人的联合"[②]体,是由私人生活领域及其外部保障构成的整体。国家则是伦理理念的现实,直接关乎普遍利益,是绝对精神在现实中的充分展现。公民社会实际上从属于国家,亦唯有如此,公民社会方能实现可持续发展,而不会面临道德沦丧和无法维持秩序的局面。所以黑格尔提出市民社会的概念,旨在强调国家所具有的地位。在这种

---

① [英]洛克:《政府论》(下),叶启芳、瞿菊农译,商务印书馆1993年版,第53—54页。

② [德]黑格尔:《法哲学原理》,范扬、张企泰译,商务印书馆1961年版,第174页。

条件下诞生的西方古典市民社会理论，是"国家高于市民社会"的架构。后来，马克思继承并吸收了黑格尔的用法，摒弃了对市民社会做伦理上的评价而只对公民社会与国家的关系做客观的分析，并根据"物质生产—公民社会—国家"的分析模式来解释国家，从而建立起历史唯物主义体系。在《德意志意识形态》一文中他指出，"在过去一切历史阶段上受生产力制约、同时也制约生产力的交往形式，就是市民社会"。对于马克思来说，市民社会"标志着直接从生产和交往中发展起来的社会组织"①，他认为要将"政治"和"社会"严格加以区分，并且表达了不是国家产生社会而是社会决定国家的理念。

后来，法兰克福学派哈贝马斯（Jürgen Habermas）将公民社会理论大大推进了一步，他用"公共领域"（public sphere）来阐明对"公民社会"的认识。他将公民社会和十七八世纪的资产阶级公共领域范畴结合起来进行深入的分析。他认为，"公民社会是独立于国家的私人领域和公共领域。私人领域指以市场为核心的经济领域，公共领域指社会文化生活领域"。②进而指出"公民社会由那些在不同程度上自发出现的社团、组织和运动所形成。这些社团、组织和运动关注社会问题在私域生活中的反响，将这些反响放大并集中和传达到公共领域之中。公民社会的关键在于形成一种社团的网络，对公共领域中人们普遍感兴趣的问题形成一种解决问题的话语体制"。③公共领域便成为协调国家和社会、公民之间关系的关键所在。哈贝马斯的这种观点在西方产生了巨大的影响。两位美国学者柯亨和阿拉托在《市民社会与政治理论》一书中则直接把市民社会定义成处在经济和国家之间的一种社会领域，进而把经济领域排除在了公民社会的范围外。

二战之后，因为葛兰西（Antonio Gramsci）发表了《狱中札记》，"公民社会"再次成为社会各界关注的焦点，且促成西方学界探究"市民社会"的首次高潮。在葛兰西的相关理论中，市民社会并不属

---

① 《马克思恩格斯选集》第1卷，人民出版社1972年版，第41页。
② ［德］哈贝马斯：《公共领域及其结构转型》，学林出版社1999年版，第170—171页。
③ Jürgen Habermas, *Between Facts and Norms*, Cambridge: Polity Press, 1996, p. 367.

于经济基础领域,而属于上层建筑领域和国家领域。在葛兰西看来,不可只将现代国家视作一种政府机构,它还可被视作市民社会的机构。从本质上来说,国家乃是政治社会与市民社会的相互融合,即国家=政治社会+市民社会。"国家的一般概念中有应该属于市民社会概念的某些成分(在这个意义上说:国家=政治社会+市民社会,换句话说,国家是披上强制的甲胄的领导权)。"[①] 对此,葛兰西认为,传统政治国家的理念已经过时,现代资产阶级国家概念的外延已大大扩展,国家已开始向社会渗透,市民社会已成为国家的重要构成部分。正是通过并调动整个市民社会的力量,资产阶级才牢牢掌握住了整个社会的文化领导权、意识形态领导权。

1989年苏联解体以后,掀起了"市民社会"讨论的第二次高潮。在全世界范围内的民主化、市场化趋势和遍布世界不同地区的新社会运动的影响下,"市民社会"理论再次得以发展,且被快速转变成"公民社会"的概念。"各类不一样的用法及含义的公民社会如今皆广受欢迎。"[②] 很多民族国家的学者积极借鉴西方经验,充分运用"公民社会"的概念分析本国的社会发展状况,深入研究构建"公民社会"的可行性及必要性等。"公民社会"理论发展成当前世界中较为重要的一种社会政治思潮,包括新自由主义理论家在内的众多持不同意识形态的理论家纷纷加入探讨的行列中。

综上对西方公民社会观念演变过程的分析,我们了解到西方公民社会理论可分为三个阶段。第一阶段,最早始于古希腊时期,公民社会与自然社会相对,其标志是商业化、政治化城邦国家的产生。主要展现于亚里士多德、西塞罗及近代社会契约论者的思想中。第二阶段,开始于自由竞争的资本主义时期,公民社会与政治国家相分离,主要体现在黑格尔与马克思等人的思想中。第三阶段,开始于垄断资本主义时期,公民社会指向文化系统,主要体现在哈贝马斯与葛兰西

[①] [意]安东尼奥·葛兰西:《狱中札记》,葆煦译,人民出版社1983年版,第222页。

[②] [德]琼·柯亨(Jean L. Cohen)、安德鲁·阿拉托(Andrew Arato):《市民社会和政治理论》,麻省理工学院出版社1992年版,第ⅶ页。

等人的思想中。

2. 中国话语下公民社会观的阐述

中国公民社会理论的研究始于20世纪80年代末90年代初，在近20年的时间里，这一问题吸引了中国多个学术领域中的众多学者的共同关注，已经成为一个跨学科的热点问题。

（1）中国公民社会兴起的动因

1992年，中国社会主义市场经济愈加成熟，全方位地影响着民众的日常生活。国家和社会之间的关系变得更为重要，成为学术界不得不予以研究的内容。"社会"越来越受到民众的关注，从此市民社会话语广受国内学界的重视。而由于中国是一个历史悠久的国家，在如此特别的国家构建公民社会，必定会具有极为浓厚的本土色彩。如果把西方语境下形成的公民社会概念移植到中国话语体系中，可能会出现歧义丛生的现象。"一方面，欧洲的公民阶层经由罗马法、启蒙运动和法国大革命等形成；另一方面，公民社会以家族或家庭利益向社会利益转化以及学习过程为前提，它刺激了自由公民的责任心并形成共同责任。"①

那么，中国是否有过公民社会？以西方公民社会演绎的逻辑进行审视，中国传统社会中从未产生真正意义上的市场经济，因此公民社会的出现也就无从谈起。西方学者普遍认为，早在20世纪初或在更早的时期，在形式上，中国确实产生过和西方公民社会较为类似的事物，虽然在思想及理论等方面与西方相比具有很大的差距。中国的学者对此莫衷一是。有的认为中国自晚清以来公民社会便开始出现了，正如新近的一些研究表明，公民社会的一些因素发生于清末民初时期②，最重要的发展发生在最近30年中。但大多数人的回答是基本否定的。进一步的问题是，公民社会在当代中国是否已成为现实的可能？不少人做了肯定的回答。因为至少"中国现代化进程中的市场化

---

① ［德］托马斯·海贝勒、诺拉·绍斯米卡特：《西方公民社会观适合中国吗》，《南开学报》（哲学社会科学版）2005年第2期。

② 陈永森：《告别臣民的尝试——清末民初的公民意识与公民行为》，中国人民大学出版社2004年版，第35页。

的基本社会存在形式和全球化、网络化的特殊际遇，不仅打破了传统社会的存在形式，也为中国公民社会的生长提供了充分的物质基础与制度条件，由此引发的伦理气质与精神的变迁则为公民社会创造了不可或缺的观念性要素与空间"。① 公民社会问题的研究在中国的兴起，并不像有些人所认为的那样是中国学者们对西方理论的盲目照搬，而恰恰是植根于巨变中的中国社会的现实生活。② 在中国大力发展市场经济的过程中，产生了资源流动以及国家职能逐步转变等现象。怎样整合社会、构建合理的社会空间等一系列新问题不断出现，从根本上而言，各种新问题都与"国家和社会分界的确定"或"国家和社会间的关系的确定"有关，以往采用的强调国家本位的解释框架不再符合实际的需求。各种社会组织快速兴起，非政府组织在各个层面干涉社会事务，且向政府相关机构提出建议，反映公民诉求的民间组织恰恰是公民社会的关键载体之一。上述种种，皆是公民社会逐渐产生的重要标志，并且，21 世纪以来，政府及其领导层也开始更加重视社会的力量，对某些关键的社会决策开始积极尝试征询各个社会组织的建议。这些皆充分说明了政治民主化及社会不同利益团体之间的冲突被归入政治协商等的常规化轨道中来，公民社会渐渐得以成形。

　　截至目前，虽然中国还未产生真正的公民社会，社会的关键资源依旧由国家完全控制，国家和社会之间的关系尚未得以明确，但深入研究公民社会相关理论仍然具有不容忽视的作用，学者们可因此而获得一种更为有效的分析工具，探究的视角不再仅仅局限于国家，而同时强调国家与社会。采用"国家和社会"的视角，有利于全面分析中国 30 余年的改革开放历程。自改革以来，中国社会发生了极大的变化，资源在社会中的自由流动、社会自由活动空间的产生以及民间组织的迅速兴起等，充分说明了国家与社会之间的关系正在发生变化，明显预示着中国社会正逐渐摆脱国家阴影的影响。从该意义上而言，公民社会理论对于中国的价值更多地体现在宣扬某种价值观念及

---

① 曾盛聪：《中国现代化与公民社会发展》，《重庆社会科学》2005 年第 1 期。
② 陈晏清：《〈市民社会论〉序言》，《天津社会科学》2002 年第 6 期。

评价标准上。

(2) 中国公民社会的阐述

要建构中国的公民社会，对中国学者而言，首先要解决的问题就是如何将西化的概念纳入中国的话语体系中。civil society 一词在表达"公民社会"时，"常常又被称为市民社会和民间社会。但这三个不同的中文称谓事实上并不是完全同义的，它们之间存在着一些微妙的差别"。[①] 每种译文都体现了译者对这个词的不同理解和倾向。"公民社会"是改革开放后引入的对 civil society 的新译名，这是一个褒义的称谓，它强调 civil society 的政治学意义，即公民的公共参与和对国家权力的制约，越来越多的年轻学者喜欢使用这一新的译名。[②]"市民社会"来自于马克思主义经典著作的中译，狭义上，它是指资本主义社会，可以被表述为"资本主义社会的经济基础"，所以被认为带有贬义；而在比较宽泛的意义上，市民社会可以被更抽象地表达为"在一切历史阶段上受生产力制约同时又制约生产力的交往形式"。[③] 实际上，为了研究的方便，学者们常常交叉使用公民社会和市民社会两种用法。"民间社会"是一些中国台湾学者（南方朔等）的译名，并主张通过民间力量对权威统治持续不断的抗争来建立民间社会自主、自律的空间，从而形成一种"民间社会对抗国家"的关系架构。[④] 对此，邓正来认为，"民间社会"的概念过于边缘化，带有中国台湾社会发展的显著痕迹，突出强调了官民对立和中国台湾社会的那种自下而上的运动特征，是一个地域性的概念，不具备普遍性。[⑤] 故而，本书论述中不再使用"民间社会"的概念，而是交相使用"公民社会"与"市民社会"的译名及回顾其概念的演变过程。

中国学者对公民社会的理解正如译法的多重性一样，相关理论研

[①] 俞可平：《中国公民社会：概念、分类与制度环境》，《中国社会科学》2006年第1期。

[②] 同上。

[③] 《马克思恩格斯选集》第1卷，人民出版社1995年版，第87页。

[④] 邓正来：《台湾民间社会语式的研究》，《中国社会科学季刊》1993年第5期。

[⑤] 邓正来：《中国发展研究的检视——兼论中国市民社会研究》，《中国社会科学季刊》1994年第8期。

究的发展过程可被划分成两个阶段。第一个阶段为 1992 年到 20 世纪末，伴随着中国社会主义市场经济的介入，围绕着中国公民社会是否得以真正形成、能否成功建立公民社会以及公民社会和社会主义现代化之间的关系等问题，学术界中进行了较为广泛的争鸣。此阶段的研究主要采用了二分法，译名多用了"市民社会"，坚持把市民社会和政治社会相区别，并且描述了市民社会和国家的辩证关系。它是由黑格尔在吸收了众多思想家的理论成果的基础上提出并由马克思加以完善的一个概念。所以中国学者开展的研究大部分以马克思、黑格尔等人与市民社会相关的理论为主要的研究对象，而且在具体的研究过程中，往往采用历史唯物主义分析法，他们从唯物史观的角度出发，介绍了马克思所主张的市民社会理念，并努力尝试明确马克思市民社会观的历史价值。

关于这方面的研究，朱士群分析了马克思早期著作中的市民社会理论及 20 世纪西方新马克思主义市民社会理论的再度兴起，对目前中国的市民社会研究状况及研究中的不同意见进行了较全面的评述。[①] 而在对黑格尔市民社会的研究中，陈弘毅撰文[②]尝试剖析黑格尔《法哲学原理》中"市民社会"的概念的性质和内容，并从黑氏身处的时代背景去了解这一思想架构，以期对当代有所启示。郁建兴的论文[③]则把黑格尔的市民社会作为规范和标准的"真正的自由"概念，建立在互主体性哲学模式之上，是一个伦理实体的自由概念，并且指出，在伦理概念的运动过程中，"市民社会"表现出了深刻的辩证性质。正因如此黑格尔将古代与现代熔于一炉的伦理实体的自由概念才真正是有可能的，或者说是必然的。公丕祥的论文[④]着力探讨从黑格尔到马克思关于市民社会与主体权利问题的理论逻辑及其意义，分析了黑格尔关于市民社会秩序下个人权利问题的基本见解，

---

① 朱士群：《中国市民社会研究评述》，《社会学研究》1995 年第 6 期。
② 陈弘毅：《黑格尔的法哲学与市民社会》，《现代法学》1995 年第 3 期。
③ 郁建兴：《黑格尔的市民社会理论》，《人文杂志》2000 年第 3 期。
④ 公丕祥：《市民社会与政治国家：社会主体权利的理论逻辑——从黑格尔到马克思的思想轨迹》，《法制现代化研究》1995 年 00 期。

深入解读了马克思对市民社会与政治国家之间矛盾关系的认识架构，揭示了由于市民社会与政治国家相分离而导致的人的本质二重化以及主体权利二元对立的复杂格局，进而描绘了人类解放对于政治解放的历史性超越的理论图景。郁建兴在研究伯恩斯坦的相关理论的过程中①，深入分析了建立市民社会和发展中国家建设社会主义社会之间的关系，并且研究了伯恩斯坦理论与马克思理论之间的区别。如上谈及的论文，一般是从哲学的方向研究个人的市民社会理念，具有明显的评价性质。最具代表性的论文如邓正来发表的《中国市民社会研究》，他在该论文中较具批判性地归纳了彼时市民社会的研究状况。

总之，自1992年之后，包括邓正来等在内的众多中国学者，针对国内市民社会建设的问题实施了深入的研究，相关的论文主要发表于《中国社会科学》等杂志上。早期，与市民社会有关的探讨往往集中在政治哲学方面，学者们试图梳理清楚西方市民社会理论的成长历程，阐释此类社会中的各个结构性要素以及价值要素，探索出国家和市民社会关系最为合理的模式，从而使市民社会的发展具有独立且合法的空间。邓正来等人提倡建立具有一定独立性的中国市民社会，并且指出，应积极构建国家与市民社会间的良好关系，增进相互间的互动，而不主张采用东欧以及中国台湾的倾向于相互对抗的模式；何增科则更为重视市民社会约束国家的作用；此外，部分学者从政治社会学以及历史实证的方向对市民社会进行了探讨，郁建兴则全面分析了包括商会等在内的现有的社会组织，进而产生了众多高水平的研究成果。该阶段的相关论文尽管繁多，但是其中心思想围绕现代化的进程而展开，并以二分法为分析框架，学者试图借助这样一个纯粹西方的术语来找到国内现代化的道路。

第二个阶段为21世纪初至今，该时期应用最为广泛的研究方法无疑是三分法。随着国内社会体制改革不断得到深化，国内学界加深了对西方理论的认识，开始越来越重视三分法的价值。当代众多西方

---

① 郁建兴：《伯恩斯坦的市民社会理论与马克思》，《哲学研究》1997年第4期。

学者，包括葛兰西，等等，从新的角度解释了市民社会具有的含义，并认为国家—市民社会的模式应被国家—经济—市民社会的模式取代。即认为应将经济领域视作独立于市民社会的事物，并且强调经济所能发挥的整合社会以及文化传播和再生产的作用。戈登·怀特认为，"公民社会是国家和家庭之间的一个中介性的社团领域，这一领域由同国家相分离的组织所占据，这些组织在同国家的关系上享有自主权并由社会成员自愿结合而形成，以保护或增进他们的利益或价值"。① 这一概念的提出，越来越受到学界的支持和认可。此看法显然深受哈贝马斯思想的影响，体现了西方市民社会理论重心的变化。当前经济系统的迅速扩展及其商业化趋向对公民社会的独立性产生了极大的影响。而国内民营经济蓬勃发展，各类民间组织逐渐兴起，个人自主的社会生活空间得以产生且不断向前发展，这亦要求人们重新审视该问题。

　　此时期，正是国内各方面获得一定改革成果并且改革初期包含的问题渐渐显露的时期，另外，国内对外开放程度逐步提升，世界经济全球化特征日益明显，影响了中国的所有领域。和上一时期比较，该时期与公民社会有关的研究展现出以下新的特征：首先，越来越多的学者开始应用"公民社会"的概念，而非"市民社会"这一含有贬义的词汇，"正如我在上个世纪 90 年代里预料的那样，虽然现在仍有人继续使用市民社会和民间社会的概念，但为数已经不多，绝大多数学者使用公民社会的概念"，② 因为公民社会理论更为重视包括参与权等在内的一系列公民政治权利；其次，从政治社会学的角度实施的与公民社会相关的研究取得了较为丰硕的成果，而且其中涵盖了许多实证研究成果，对社会产生了极大的影响，非政府组织以及第三部门等逐渐被广大的民众认可，例如清华等一批高校设立了非政府组织研究中心，发表了许多相关的书籍；再次，以往采用的二分法被更符合实际需求的三分法替代，学者们充分利用新的研究方法来探讨公民社

---

① 何增科：《公民社会与第三部门研究引论》，《马克思主义与现实》2000 年第 1 期。
② 俞可平：《中国公民社会研究的若干问题》，《中共中央党校学报》2007 年第 6 期。

会的架构及价值，部分学者还试图彻底摆脱"国家主义和自由主义"之间的相互对立关系，积极寻求建立符合中国国情的"社会主义公民社会"的新方式①；最后，一些学者②结合公民社会、治理以及善治等内容实施深入研究。此外，公民社会在国内的逐渐形成加快了国内的治理转变以及治理结构多样化发展的进程，使治理与善治的相关理论得以在国内渐渐兴起。

通过以上对 civil society 概念的辨识，我们可以将其归纳为两类：一类建立在国家和市民社会的二分法基础上，公民社会在此是指独立国家但又受到法律保护的社会生活领域以及与之相关联的一系列社会价值或原则；另一类则建立在国家—公民社会—市场经济的三分法基础上，公民社会在此是介乎国家和市场之间的一个社会相互作用领域以及与之相关的价值或原则。不管是两分法还是三分法，它们都是"一种分析工具，我们必须根据理论与实践的需要，具体问题具体分析，而不能抽象地探讨或简单地给予肯定或否定"。③ 笔者倾向三分法的观点，因为"我们现在通常使用的正是以社会三分法为基础、以民间组织为主体意义上的公民社会概念"④，公民社会概念显然与人类发展的实际状况更为相符，相对于"市民社会"而言，无疑是一种超越。依据三分法，可将公民社会视作"是国家或政府系统，以及市场或企业系统之外的所有民间组织或民间关系的总和，它是官方政治领域和市场经济领域之外的民间公共领域。公民社会的组成要素是各种非政府和非企业的公民组织，包括公民的维权组织、各种行业协会、民间的公益组织、社区组织、利益团体、同人团体、互助组织、

---

① 郁建兴、周俊：《中国公民社会研究的新进展》，《马克思主义与现实》2006 年第 3 期。
② 参见俞可平编著《中国公民社会的兴起与治理的变迁》（2002 年版）。作者从案例出发，对正在兴起的中国公民社会及其善治的意义做了初步的理论概括。刘明珍编著《公民社会与转型治理：发展中国家的视角》（2008 年版）是一本译文选编集。正如书名所示，这一论文集的主要意图就是从公民社会与转型治理的关系探索转型国家社会发展的实践选择。
③ 庞金友：《当代公民社会与民主化关系的新解读》，《文史哲》2004 年第 5 期。
④ 俞可平：《中国公民社会研究的若干问题》，《中共中央党校学报》2007 年第 6 期。

兴趣组织和公民的某种自发组合等等"。① 它既不是政府的组成部分，亦不是市场系统的组成部分，而是存在于两者之间的"第三域"，或是"第三部门"（Third sector）。根据公民社会的结构性要素，何增科就西方已达成共识的观点，概括其四个特征②：私人领域、志愿性团体、公共领域、社会运动。但是，较之西方国家，俞可平则认为中国的公民社会具有自身发展的特征③：中国现有的公民社会由政府主导，表现出显著的官民双重性；中国的民间组织正逐步产生，表现出一定的过渡性；和前述特点相符，国内的民间组织尚未规范化；中国当前的民间组织参差不齐，各个民间组织在社会中具有的影响力差别较大。

从上文可知，"公民社会"自身具有多个方面的含义，并且将此概念应用于中国的复杂程度较大。笔者在研究后决定运用"公民社会"这一译法，并非是有意贬低其余译名（所有译名皆具有其自身的含义），而是鉴于如下几种情况：首先，中国农民在总人口中所占比例很大，与西方国家明显不同，假如选用市民社会这一概念，很自然地便排除了所有的农民，这显然和中国国情不符，所以选用"公民社会"更为适宜；其次则是，中国在漫长的发展过程中，尽管曾出现过一些传统的民间组织，例如帮会，等等，但它们在实际上是无法参与政治生活的，这便不能满足现代化的要求，所以选用"公民社会"可以更好地应对和现代性契合相关的问题；最后，从公民文化的方向进行分析，广大落后国家的发展，需要积极培养与公民社会相适应的公民意识与公民性格，所以选用公民社会更具价值。

（二）如何建构中国的公民社会

公民文化是以公民社会精神为根基并超越公民社会精神的现代文

---

① 俞可平：《中国公民社会：概念、分类与制度环境》，《中国社会科学》2006年第1期。
② 何增科：《公民社会与第三部门研究引论》，《马克思主义与现实》2000年第1期。
③ 俞可平：《中国公民社会：概念、分类与制度环境》，《中国社会科学》2006年第1期。

化。当前，中国公民文化建设所遇到的问题的关键原因之一在于忽略了公民文化产生的社会基础。中国公民社会赖以生存和发展的经济、政治和文化环境处于转型之中，中国公民社会的健康成长必须从中国的历史和现实发展出发。市场有自身的发展逻辑，市场的发展要求确立自身与国家之间的关系，两者的博弈促使了公民社会的出场。因此，从国家—经济—公民社会三者的互动关系来理解是可行有效的。

1. 公民社会与市场经济

公民社会与市场经济之间存在双向互动关系。虽然公民社会与市场经济概念有着不同领域的研究向度，但两者本质上有着内在通联，存在由此达彼的中介；无论"人们对公民社会的认识存在多大的纷争，在不同界说中，公民社会的基本结构性要素和特征均要回归到市场经济基础上并在此阐发"。[①] 因此，构建中国的公民社会必须为其留下足够的成长空间，并建立有利于公民社会发展的生长机制，同时，要兼顾构建中国公民社会与中国政治现代化的正向、同步展开。

（1）市场经济铸就公民社会

无论是西方典型公民社会内化自为的形成，还是当代中国公民社会的初露端倪，都离不开市场经济这个基础。社会主义市场经济体制的建立与发展，"对整个中国的影响不啻是一场革命"。[②] 它不仅冲破了中国传统社会主义的计划模式，而且也深刻改变着中国的社会基本结构。正是中国现代化进程中的市场经济不断完善发展，为公民社会的培育做了最基本的物质与精神支撑。

第一，市场经济拓展了公民社会的物质空间。市场经济体制以市场为主导进行资源配置，可有效提升企业及经营者参与生产的热情，推动生产力不断向前发展，进而使非政治的公共领域获得必不可少的经济支撑。在市场经济中，对资源配置发挥基础性作用的是市场本身而非权力，根据市场中的价格信息来调整社会生产，支持各个市场主

[①] 曾盛聪：《中国现代化与公民社会发展》，《重庆社会科学》2005年第1期。
[②] 俞可平：《社会主义市民社会：一个新的研究课题》，《天津社会科学》1993年第4期。

体之间的良性竞争，从而加快社会经济的发展步伐。在市场经济体制下，各种类型的市场主体，参与市场活动的主要目标在于实现利润最大化，获得尽可能多的物质利益，不断增大生产效益。而且社会层面亦会根据效益以及利润等指标来评价不同主体所创造出来的业绩，进而又从客观上确定其相应的社会地位。在上述利益机制以及利益评价系统的共同作用下，必定可激活及进一步增强民众对物质的欲望，使民众不再像在计划经济时期那样对物质利益漠不关心。市场经济极为强调物质利益原则，不但能够重新点燃民众对物质利益的欲望，而且能为民众获得物质利益创造必要的空间及机遇，等等。总而言之，市场经济使广大民众可以根据一定的原则及自身的实际需求自由追求个人或组织的利益，从而为构建和发展公民社会提供不可或缺的条件、动力源泉和空间。

第二，市场经济有助于进一步完善现行的法律制度。在市场经济体制中，市场主体可充分利用市场交易来获得所需的经济利益。因为市场交易本身具有的复杂性，它同时也隐藏着极大的风险，市场主体的利益随时可能遭受损失。为维护个人的经济利益，市场主体便会寻求来自于法律层面的支持，以期法律规则能使各项市场交易活动有某种可预测性，市场主体进而能够依据预先的判断来合理规划未来的市场交易活动。从客观上来说，市场竞争关系对市场主体行为形成一定的约束，所有市场主体仅可在同一公平的交易秩序下获取个人的经济利益。为确保交易秩序始终正常，国家不但需要出台和实施与经济发展需求相符的法律规则，而且需要严格根据相关法规行使自身的权力。符合这种要求的法律制度包括公开性、明确性、稳定性、一致性和不溯及既往等特征，必须具备一系列形式的合理性。

第三，市场经济营造着公民社会的多元化。国内改革不断深化，市场经济也在逐步向前发展，所有制关系发生了极大的变化，经济组成结构日益复杂。计划经济时期的全民所有制以及集体所有制被渐渐舍弃，个体经济与私营经济持续快速发展，外国投资总量不断增大，形成了多种所有制经济并存的发展状况，其中，最受民众关注的是个体、私营及混合所有制经济。所有制结构发生巨大变化，直接改变了整体的社会结构，社会阶级的特征亦与以往有较大的不同，包括农民等在内的各个阶级皆在快速的分化重组，新的阶层迅速形成。他们的物质条件、社会角色、权力及文化水平皆有所差别，相应的，利益需求必然也会具有明显的不同，社会日益复杂化、多元化。上述市场经济的特点为公民社会独立于政治国家之外提供了一定的基础。市场经济明显加快了社会阶层的分化速度，导致利益主体越来越多元化、异质化。

第四，市场经济塑造着公民社会的主体性。公民社会的形成及发展依赖于众多相对独立的组织及个人的存在。在市场经济下，市场主体严格依据平等原则参与市场交易活动，亦即其前提是各个主体具有平等的地位及机会，所有个人或组织皆不能享有任何形式的特权，而且也不会因为权力或地位上的不同而存在等级的差别。市场经济极为强调平等原则，有助于培养民众的公民意识，加快公民社会的建设和发展。唯有存在具有充分独立性且能自由平等地相互竞争的经济主体，市场经济方可实现长期的健康发展。市场经济主体在特定条件下可发展成公民社会主体，而市场经济中的平等原则等各类原则亦在公民社会中发挥着必不可少的作用。市场经济不仅培育了具有充分独立性的市场主体、强调平等共赢的契约精神以及注重自由独立的个性观念，而且重新确定了各种利益的获取及分配规则。这些皆是产生公民社会的前提条件。市场经济发展水平越高，个体及团体便会具有越加强化的自主观念，社会交际的能力也会变得更强，如此，公民社会的自主性品格便可得以真正形成。

无论是西方典型的公民社会内化自为的形成，还是当代中国公民社会的初生萌发，都离不开市场经济这个基础。市场经济体制的确立与发展，"对整个中国的影响不啻是一场革命"。它不仅冲破了中国传统社会主义的计划模式，而且也深刻改变着中国的社会基本结构。正是中国现代化进程中的市场经济不断完善发展，为公民社会的培育做了最基本的物质与精神支撑。因此，公民社会与市场经济的关系为双向互动，强大活跃、健康有序的公民社会是市场经济成功的重要保证，市场经济则为公民社会提供了坚实的物质基础。

（2）公民社会催生着市场经济

公民社会在当代中国主要是指市场经济领域以及建立在市场经济基础上的非政治的社会关系领域，市场经济是公民社会建立的物质基础和基本的经济架构。因此，公民社会与市场经济的相互作用不是单方面的。公民社会为市场经济的良性运行提供了社会基础，强大活跃、健康有序的公民社会是市场经济成功的重要保证，公民社会是市场经济发展的必然推演。

第一，公民社会为市场经济提供了社会基础。市场经济在创造和培育公民社会的同时，也将公民社会作为自身不断向前发展的社会基础，和基于权力及制度的政治国家有着显著的区别，公民社会的正常运作和健康发展以契约关系以及契约精神为基础。而市场经济由于公民社会主体的自主、独立，和公民社会与政治国家两者间的相互约束，而获得了科学且充满活力的制度安排以及稳定有序的市场环境。政治国家仅可依赖法律及一系列政策，从宏观的角度实施间接调控，所以缺少公民社会，市场经济便如同鱼缺少了赖以生存的水一样，完全无法继续运作。因为国内的市场经济是国家在特殊的历史时期从上至下启动的，并且国内公民社会的发展仍处于起步阶段，所以积极构建符合中国国情的公民社会，是建立和健全社会主义市场经济体制的必然要求，亦是中国进行国家建设的当务之急。

第二，公民社会形塑市场经济的精神品格。公民社会的出现"是现代化革命中的一个环节。如果我们对它的基本精神掌握了的话，也就是掌握了现代性的一个面向"[①]。公民社会适合于市场经济的发展，是由其自身所包含的特性决定的。一般来看，公民社会本身具有以下几个特质。首先，开放性。自由是人特有的圣物，开放性与自由总是息息相关的，对自由的追求是人类存在的意义。市场经济本身经营是由封闭走向开放，通过市场机制来实现资源优化配置的一种经济运行方式。其次，民间性。公民社会就其性质来说，是一种民间性质的经济化自由联合状态，它的生成、组织和运转往往是以民间形式进行

[①] 陈晏清：《当代中国社会转型论》，山西教育出版社1998年版，第214页。

的，不需要政府的直接介入。再次，自治性。在公民社会的所有形式中，社会始终贯穿着自我治理的本质，这是社会自由发展、竞争成长的基础，不论是地方自治还是民间团体的自治，它们本身就孕育着一种市场化和民主的本质因素，与国家一起享受着分权的益处，而不至于将国家推向僵死的集权状态。最后，契约性。这是公民社会存在的规范条件。在公民社会中，人们在社会的各个方面都受到一种契约观念和意识的支配，相互的行为以契约的方式规范出来。现代市场经济是以商品生产和交换为内容的契约经济，从契约中反映出来的契约观念则是现代社会的集中体现。

第三，公民社会具有规正市场经济的功能。公民社会中非政治性质的社会组织可有效推动市场经济的规范化发展。首先，此类组织能满足市场经济发展在精神层面的需求，例如学校可以向市场提供先进的技术以及团队合作的精神，家庭等则能提供包括友爱在内的一些伦理精神。其次，此类组织还可在一定程度上解决市场经济发展过程中产生的各种矛盾，包括劳资矛盾，等等。在市场无法应对上述矛盾时，工会等相关组织实施的谈判及协商便显得尤为重要。最后，公民社会组织本身蕴含着的中介性质，让其可以监督与约束政府及市场，从而确保经济能始终正常运作。公民社会唯有在实现可持续发展的前提下，方可有效参加各个方面的社会经济生活，形成对国家公权力的有效监督，防止"权力的滥用"。同时，公民社会将更多地参与经济社会生活，更多地参与国家经济政策的制定，这些将会使整个社会的经济市场化进程大大加快，有利于中国现代化的健康有序发展。

第四，公民社会是推演市场经济发展的主体力量。市场经济最一般的理解应该是"一种经济自由运行的社会性市场机制和以公民个人为基本单元的大众平等的经济参与过程"[1]，是市场主体自由、平等地进行交易的经济形式。因此，"市场经济很大程度上就是契约经济，即独立、平等的市场主体在契约自由、意识自治和责任自负的基础

---

[1] 贾东桥：《公民社会：建立市场经济体制的社会基础》，《社会科学研究》1994年第6期。

上，自由、平等地参与经济活动"。① 其蕴含的政治价值取向应是以公民及一系列组织为基点的独立自治和平等参与的社会民主。正是公民社会的发展，一方面促进了经济体制改革，另一方面催生了社会民主的发生。以公民社会为导向而形成的各种组织，积极参与市场经济改革，为制定经济政策不遗余力，激发了人们参与市场经济的主动性和创造性热情，这不仅有助于确保国家经济状况免于停滞，而且有助于社会经济的繁荣与持续发展。当"公权"超然于社会之上，不再直接干预经济领域的具体事务之后，公民社会演化的各种组织相应地承担了培育自由市场、弥补市场失灵、完善经济机制、造就自主的市场主体等方面的职能。可见，公民社会不仅为市场经济的发展提供了智力支持，而且为其提供了价值资源。在市场经济催生公民社会之后，离开了公民社会的能动作用，市场机制就难以有效地、持续地发挥其主导性效应。

总之，伴随着社会主义市场经济的深入开展，在现代化的进程中，中国最终会实现自治、法理、多元及理性的公民社会。一个尚在萌动中的中国公民社会，让我们看到了新的进步和希望。

2. 公民社会与法治

伴随着城邦国家、城市公社、民族国家以及资产阶级共和国的相继建立，公民社会逐渐演化出自我丰富内涵的"私人利益的体系"（马克思语）开始发展壮大，逐渐和公共领域相分离，且产生了非政治性质的经济、文化，等等。经过一定时期的发展，在满足特定的物质条件和精神条件后，公民社会便可独立于国家之外。公民社会的内在运行秩序，培育和生成了多元利益群体，构成了对国家权力的分割和制衡的重要力量，为民主政治奠定了坚实的社会基础；超然于社会的国家制度则为公民社会提供了制度性的法律保障，并通过抽象立法与具体的执法和司法行为对公民社会进行必要的干预和调试，两者之间从而产生一种无害的互动关系，且促进着"整体国家"稳定地向

---

① 胡平仁：《市场经济与市民社会——市场经济发展对社会结构变迁的深层影响管窥》，中国民商法网 2001 年 7 月 28 日。

前发展。

(1) 公民社会的法治意蕴

欧洲近代之后,公民社会的产生及发展,城市自治制度等众多与社会发展密切相关的法律得以建立,进而加快了西欧的法律形式主义的发展步伐,且理性的形式主义法律框架逐渐形成,使法律形式主义运动具有了坚实的社会基础。进而,以从下到上的模式加快着西欧法治的发展。因为资产阶级革命的顺利实施和资本主义制度的真正确立及不断发展,西方公民社会得到了前所未有的充分发挥,公民社会的现代转型与整体发展不仅为现代法治的形成奠定了坚实的物质基础,是现代法治的原动力;而且公民社会的理性规制、自治法则本身就蕴含着浓厚的现代法治理念,尤其是公民社会因自身缺陷需要现代法治的弥补,则更为现代法治的形成提供了良好的发展契机。可见,公民社会的产生及发展于法治具有较大的价值。公民社会实质上是一种基于市场经济的、强调多样化及民主的社会。所以,近代之后,公民社会获得较长足的发展是现代法治得以形成的逻辑起点或说是充分必要条件。

中国的公民社会如何?由于国内市场经济与民主政治逐步向前发展,中国公民社会得以形成并获得了快速发展,且对中国的社会政治生活发挥着越来越不可忽视的作用。民间组织是公民社会的关键主体,此类组织具有明显的非政府性以及自主性等特点,这样的民间组织的存在和发展也是改革开放后的中国社会区别于改革开放前的传统体制的重要方面。[①] 从对公民社会的特征分析中我们可以发现,公民社会内化着现代法治的价值,公民社会建构和中国法治发展具有同一基本价值或原则,共同构成了公民社会的法律文化特征。第一,个人主义。个人主义的假设一直是公民社会理论的基石。它假设个人是社会生活的基本单位,公民社会和国家都是为了保护和增进个人的权利和利益而存在的。第二,多元主义。它要求个人社会方式的多样性、

---

① 俞可平:《中国公民社会:概念、分类与制度环境》,《中国社会科学》2006 年第 1 期。

社团组织的多样性、思想的多元性。维系这种多元主义的是宽容和妥协的文化。第三，公开性和开放性。政务活动的公开性和公共领域的开放性是公众在公共领域进行讨论和进行政治参与的前提条件。第四，法治原则。公民社会理论强调要从法律上保障公民社会与国家的分离，在三分法的情况下，还要保障它同经济系统的分离。倡导法治原则的目的是为了划定国家行动的界限，反对国家随意干涉公民社会内部事务，从而保证公民社会成为一个真正自主的领域。[①]

现代法治正常运作的基础在于公民社会本身所具有的特性及价值。在严格依法对社会实施治理的过程中，充分协调监督"公权"与保障"私权"之间的关系，是发展公民社会及中国法治的共同要求，而促使两者进行良性的互动则是国内建设公民社会的关键内容。

中国法治发展在很大程度上取决于公民社会的构建。第一，中国现阶段的转型显然需要政治权威给予强有力的支持，公民社会可有效约束政治权威，避免产生专制的现象，而在平时，则可遏制国家权力的无限膨胀。这主要体现在高水平的公民社会可将国家权力的运行限制在一定的范围之内，从而避免产生权力腐败或滥用的现象；公民社会中各类民间组织的发展及独立可使政府官员感到无形的压力，从而不敢贪腐；公民社会能充分利用各类传媒及公民权利本身，全方位监督权力的运行；公民社会可由代表直接运用国家权力，从法律层面管控权力滥用现象。第二，公民社会在积极推动市场经济发展以及培育自主、多样化的社会组织的基础上，为法治提供必要的社会基础。公民社会中各个构成部分的成熟发展可让其具备与政治国家分离的品格，这亦为社会的法治化发展提供了重要的基础。企业从而发展成为可以自主经营和自负盈亏的具有充分独立性的市场主体；行业组织及其余各类社会组织获得较长足的发展，实现高水平自治；社区真正转变成居民民主管理的基本单位。第三，构建法律需要充分考虑公民社会的实际状况及需求。法律广受社会各界认可，显然是建设法治社会的关键前提。法律在构建之初，应最大限度地体现公民社会各个主体

---

① 张清：《当代中国公民社会的长成及其法治化》，《政法论坛》2005年第1期。

的意志。法律开始实行，便被赋予一定的强制性与排他性。然而这并不能表明国家能够采用强制性的手段实行某项法律。建立法治秩序需以公民普遍认可为前提，在社会主义体制中，国家的强制性力量往往是使法律具有某种权威的外在形式，它的运用仅可针对一小部分不法分子。

在市场经济体制中，公民皆是纳税人，他们为政府的正常运作及政府各级人员的日常活动提供了资金支持，因此政府的一切实际上皆是由公民给予的。市场经济又往往被称作法治经济，这是因为市场经济的运作需要以相关的法规体系为支撑。市场经济不但是法治的得益者，同时亦是法治最重要的支持者。国内法治的发展为构建公民社会提供的保障体现在如下几方面：第一，法治化可加快公民社会发展的进程，且使公民社会具有法律上的保障以及足够的合法空间。第二，法治化过程还可使公民社会具有普遍适用的法规，确保国家公权严格依据相关法律从宏观的角度管控公民社会，对社会矛盾采取及时有效的应对方法。第三，国内法治发展在构建众多约束国家公权的法规的基础上，保证公民社会的正常运行，并确保公民社会所具有的独立性。[①]

由上所述可知，公民社会正是由于具有了诸多较为特别的架构及特点，为法治的不断发展提供了必要的多样化社会基础而具有了其余类型的社会无法替代的法治价值。在此种社会机理下，产生了独立性较强的社会个体或组织，民众开始热衷于追求自由与平等，并充分展现于公民意识中，进而转化成"法治精神"。但在此类社会中，仍旧具有各种各样的矛盾，促使法律不断朝形式化的方向发展，使法治的方法逐步科学化与合理化；同时我们看到，冲突与整合的不断试错中，又为法治提供了一种原生性规则秩序。所以公民社会和法治的相互影响、共同促进尤为必要，唯有在法治化过程中解决了国家和社会之间的冲突，方可有效遏制国家权力的膨胀，发展社会私域，从而加快社会实现自治的进程；而公民社会实现"自治"，不但是法治的重要目的，而且是中国法治未来发展的必然趋向。所以，要实现法治，

[①] 王彬：《市民社会驱动：中国法治发展模式的选择》，《行政与法》2004年第3期。

则必须重构社会自治与国家公权两者间的关系。

（2）公民社会视阈下的中国法治建设

伴随着城邦国家、城市公社、民族国家以及资产阶级共和国的更迭兴起，公民社会的勃兴和国家与公民社会的二元分离相伴产生。这一萌生与分离运动，超然于社会的国家制度，为公民社会提供制度性法律保障，并通过抽象立法与具体的执法对公民社会进行必要的干预和调试。对于后现代化中国的法治进程来说，目前所实施的"依法治国"的方案，无疑是一支关键的助推器，在根本意义上，这一过程也是国家—经济—公民社会互动的必然要求与反映。

"依法治国，建设社会主义法治国家"这一治国方略的确定，其实也就是公民社会理性规则秩序的确立。法治的落实与推进，为公民地位的确立与实现提供了重要保证。然而，这种"外生秩序"的建构必须立足并体现公民社会的"内生秩序"，在立法、执法与司法各个环节，必须抛弃权力本位意识和国家主义情怀，努力回应公民社会的利益主张和自由权利保障要求；而公民社会所带来的利益多元权力主体则应积极参与国家法律规制的制定与实施，使公民社会的权利、利益和主张尽可能地注入国家法律框架之中。同时，公民社会主体也要克服"大民主"和乌托邦精神，在多元权力和利益的冲突与整合中，强化和提高自主协调能力、遵规守纪意识和"公民认同"水平，进而形成一种公民社会的"隐秩序"，并为国家法律框架提供合法性和理性自律秩序基础。[①]唯其如此，方能实现公民社会和国家的良性互动，从而推动当代中国的社会主义法治国家建设进程。

3. 公民社会与第三部门

伴随着公民社会理论成为当代世界的一股重要社会政治思潮，以非政府组织或非营利组织为对象的第三部门（Third Sector）的研究兴起于20世纪80年代。它起初和公民社会理论的关系并不密切，这是因为当时的公民社会理论家主要是在政治哲学的层面展开规范的研究，而第三部门则偏重于从组织理论和行政管理理论的角度开展自己

[①] 马长山：《国家、市民社会与法治》，商务印书馆2002年版，第285—286页。

的研究。公民社会理论作为当代世界学术研究的热门话题，公民社会与第三部门（third sector）自然成了中国学人研究的焦点。进入20世纪90年代后，人们开始关注两者关系的密切度，随着研究的深入，这两种研究出现了合流的趋势。二者融合的直接结果是公民社会为第三部门提供了理论支持，而第三部门则成为公民社会理论的现实载体与实践者。从一定意义上讲，公民社会的成长与逐步壮大得益于第三部门的健康发展。

（1）如何界定中国的第三部门

由于"civil society"学界有着不同的翻译，关于"third sector"一词，国内也有不同的译法，即"第三域"或"第三部门"。这两种译名之间的含义没有很多的差别。所谓"第三域"指的是与公共领域（公域）、私人领域（私域）相对而言的一个领域，第三部门指的是与公共部门、私人部门相对而言的另一个部门，它们所指称的都是各种非政府、非营利性的民间组织。相比之下，第三部门的用法更加通俗易懂一些，所以人们多选择这个译名。

当前在学术界使用的概念中，与第三部门相近或可以替代其的概念很多，如非营利部门、非政府组织、志愿部门、第三领域和市民社会、公民社会等。有学者认为，第三部门是一个充满了歧义的术语。王绍光在其著作中概括了国际上对"第三部门"的四种定义：法律、组织资金来源、组织目的或功能、结构—运作定义。一是从法律上界定，根据法律有没有减免税待遇，如果有，就是第三部门；二是依据组织的资金来源进行确定，凡是收入大部分产生于会员的会费及捐赠的，便可被视作第三部门；三是依据组织的具体特点进行确定，其特点涵盖自治性以及非营利性，等等，与这些特点相符的便可被视为第三部门；四是根据组织的基本结构和运作方式给出定义。其中最为著名也是最经常被许多研究者所引用的是萨拉蒙以"结构—运行"为标志提出的界定非营利组织的5个基本条件。[①] 这样大致概括了国外学

[①] 王绍光：《多元与统一：第三部门国际比较研究》，浙江人民出版社1999年版，第2—3页。

者研究"第三部门"的理论层次。中国的第三部门应该如何界定？1998年，国务院将设于民政部的原社会团体管理局改为民间组织管理局，"民间组织"一词从此作为"第三部门"的中国官方用语开始被正式使用。① 有学者认为，在界定第三部门时，需要协调好非营利组织的主要特征和中国较为特别的状况间的关系。部分实践者指出，不应根据资金来源判断是否为第三部门，因为此类组织很大一部分资金亦由政府提供，与政府部门差别不大。此外也不应依据是否免税进行界定，在国内与第三部门相关的免税政策尚未出台，还十分模糊。而如果依据自治性来判断，则会使许多第三部门被挡在门外，显然亦不适宜。所以某些学者提倡运用排除法进行界定，即政府属于第一部门，而市场则属于第二部门，剩余的全部属于第三部门。正常而言，人们普遍认同在国内，如下五种组织可被视作第三部门：社会中的各种团体；私营非企业单位；各类社会组织；单位内无须进行登记注册的组织；农村地区的专业协会。较具争议性的组织如下：第一，八大人民团体，这些团体具有较为浓厚的政治色彩，处在政府和非政府组织之间，与非政府组织的资金及管理模式并不相符，而且亦非全然的民间团体，因此许多实践者不主张将其界定为非政府组织；第二，事业单位，此类组织复杂程度较大，涵盖众多类型，部分与行政单位具有非常密切的关系；第三，村民自治组织，此类组织发展历程较短，尚未成熟，在性质确定上仍较具争议；第四，其余较为特别的机构，如中国文联，等等，此类组织无须实施登记，由国家编委负责，对此类组织的定性尚未取得较一致的意见。

借鉴以上对第三部门概念的认识，所谓"第三部门就是指介于纯粹的公共部门与非公共部门之间的部门，即介于政府组织与竞争性工商企业之间的一些部门。它包括以下三类组织：一是公益性组织，如城市供水、交通、市政等组织，其性质属于企业化倾向比较明显的准公共部门；二是公共事业组织，如公共教育、科研、福利等组织，其性质属于企业化倾向较弱、政府管理较明显的准公共部门；三是非政

---

① 齐柄文：《民间组织：管理、建设、发展》，山东大学出版社2000年版，第30页。

府公共组织，如各类联合会、基金会等组织，其性质属于政府管理倾向明显的准公共部门"。[①]

当前，中国正处于社会转型期，社会生活的各个层面正趋向于现代化，经济的市场化、政府职能的转变、公民社会的培育带来的急剧变化使第三部门获得了珍贵的发展机遇。在中国快速兴起的第三部门，亦体现出明显的非政府性以及自主性等一些普遍特点，且对社会产生了较大的影响，在各个领域中皆或多或少地发挥出了改善政府职能及进一步确保市场正常运行的作用。然而，转型期所特有的相关制度建设滞后、制度冲突、社会力量的消长和剧烈碰撞以及中国政治体制改革的自身发展逻辑，使得中国第三部门的发展有别于西方的历史经验和其他第三世界国家的实践过程，显示出自身的特征。第一，具有明显的"官民"双重性。1989年国务院公布的《社会团体登记管理条例》及其1998年的修订本确立了社会团体的双重管理体制。"双重管理"是指社会团体有两个管理部门：一是登记管理部门，二是业务主管单位。第二，国内"第三部门"总体上正在形成之中，具有一定的过渡性。第三，国内"第三部门"尚处在起步阶段，组织还不够规范。第四，发展不平衡，不同地域、不同类型的"第三部门"在影响和地位的作用方面差距很大。唯有各类社会组织实现均衡发展，方可构建出一个完善的社会，从而更好地发展整个国家。

（2）第三部门在政治文化发展中的作用

第三部门作为社会的一个重要组成部分，有着其余组织无法替代的社会职能：它可使广大的社会志愿者拥有服务社会的舞台，有利于营造良好的社会风尚，促进社会的和谐文明与进步。同时，通过"第三部门"与政府的竞争合作，还有助于弥补政府能力的不足。

第一，第三部门有利于创造培养公民自治人格的社会土壤。第三部门不依赖政府或企业而存在，是民众自愿组成的一种组织，它具有充分的独立性，可使个体的自由及发展具有适宜的环境和条件。其基

[①] 李文良：《关于我国第三部门的再认识》，《山东师范大学学报》（人文社会科学版）2003年第6期。

本原则体现在平等和自由等方面。此类组织一般和个人之间有着十分密切的联系。它不但能使个人有所保障,而且可以在约束国家权力的基础上实现自治。在经济层面,能有效确保市场经济始终正常运作;而在政治及法治层面,则能充分协调个人和国家之间的关系,从而形成政治参与行为以及法治参与行为,有效地强化民众的民主法治观念和相应的能力。第三部门的不断发展可加快自治社会的形成。自制社会极为强调自律的作用,它不但可以构建出一种全社会民众认同的契约性原则,确保权利、义务协调一致,而且可以缓解社会中的各种矛盾,有效避免产生社会动荡的局面。第三部门中还具有充分的自由,强调成员的自我管理。这显然有利于培养民众的民主自由观念,而民主政治的实现以民主价值理念为民众所认可为基础。托克维尔指出,美国民主深受"新英格兰乡镇精神"的影响,此精神充分展现了自治原则。在第三部门里,民众崇尚民主,他们自愿参与各项活动,民主逐渐与人们的生活相互融合。可见,第三部门如今是民主价值社会化的一种关键途径。

第二,第三部门有利于弥补政府与市场失灵。在市场经济体制中,第三部门实现快速发展,最主要的原因在于市场失灵以及政府失灵。其中,"市场失灵"一般指市场难以成功为社会提供公共物品。而"政府失灵"则指政府难以满足社会对私人物品的需求,例如政府开办企业往往缺乏效率,而且容易产生腐败现象。最后,两者只能互补,即政府主要负责满足社会的公益需求,而市场则主要负责满足社会的私益需求。"在此种意义上,两者存在的失灵问题需要互为解决,即市场失灵需要依赖政府予以解决,而政府失灵则需要依赖市场来解决。"[①] 中国在改革开放过程中,经济体制发生极大的变化,难以避免地产生了政府失灵以及市场失灵的情况,亦即政府难以对公共事务实施卓有成效的管理,而市场则无法体现出其所具有的合理配置资源的价值,导致此种情况产生的根本原因在于未能妥善解决社会不

[①] 秦晖:《全球化进程与入世后的中国第三部门》,《南方周末》2002年8月29日第3版。

断增加的信息需求与信息日益分散化及复杂化之间的冲突，对信息实施处理的成本太高。第三部门的出现和发展恰好能够弥补市场和政府在这方面具有的不足，调研类的组织出于服务社会的目标，积极搜集大量有效的信息以供政府与市场加以利用，从而确保政府制定正确的政策与市场实现可持续发展。在此过程中，第三部门全面参加各类项目的建设进程，解决国家和社会难以解决的问题，加快构建官民融合的治理机制。由上述可知，在政府与市场失灵的情况下，第三部门由于具有与众不同的特性和优势，可以妥善地应对某些社会问题，改善国家治理状况。

第三，第三部门有助于社会资本的逐渐增加。"社会资本"一词由皮埃尔·布迪厄首先提出，而帕特南指出，"社会资本其实便是社会组织具有的各种特点，包括信任和网络等等，这些特点有助于增进合作行为以提升社会的运作效率"。[1] 社会资本涉及的是意识领域，它形成于社会实践。具体而言，社会资本形成于社区中的居民自愿为维护集体利益而一起付出的努力，这些行为时常在志愿组织的实践活动中发生，第三部门从而成为增进人与人之间信任的关键所在。正是公民在参加各类社会组织的过程中产生的互惠和信任等构成了能推动社会向前发展的社会资本。第三部门能够有效提升民间自治的能力，培育人们平等、合作的精神，增进人和人的相互信任，充分体现公民的真实意愿。此外，第三部门的一系列行为可明显提高政府的运作效率；在第三部门发展较为成熟的社会中，国家及市场的运作效率皆处在较高的水平。第三部门开展各项活动旨在提升社会成员的自我管理水平，强化相互帮助的能力，这些组织在人权和教育等层面实施的活动皆能有效推动公民社会的发展，并逐步增大社会资本。

（3）当前视阈下中国"第三部门"的建构

从世界范围来分析，第三部门的价值日益凸显，然而第三部门要全面渗透人们的日常生活、充分体现其作用，首先需要应对的便是与

---

[1] ［美］罗伯特·D. 帕特南：《使民主运转起来——现代意大利的公民传统》，王列、赖海榕译，江西人民出版社 2001 年版，第 195 页。

政府赋予合法性及行政权利空间有关的各种问题。国内在公民社会方面实施的探究已顺利过渡到实证研究阶段，研究重点逐渐转移至"第三部门"上。从定义上来说，第三部门即不包括政府和企业在内的非营利性的且为社会提供所需服务的志愿性组织。国内"第三部门"的形式较多，包括社会团体等类型的组织。中国在不断壮大第三部门的基础上建设国内的公民社会，第三部门的发展趋向在很大程度上表明了公民社会的发展趋向，而且它意味着"国家—市场—公民社会"的新型社会格局的产生。部分学者指出，新中国成立之后构建起来的计划经济体制只强调国家原则；而实行改革开放之后，特别是1992年邓小平"南方谈话"以来，市场原则越来越受到重视，国家—市场格局渐渐得以产生；"小政府，大社会"的现代发展方式被社会各界人士认同，城市社区获得快速发展，这些都充分表明产生了国家、市场以及社会志愿组织三方面的力量协调发展的局面。假如把社会志愿组织视作第三部门的组成部分，而第三部门又和公民社会之间存在着极为密切的关系，则可这么认为，社区的快速发展和第三部门的逐渐兴起，意味着"国家—市场—公民社会"三方面的力量协调发展的社会格局得以真正产生。

从理论的方向分析，国内公民社会的建设和第三部门的发展之间相互作用，共同促进。当前时期，两者的发展存在主次之分，即其中一方具有一定的优先权。如今，第三部门与国家之间的关系为共生态关系，也就是政府依赖社团实施更为有效的管理，而社团则依赖政府的权威性及其经济的作用来不断壮大。此种共生态现象是国家和社会分化进程中的必然产物，属于分化未完成的体现。将来，国内改革不断深化，上述共生态必定会渐渐消逝，第三部门将最终独立于行政组织之外，自主性与自我管理水平明显提高，从而发展成公民社会的重要基础。从此方面来看，第三部门是国内公民社会发展的基础，虽然如今它的发展仍旧十分落后，但这显然取决于国情。此外，需要指出的是，第三部门并非是公民社会的前因，亦不仅仅是公民社会的一种结果，而且第三部门不会由于公民社会的成功建设而自然地趋于成熟。

如何加快第三部门现代化的进程？一方面，逐步摆脱对行政组织的依赖，增强自身的自治性，使其不受国家政治的支配；另一方面，在实现分离的基础上增强自我协调和自我管理能力，使社会完全处于自我建设、自我调适的状态，并且能够有效地影响国家大政方针。为此，应该建立统一开放的市场体系和完善的宏观调控体系，建立健全以按劳分配为主、多种分配方式并存的分配制度和多层次的社会保障体系，促进契约性规则的形成与发展，形成有助于第三部门构建的公共精神和行为方式。当前，中国的第三部门虽未形成完整的领域，但已初露端倪，政府应该从政策上对第三部门进行引导，在法律上加以规范，从而实现国家与社会同构、政府与第三部门共赢的局面。

五 促进生态意识，培育公民文化的治理环境

党的十八大报告确立了由"四位一体"到"五位一体"的方针，使中国特色社会主义事业治理内容更加丰富、结构更加完善，彰显了生态文明建设的基础性地位，生态文明构成了中国多元治理的重要维度之一。生态文明是人类遵循人、自然、社会和谐发展这一客观规律而取得的物质与精神成果的总和。促进生态环境与人和谐共生是新时期公民意识教育的重要内容，人们只有在生态环境保护中行动起来，才能冲破传统观念的束缚，自觉践行科学发展观。

（一）公民生态意识的理解

生态就是指一切生物的生存状态，以及它们之间和它们与环境之间的关系。生态文明是人类遵循人与自然和谐发展规律，推进经济、政治和文化发展所取得的物质与精神成果的总和，它既是一种人与自然和谐的文化价值观，也是一种生态系统可持续前提下的生产观，同时，还是一种满足自身需要又不损害自然的消费观。早在1983年，苏联学者基鲁索夫就明确提出"生态意识"的概念，他指出"生态意识是指根据社会和自然的具体可能性，最优解决社会和自然关系问题方面反映社会和自然相互关系问题的诸观点、理论

和情感的总和"。① 实质就是"反映人和自然和谐发展的一种新的价值观。"②

《宪法》规定："凡具有中华人民共和国国籍的人都是中华人民共和国公民。"公民意识是指公民应该明白自己作为国家的公民应依法享受哪些权利，同时应为社会履行哪些义务，就是必须为社会做些什么。明白这些道理的公民，就是具有公民意识的公民。公民意识是社会意识形态的形式之一，是一定国度的公民关于自身权利、义务的自我意识和自我认同的总称。公民意识内涵丰富，包括"人们对自身的社会地位、社会权利、社会责任和社会基本规范的感知、情绪、信念、看法、观点和思想以及由此而来的自觉、自律、自我体验或自我把握；还包括人们对社会政治生活和人们行为的合理性、合法性进行自我价值、自我人格、自我道德的评判，对实现自身应有的权利和义务所采取手段的理解，以及由此产生的对社会群体的情感、依恋、感应和对自然与社会的审美心理的意向"。③ 公民意识是社会文明的重要组成部分，它集中体现了公民对于政治、经济、社会等问题的态度、倾向、情感和价值观。公民意识同时又是一个复杂的观念形态系统，有它自身的内在逻辑联系着的层次结构。

生态意识是当代公民的一种新的世界观，是对传统"人类中心主义"的反思，是对人与世界关系的全新认识。生态意识具有丰富的内涵，其主要内容包括生态道德意识、生态法制意识和生态参与意识三个方面。

其一，生态道德意识。建设生态文明、发展人与自然的和谐关系、促进社会可持续发展，离不开科学技术手段的支持和法律法规的保障，更离不开道德意识的支撑。培育公民生态道德意识，是生态文明建设的一项基础性工程。解决生态问题、建设生态文明有赖于伦理

---

① [苏]基鲁索夫:《生态意识是社会和自然最优化相互作用的条件》,《哲学译丛》1986年第4期。
② 余谋昌:《生态哲学》,陕西人民教育出版社2000年版,第237页。
③ 姜涌:《中国的"公民意识"问题思考》,《山东大学学报》(哲学社会科学版) 2001年第4期。

精神和道德规范的引导和约束，亦即解决发展、科技、消费活动与生态平衡的矛盾问题，需要人们具备生态道德自觉，需要人们以生态道德责任感面对经济社会发展中的生态问题，需要以生态道德规范来评价和约束人与自然关系的一切活动和行为。生态道德意识是发展生态文明的精神依托和动力来源，是公民道德建设的重要内容。建设生态文明要求我们必须把道德观念引入人与自然的关系中，树立起人对自然的道德责任感，大力培育全民族的生态道德意识，使人们对生态环境的保护转化为自觉、自愿的行动。

其二，生态法制意识。法律规范以其强制性手段规范社会成员的行为，使其形成不得不遵循或服从的意识。法的维持是一种外在的关系，属于"他律"。"只有法律制度才能够持久地把握环境问题的长期发展特征。环境政策能否有效得以贯彻关键不在于抽象意识，而是组织、行动联盟和共同的实践法典。"[①] 健全的法律体系和良好的法治氛围对于维护人们解决生态问题的意识，具有道德所不可替代的作用。只有实现法治与德治的统一，才能培养具有较高的生态文明自觉性的"经济人""文化人"和"社会人"，从而从根本上解决目前存在的一切生态失范行为，提高人们的生态文明素质和社会生态文明程度。具体来说，必须明确与维护有利于生态环境保护目标的公民之间的各种利益关系，使生态法律为公民生态化行为提供依据和保障，为生态治理和建设过程中引发的矛盾和纠纷提供解决的途径。

其三，生态参与意识。日趋严重的环境问题，引起了公民对环境保护的理性思考。环境的全球性特点与环境破坏的全球性危害决定了人类作为一个整体必须肩负的责任与义务：共同参与环境保护事业，拯救我们共同的家园——地球。1992年，联合国环境与发展大会召开，标志着环境保护全球化的新时代的到来。然而，多年来的实践表明，这一事业需要人们付出巨大的努力。环境保护全球化需要全球人民——社会化的人、联合起来的生产者的共同参与。公众参与的动力

---

① [德]约阿希姆·拉德卡：《自然与权利——世界环境史》，王国豫译，河北大学出版社2004年版，第325页。

在于环境意识的确立，必须让人们真正理解地球环境的唯一性与有限性、人对环境的依赖性、环境破坏的危害性与严重性，确立环境保护的社会目的与价值基础，通过影响和改变人们的价值观念来起到增强人们保护环境的自觉性的作用。

（二）公民生态治理的构建

1. 保护生态环境，培育公民生态意识

生态意识是在人们对自然环境的整体性规律的认识，以及人类为保持对生命有益的自然界状态在活动过程中必须考虑的其他规律的认识的基础上形成的。公民生态意识包括生态道德意识、生态法制意识、生态参与意识。生态道德意识属于生态文明建设的一项基础性内容，它是生态文明建设的精神支柱和重要保障。培育公民生态道德意识要从使公民树立起对生态环境的正确价值观念入手，进而转化为公民自觉的行动，从而解决生态保护的根本性问题；培养公民生态法制意识要以培养和提高公众的生态法律意识为切入点，以明确公众的生态环境权利与义务为重点，以化解、处理各类生态问题为核心，以保护生态环境为终极目标，根据地区实际和历史教训，参考西方国家经验，采取不同方式进行；在环境保护全球化的时代背景下，培育公民生态参与意识从公民树立生态环境保护的观念入手，使公民准确地认识到环境破坏的危害，保障公民生态参与的权利，进而使公民能自觉地参与到生态环境的保护中去。

2. 催生公民意识，构建生态文明

公民意识是一定国度的公民关于自身权力、义务的自我认识和自我认同的总称，是社会意识的形式之一，是一个复杂的观念形态系统，有着本身内在的逻辑系统和层级结构。而生态文明从本质上来讲，是一种发展了的公民意识体系。诚如有的学者指出的那样，环境问题从本质上是人的问题，公民意识决定了公民在生态文明中的逻辑方式、行为方式等，公民对于生态文明的态度、价值观等构成了生态文明的基础。所以，公民对生态文明的关注程度、行为方式等是构建生态文明的关键。因而，催生公民意识对于构建生态文明具有不言而喻的意义。温家宝在哥本哈根出席联合国气候变化大会时说"遏制气候变暖，拯救地球家园，是全人类共同的使命，每个国家和民族，每个企业和个人，都应当责无旁贷地行动起来"。从这个角度出发，生态文明的构建是制度化了的公民意识的体现，而公民意识则无疑成为构建生态文化的根本驱动力。

3. 树立生态文明观，走可持续治理道路

生态治理是一项复杂而艰巨的系统工程，它不仅关涉数代人是否可持续发展的问题，也是深刻影响着未来社会各领域发展前景的问题。环境与生活在其中的每一个公民都密切相关，如何在生产、生活、发展中构建一个人与自然健康、可持续发展的方式，是我们共同追求的目标。

第一，以生态意识为指导，树立工业生态化观念。人类已经拥有毁灭地球的强大能力，而地球已经越来越不堪人类需求的重负。在世界现代化进程中，如何科学地处理自然环境、经济发展和社会变迁的相互关系，实现文明进步与自然环境的互利耦合，是一个无法回避和日益突出的问题。反思西方发达国家工业化进程所走过的"先污染后治理"的道路，其教训是深刻的：在取得高度物质文明的同时，也付出了牺牲生态环境的沉重代价。如今人们已认识到生态环境的恶化将严重阻碍社会的进步和发展，危及人类的长远利益。保护生态环境，走可持续发展道路已成为世界的共识，也为中国的社会主义现代化建设提供了可借鉴的宝贵经验。

随着能源安全和气候变化对各国经济社会可持续发展的威胁日益加重，发展低碳经济、建设低碳城市已经成为各国必须考虑的迫切问题。2009年12月19日，在哥本哈根气候变化大会上，温家宝发表了题为《凝聚共识加强合作推进应对气候变化历史进程》的重要讲话，并向世界做出了负责任的承诺：到2020年，中国单位国内生产总值二氧化碳排放比2005年下降40%—45%。这是中国根据国情采取的自主行动，是中国为全球应对气候变化做出的巨大努力；这一目标也将作为约束性指标，纳入国民经济和社会发展中长期规划中，并制定相应的国内统计、监测、考核办法。公民以生态意识指导生产实践是实现可持续发展的思想保证。

第二，以生态意识为目标，倡导生态消费观念。生态消费是指符合生态伦理的科学的消费方式，它不仅能陶冶情操、传承先进文化，而且能通过人们合理、有目的的消费，提高全体公民的生态意识。提倡以生态意识为指导、变革消费观念是主张合理的物质享受，主张公民经常对"消费什么""消费多大的量""采取什么样的消费形式"比较合适等问题进行思考，公民应将自己的消费选择对环境的潜在影响考虑进去。面对全球性生态危机，我们必须选择科学的生活方式。要以公民生态意识为导向，在生活方式上注重变革消费观念，实现科学消费、理性消费、绿色消费。自觉树立人与自然界的生态协调、同整个人类生存空间和谐的新的可持续发展的消费观念；必须注重生态消费精神的积淀、培养，以培养和造就素质高、有涵养、能力强的理性消费公民为目标，优化消费环境，使不同阶层消费者的消费观念和消费行为趋于生态化、科学化和人性化；必须建立和健全相关的消费法规与制度政策，加强消费的监督能力，注重发挥民间组织对消费过程、消费效能的监督作用，提高公民消费方式的文明水准与生态态度。

第三，以生态意识为内容，促进公民参与生态治理。当前，随着人类工业化进程水平的不断扩张，环境破坏的问题也触目惊心，人们也开始对传统发展模式所带来的弊端表现得无法容忍，科学发展观应运而生。科学发展观是在结合中国现实国情的基础上，对人类发展道路进行反思，借鉴西方国家有益经验而得出的关于中国发展道路的正确选择。因而，中国应当充分考虑"科技革命"所带来的后发优势，树立科学治理生态意识，建立起以党委领导政府主导多元主体参与的生态治理模式，优化经济结构转型，促进生态文明良性发展。全民在推进中国特色社会主义伟大事业不断前进的过程中，倡导"公共参与，协同治理"的以社会为中心的生态治理模式，并以此建立一种合作机制。这就要求全体公民牢固树立可持续发展的生态文明观，自觉地参与到生态保护的行为中去。

总之，推进中国特色社会主义现代化建设，树立中国式社会主义公民文化观念，是一项系统性、复杂性的工程。它需要"五位一体"整体的、多元的治理意识，在行动中，需社会各个方面的共同努力。因此，必须解放和发展社会生产力，不断实现最广大人民群众的根本利益，为公民文化建设奠定坚实的物质基础；积极稳妥推进政治体制改革，全面落实依法治国基本方略，为公民文化的建设提供制度和法律的保障；大力发展社会主义先进文化，积极开展各项公民教育活动，为公民文化营造良好的社会环境；牢固树立可持续发展的生态文明观，自觉地参与到生态保护的行为中去，提升生态公民意识。以此增强社会信任感、责任感，推进公民通过多元、有序地参与政治，使公民习得政治文化。

结　　语

　　社会转型期的每一个进步都是值得后人欣慰和骄傲的。在倡导政治文明建设的今天，政治文化因循一条什么样的路线呢？民主文化为何是最好的选择？人类社会为何追求民主？民主算不上一个完美的设计。民主的发展需要经历一个较为漫长的过程，它往往在人类理性、批判性以及实事求是等各种精神的指引下，在特定的物质基础可影响的范围内，遵循着一种特殊的螺旋上升的轨迹。中国应积极参考现有的成功的民主实践经验，努力培育与国情相符的先进的政治文化，进而建立起一套健全的以法为主的治理体系，并以此为依据形成公民法治观。其中，公民文化标志着政治文明的发展程度，是民主法律制度的意识铺垫与风格基础。在长期滋生着臣民心理意识的中国文化土壤里，培养公民意识的努力虽从20世纪初就已开始，但是比较具有宪政特征的文本及其实施条件，直到20世纪80年代以后才逐渐获得。在1982年宪法基础上的四次修订，第一次使用了"公民"的概念，并就公民的权利和义务做了最为接近国际惯例的规定，至少在20世纪下半叶里，其应当是中国公民文化培育的基本教科书。

　　十一届三中全会以来，执政党积极转变观念，进行了经济开放和体制转轨，经过30多年的不懈努力，一个现代化建设的全新局面清晰可见，这使中国政治文化现代化转换在百年徘徊之后终于找到了厚实的臂膀。一个是中国正以积极姿态融入全球化的世界潮流之中，这是中国政治文化现代化的外部条件；一个是中国积极完善市场经济制度，这是中国政治文化现代化的内部条件。在这两个平台上，执政党还将以村民自治、社区治理和第三部门建设为先导的制度试验引入操作程序。客观涌起的一个公民社会，对于中国政治文化的发展正在日益产生基础性作用。

公民文化的建设既是现代化社会建设的必然逻辑，也是中国积极顺应全球化发展的时代要求。由于受到社会历史条件等方面的限制，中国公民文化建设呈现一致性与差异性、先进性与滞后性、协调性与冲突性等态势。在这种形势下，确立社会主义核心价值观、加强公民文化建设，有利于促进人们在关系国家核心利益和自身根本利益的重大问题上形成共同价值观，同时，也有利于引导人们不断增强公民意识，在享受合法权益的基础上切实行使权利和履行义务，从而更好贯彻落实科学发展观，促进社会和谐的发展。

公民文化建设与社会经济、政治和文化的发展密不可分，社会经济、政治和文化是否良性发展关系着公民文化建设的成败。因此，必须解放和发展社会生产力，促进最广大人民群众的利益，为公民文化建设奠定坚实的物质基础；积极稳妥推进政治体制改革，全面落实依法治国的基本方略，为公民文化的建设提供制度和法律的保障；大力发展社会主义先进文化，积极开展各项公民教育活动，为公民文化营造良好的社会环境。只有这样，才能形成合力，共同推进公民文化的进步。

总之，推进中国特色社会主义现代化建设，树立中国特色的社会主义公民文化观念，是一项复杂艰巨的任务，它需要中国社会各个方面的共同努力。我们必须坚持以社会主义核心价值体系为引领，注重社会主义政治思想在公民文化中占主导作用；必须坚持党的领导、人民当家做主和依法治国的有机统一，在政治体制设计中赋予公共利益以实质性内容，让公民的社会活动与国家和共同利益发生必然联系，以此增强社会信任感，推进公民的有序政治参与，使公民习得政治文化。

参考文献

（一）著作

1. 《马克思恩格斯选集》第1—4卷，人民出版社1972年版。
2. 《邓小平文选》第1—3卷，人民出版社1993年、1994年版。
3. 江泽民：《论"三个代表"》，中央文献出版社2001年版。
4. 习近平：《习近平谈治国理政》，外文出版社2014年版。
5. ［古希腊］修昔底德：《伯罗奔尼撒战争史》，谢德风译，商务印书馆1960年版。
6. ［古希腊］柏拉图：《理想国》，郭斌和、张竹明译，商务印书馆1986年版。
7. ［古希腊］亚里士多德：《政治学》，吴寿彭译，商务印书馆1981年版。
8. ［美］加布里埃尔·A.阿尔蒙德、小G.宾厄姆·鲍威尔：《比较政治学：体系、过程和政策》，曹沛霖等译，上海译文出版社1987年版。
9. ［美］罗伯特·达尔：《现代政治分析》，王沪宁等译，上海译文出版社1987年版。
10. ［美］塞缪尔·亨廷顿：《变革社会中的政治秩序》，李盛平译，华夏出版社1988年版。
11. ［美］约翰·罗尔斯：《正义论》，何怀宏等译，中国社会科学出版社1988年版。
12. ［美］科恩：《论民主》，聂崇信、朱秀贤译，商务印书馆1988年版。

13. ［美］加布里埃尔·A. 阿尔蒙德、西德尼·维巴：《公民文化——五国的政治态度和民主》，马殿君等译，浙江人民出版社1989年版。

14. ［美］鲁思·本尼迪克特：《菊与刀》，吕万和等译，商务印书馆1990年版。

15. ［日］山口定：《政治体制》，韩铁英译，经济日报出版社1991年版。

16. ［美］李普塞特：《政治人：政治的社会基础》，刘钢敏等译，商务印书馆1993年版。

17. ［美］格林斯坦、波尔斯比主编：《政治学手册精选》（上、下），商务印书馆1996年版。

18. ［美］罗纳德·奇尔科特：《比较政治学理论：新范式的探索》，潘世强等译，社会科学文献出版社1998年版。

19. ［美］罗伯特·达尔：《论民主》，李柏光等译，商务印书馆1999年版。

20. ［美］罗伯特·D. 帕特南：《使民主运转起来——现代意大利的公民传统》，王列、赖海榕译，江西人民出版社2001年版。

21. ［美］詹姆斯·R. 汤森等：《中国政治》，江苏人民出版社2003年版。

22. ［美］赫尔德（Held. D）：《民主的模式》，燕继荣等译，中央编译出版社2004年版。

23. ［美］特里·N. 克拉克、文森特·霍夫曼－马丁诺：《新政治文化》，何道宽译，社会科学文献出版社2006年版。

24. ［美］唐（Tang, W. F.）：《中国民意与公民社会》，胡赣栋、张东锋译，中山大学出版社2008年版。

25. ［美］约翰·奈斯比特等：《中国大趋势》，中华工商联合出版社2009年版。

26. James C. F. Wang, *Contemporary Chinese Politics：An Introduction*, Pearson. Education, Inc., 2001.

27. Cheng Li, *China's Changing Political Landscape：Prospects for Democ*

racy, Washington, DC: The Brookings Institution, 2008.
28. June Teufel Dreyer, *China's Political System: Modernization and Tradition*, New York: Longman, 2009.
29. 闵琦:《中国政治文化:民主政治难产的社会心理因素》,云南人民出版社1989年版。
30. 高洪涛:《政治文化论》,中国广播电视出版社1990年版。
31. 王浦劬:《政治学基础》,北京大学出版社1995年版。
32. 孙正甲:《政治文化学概论》,黑龙江人民出版社1996年版。
33. 王卓君:《文化视野中的政治系统——政治文化研究引论》,东南大学出版社1997年版。
34. 刘军宁:《共和·民主·宪政:自由主义思想研究》,上海三联书店1998年版。
35. 关海庭:《中国近现代化政治发展史稿》,北京大学出版社2000年版。
36. 杨光斌:《政治学导论》,中国人民大学出版社2000年版。
37. 王乐理:《政治文化导论》,人民大学出版社2000年版。
38. 林尚立:《当代中国政治形态研究》,天津人民出版社2000年版。
39. 刘祖云:《从传统到现代:当代中国社会转型研究》,湖北人民出版社2000年版。
40. 夏学銮:《转型期的中国人》,天津人民出版社2001年版。
41. 李元书:《政治发展论》,商务印书馆2001年版。
42. 马振清:《中国公民政治社会化问题研究》,黑龙江人民出版社2001年版。
43. 毛寿龙:《政治社会学》,中国社会科学出版社2001年版。
44. 赵渭荣:《转型期的中国政治社会化研究》,复旦大学出版社2001年版。
45. 吴大英、杨海蛟主编:《政治意识论》,山西教育出版社2001年版。
46. 钱穆:《中国历代政治得失》,生活·读书·新知三联书店2001年版。

47. 马庆钰：《告别西西弗斯：中国政治文化分析与展望》，中国社会科学出版社 2002 年版。
48. 马长山：《国家、市民社会与法治》，商务印书馆 2002 年版。
49. 俞可平：《全球化：西方化还是中国化》，社会科学文献出版社 2002 年版。
50. 吴忠民：《发展社会学》，高等教育出版社 2002 年版。
51. 潘一禾：《观念与体制——政治文化的比较研究》，学林出版社 2002 年版。
52. 陈义平：《政治人：模铸与发展——中国社会转型期的公民政治分析》，安徽大学出版社 2002 年版。
53. 熊月之：《中国近代民主思想史》，上海社会科学院出版社 2002 年版。
54. 马宝成：《政治合法性研究》，中国社会出版社 2003 年版。
55. 林存光：《儒教中国的形成：早期儒学与中国政治文化的演进》，齐鲁书社 2003 年版。
56. 徐海波：《中国社会转型与意识形态问题》，中国社会科学出版社 2003 年版。
57. 丛日云：《在上帝与凯撒之间：基督教二元政治观与近代自由主义》，生活·读书·新知三联书店 2003 年版。
58. 袁祖社：《权力与自由》，中国社会科学出版社 2003 年版。
59. 吕元礼：《政治文化：传统与现代化的会通》，人民出版社 2004 年版。
60. 李鹏程等：《对话中的政治哲学》，人民出版社 2004 年版。
61. 车洪波、郑俊田：《中国当代制度文化建设》，中国商务出版社 2004 年版。
62. 陈永森：《告别臣民的尝试：清末民初的公民意识与公民行为》，中国人民大学 2004 年版。
63. 石刚编著：《现代中国的制度与文化》，香港社会科学出版社有限公司 2004 年版。
64. 刘学军：《政治文明的文化视角——中国现代化进程中的政治文

化走向》，江西高校出版社 2004 年版。

65. 肖雪慧：《公民社会的诞生》，上海三联书店 2004 年版。
66. 曾小华：《文化·制度与社会变革》，中国经济出版社 2004 年版。
67. 肖滨：《现代政治与传统资源》，中央编译出版社 2004 年版。
68. 徐圻、陶渝苏：《全球化背景下的文化抉择》，贵州人民出版社 2005 年版。
69. 张骥等著：《国际政治文化导论》，世界知识出版社 2005 年版。
70. 金太军、王庆五：《中国传统政治文化新论》，社会科学文献出版社 2006 年版。
71. 辛世俊：《公民权利意识研究》，郑州大学出版社 2006 年版。
72. 王啸：《全球化时代的中国公民教育》，福建教育出版社 2006 年版。
73. 王文岚：《社会科课程中的公民教育研究》，中国社会科学出版社 2006 年版。
74. 丛日云：《西方政治文化传统》，吉林出版集团有限责任公司 2007 年版。
75. 许和隆：《冲突与互动：转型社会政治发展中的制度与文化》，中山大学出版社 2007 年版。
76. 张允金：《走向政治文明——全球化时代的文化视角》，宁夏人民教育出版社 2007 年版。
77. 赵晖：《社会转型与公民教育》，人民教育出版社 2007 年版。
78. 徐宗华：《现代化的政治文化维度》，人民出版社 2007 年版。
79. 蓝维等：《公民教育：理论、历史与实践探索》，人民出版社 2007 年版。
80. 沈传亮：《公务员群体的政治文化研究》，郑州大学出版社 2007 年版。
81. 李芳：《大学生公民素质教育理论探讨与实证研究》，中国社会科学出版社 2008 年版。
82. 唐克军：《比较公民教育》，中国社会科学出版社 2008 年版。
83. 李艳丽：《政治亚文化：影响当代中国政治发展的特殊因素分

析》，武汉大学出版社 2008 年版。

84. 任剑涛：《后革命时代的公共政治文化》，广东人民出版社 2008 年版。

85. 萧功秦：《中国的大转型：从发展政治学看中国变革》，新星出版社 2008 年版。

86. 赵理富：《政党的魂灵：中国共产党政党文化研究》，武汉大学出版社 2008 年版。

87. 胡伟等：《现代化的模式——中国道路与经验》，上海人民出版社 2008 年版。

88. 李志勇：《市场经济视野中的中国政治文化转型研究》，河北人民出版社 2009 年版。

89. 李春明：《全球化与当代中国政治文化发展》，山东大学出版社 2009 年版。

90. 陈鸿瑜：《政治发展理论》，吉林出版集团有限责任公司 2009 年版。

91. 张英魁：《中国传统政治文化及其现代价值——以白鲁恂的研究为考察中心》，中央编译出版社 2009 年版。

92. 郑永年：《全球化与中国国家转型》，郁建兴、何子英译，浙江人民出版社 2009 年版。

93. 张传鹤：《全球视野下的民主社会主义研究》，中共中央党校出版社 2009 年版。

94. 俞慈念：《中国特色社会主义政治文化建设》，知识产权出版社 2009 年版。

95. 陈锡喜：《政治认同的理论思辨》，上海人民出版社 2011 年版。

96. 柏维春：《政治文化传统：中国和西方对比分析》，东北师范大学出版社 2001 年版。

97. 林尚立：《复合民主：人民民主促进民生建设的杭州实践》，中央编译出版社 2012 年版。

98. 李君如：《中国特色社会主义道路研究》，人民出版社 2012 年版。

99. 俞可平主编：《中国的民主治理：理论与实践》（十卷本），中央编译出版社 2013 年版。
100. 房宁：《民主的中国经验》，中国社会科学出版社 2013 年版。
101. 李良栋：《中国特色社会主义民主政治发展道路研究》，中共中央党校出版社 2013 年版。
102. 史卫民等：《中国不同公民群体的政治认同与危机压力》，中国社会科学出版社 2014 年版。
103. 刘杰：《中国式民主——一种新型民主形态的兴起和成长》，时事出版社 2014 年版。
104. 郑永年：《民主，中国如何选择》，浙江人民出版社 2015 年版。
105. 王绍光、鄢一龙：《中国民主决策模式》，中国人民大学出版社 2015 年版。
106. 张维为：《国际视野下的中国道路和中国梦》，学习出版社 2015 年版。

（二）论文

1. 葛全：《拿来与创新：中国政治文化研究的回顾与前瞻》，《天津社会科学》1997 年第 2 期。
2. 王卓君：《政治文化研究的缘起、概念和意义评价》，《南京大学学报》（哲学社会科学版）1997 年第 4 期。
3. 徐大同：《政治文化民族性的几点思考》，《天津师范大学学报》（社会科学版）1998 第 4 期。
4. 金太军等：《论当代中国政治文化的现代化》，《人文杂志》1998 年第 6 期。
5. 陈尧：《论发展中国家政治文化世俗化的实质》，《国际观察》1999 年第 2 期。
6. 丛日云：《构建公民文化》，《理论与现代化》1999 年第 12 期。
7. 李传柱：《新中国公民政治文化的发展》，《中共中央党校学报》2000 年第 3 期。
8. 汪波：《建构政治文化理论框架的尝试》，《政治学研究》2000 年第 1 期。

9. 丛日云：《民主制度的公民教育功能》，《政治学》（人大报刊复印资料）2001 年第 3 期。
10. 关海庭：《当代政治文化构建的一种历史审视》，《当代中国史研究》2001 年第 5 期。
11. 王惠岩：《建设社会主义政治文明》，《政治学研究》2002 年第 3 期。
12. 李景鹏：《政治发展与政治文明》，《学习时报》2002 年第 10 期。
13. 潘一禾：《我们需要怎样的公民文化》，《中国青年研究》2002 年第 3 期。
14. 申建林：《论公民文化的培育》，《江汉论坛》2002 年第 4 期。
15. 张华青：《论政治现代化与公民文化》，《复旦学报》（社会科学版）2003 年第 1 期。
16. 马庆钰：《公民文化建设的价值尺度》，《文史哲》2003 年第 3 期。
17. 王英津：《全球化背景下西方政治文化的挑战及其应对策略》，《唯实》2004 年第 2 期。
18. 朱喜坤：《构建中国新型政治文化体系的路径选择》，《社会科学辑刊》2004 年第 5 期。
19. 方盛举：《参与型政治文化与当代中国政治文明建设》，《社会科学研究》2006 年第 5 期。
20. 任志安：《中西传统政治文化的对比分析——一个政治理念的视角》，《人文杂志》2006 年第 6 期。
21. 施雪华、李凯：《论民主制度的政治文化条件》，《探索与争鸣》2008 年第 11 期。
22. 赵来文、刘彤：《西方"公民文化"之政治文化传统论评》，《东北师大学报》（哲学社会科学版）2008 年第 3 期。
23. 陈义平：《论发展中国特色社会主义政治文化》，《政治学研究》2008 年第 4 期。
24. 尹学朋、聂波：《世俗化：当代中国政治文化发展之趋向》，《学术探索》2004 年第 4 期。

25. 尹学朋、王安平：《论社会变革中我国政治文化演进的特征》，《内蒙古社会科学》2006年第6期。
26. 尹学朋：《问题与对策：少数民族地区公民文化研究》，《黑龙江民族丛刊》2007年第2期。
27. 尹学朋、龙志芳：《成长中的政治人——对当代青年学生政治心理透视》，《天府新论》2007年第5期。
28. 尹学朋、陈兴丽：《论中国软实力资源整合与开发》，《东南亚纵横》2008年第6期。
29. 尹学朋、龙志芳：《在变革中寻求和谐与认同——政治文化分析视阈》，《湖北社会科学》2008年第4期。
30. 尹学朋：《从公民教育角度看公民文化培育》，《湖北社会科学》2008年第11期。
31. 尹学朋：《公民文化：考量政治文明发展程度的重要向度》，《理论研究》2009年第5期。
32. 尹学朋：《论中国共产党执政合法性资源的融合式开发》，《理论导刊》2012年第8期。
33. 尹学朋：《多元治理意识与中国式公民文化建设》，《行政论坛》2015年第6期。

后　　记

　　从鸦片战争以来，清朝政府被迫洞开国门，先是学习西方的技术，进行洋务运动；甲午战败后发现是制度问题，试图通过戊戌变法改变际遇，结果变法失败；辛亥革命从制度上打破了专制枷锁，建立起以西方政治制度为蓝本的共和政体，但没有形成与之对应的公民文化土壤，传统的臣民文化依然规范和制约着人们的政治生活和政治行为。于是，新文化运动的兴起，试图抛弃臣民意识、建立主权在民的公民文化。

　　由此可见，一种新制度的有效性，一定要有相应的政治文化与之配套，否则，社会就会畸形发展。也正缘于此，我们在社会转型过程中进行制度设计时，需要对传统的臣民文化进行批判，大力培育以民主信念、权利意识和参与意识为主要内容的公民文化。现代民主国家重视对公民文化的培育和发展，公民文化成了现代民主政治发展的一个重要关节点。公民文化是现代民主政治的基石，是民主政治发展坚定的精神力量和强大的动力支持，舍弃了公民文化的民主制度意味着失去了支撑它存在的信念支柱和动力来源。而中国作为一个后发型的民主国家，在公民文化的根基上是薄弱的。对于缺乏公民意识的中国来说，其面临着建设中国特色社会主义公民文化的重任，关键点则在于传统臣民文化向现代公民文化的转向。因此，为适应中国社会变革的速度和步伐，可通过对社会经济制度、民主政治体制、民众心理结构和社会机理等各个层面的重塑为中国公民文化建设提供条件。

　　本书愿为此努力，本书是选择"政治文化"作为研究中国政治发展的视角，基于我的硕士论文的基础上扩展而来，"政治文化"作为一种研究范式，应该是西方行为主义革命的产物，它的出现大大拓展了人们研究发展中国家政治制度的视野。当然，从政治文化的视角来透视中国政治发展，能够了解中国政治生态衍生出来的结构与功能的特点。若按照这样的逻辑架构来分析中国政治文化发展的特征，我们发现中国政治文化的演进，呈现了一些显著的特征，主要表现为主流政治文化形成、政治文化世俗化、政治合法性变迁和政治文化分化。近年，在政治文化研究领域，本人主要依托"政治文化：传统与现代融通"和"从臣民到公民——公民教育价值意蕴"两个项目，发表和出版了数十篇论文，如《世俗化：当代中国政治文化发展之趋向》（《学术探索》2004年第4期）、《论社会变革中我国政治文化演进的特征》（《内蒙古社会科学》2006年第6期）、《成长中的政治人——对当代青年学生政治心理透视》（《天府新论》2007年第5期）、《论中国软实力资源整合与开发》（《东南亚纵横》2008年第6期）、《在变革中寻求和谐与认同——政治文化分析视阈》（《湖北社会科学》2008年第4期等）。

随着逐渐对政治文化理论的深入研究，作者试着借助"公民文化"这个学术工具来撰文，如《问题与对策：少数民族地区公民文化研究》（《黑龙江民族丛刊》2007年第2期）、《从公民教育角度看公民文化培育》（《湖北社会科学》2008年第11期）、《关于建构公民生态意识体系的研究》（《理论研究》2010年第5期）、《深化文化体制改革要凸显公民文化价值意蕴》（《理论学习》2012年第3期）、《多元治理意识与中国式公民文化建设》（《行政论坛》2015年第6期）等。2012年，党的十八报告对推进中国特色社会主义事业做出"五位一体"的总体布局。其中经济建设是根本，政治建设是保证，文化建设是灵魂，社会建设是条件，生态文明建设是基础。处于转型期的中国，面临当前中国政治文化发展的境况，只有坚持"多元治理"意识，全面协调、整体推进发展战略，充分利用各个方面的有利条件，才能培育适应中国现代政治发展需要的新型政治文化——公民文化。

在著作即将完成之际，每每展抚"成品"，虽不时发现许多遗憾、不足、欠当之处，但自觉是花了一些苦功、苦力、苦思，一点点体味，慢慢琢磨出来的，这就足以慰藉了。著作后期艰难的修改过程更是一种全面、深刻的自我总结、自我提升、自我审视的过程，其中最大的感触与收获就是首先，要感谢王安平教授，从论文的选题至今，他都一直关注着我的研究，给予我最大限度的信任、支持和关爱。在政治与行政学院读书和工作十几年里，感谢任中平教授既在学术上给予我指导和提携，又在日常的生活中给了我很多帮助，感谢聂应德教授的豁达和包容，感谢赵永行教授、杨绍安教授、朱开君教授、周建军副教授、刘永红教授、曾庆亮教授、李敏教授、高青兰教授、吴晓燕教授、谷生然教授、张思军教授、黄祖军副教授、马桂瑛副教授和唐环副教授等以及其他老师朋友对我的关心和帮助。

当然，还要感谢我所在学院领导李永洪书记和李俊院长对我著作出版情况给予的关心、支持，他们一如既往的支持、鼓励和帮助让我安于工作。在此，也一并向曾在中央编译局工作的何增科研究员表示衷心的感谢，2012 年访学期间他给了我很多学术上和生活上的帮助！中国社会科学出版社的赵丽老师为本书的出版付出了智慧和努力，在此也表示诚挚的谢意。

西华师范大学政治学研究所　尹学朋
2017 年 5 月